这样开店才会赚大全集

这样开店才会赚

大全集

华管 编著

中国华侨出版社

北京

图书在版编目（CIP）数据

这样开店才会赚大全集/华管编著.—北京：中国华侨出版社，2011.9（2022.1重印）

ISBN 978-7-5113-1679-0

I.①这… II.①华… III.①商店—商业经营 IV.①F717

中国版本图书馆CIP数据核字（2011）第170669号

这样开店才会赚大全集

编　　著：华　管

责任编辑：姜　婷

封面设计：阳春白雪

文字编辑：郝秀花

美术编辑：宇　枫

经　　销：新华书店

开　　本：720mm×1020mm　　1/16　　印张：24　　字数：340千字

印　　刷：北京德富泰印务有限公司

版　　次：2011年10月第1版　　2022年1月第3次印刷

书　　号：ISBN 978-7-5113-1679-0

定　　价：68.00元

中国华侨出版社　　北京市朝阳区西坝河东里77号楼底商5号　　邮编：100028

发行部：（010）88866079　　　　传　真：（010）88877396

如果发现印装质量问题，影响阅读，请与印刷厂联系调换。

前 言
PREFACE

商界有这么一句流行语："要想富，开店铺。"因为开店创业有着成本少、收益快、市场广阔等优点，所以，投资开店，为自己打工，已成为许多人创业的最佳选择。开店创业虽不难，但是要想店铺日进斗金、财源茂盛，却并不是件容易的事情。随着竞争的加剧，生意似乎变得越来越难做，一些门店销售人员时常抱怨：前来光顾的客户越来越少，进店能多待一会儿的也越来越少，而最终能成交的更是少之又少。很多店主也困惑不已：为什么我的店经营惨淡、步履维艰，而竞争对手的店营业额在不停地增长？为什么我的店门可罗雀、冷冷清清，而竞争对手的店熙熙攘攘、人头攒动？为什么我总是要用最大的成本不停地去开发客户，店铺才能维持一点点生存的利润空间？在当今竞争越来越激烈、顾客越来越分散、利润越来越薄的大背景下，如何在自己经营的市场中分到一块"蛋糕"，让自己的店成为一家吸金的旺店，已经成为困扰很多店主的问题。

要知道，开店有学问，赚钱有门道。开店要想赚，店主不仅需要具备相应的知识，还需要提高自身的经营能力。为了帮助众多店主走出经营误区，打造一家黄金旺铺，我们特意推出了这本《这样开店才会赚大全集》。本书总结了一些成功的开店绝招，集中介绍了开店创业生财之道，多层次、多角度地揭示了店铺兴隆的秘诀和艺术，为那些开店创业者出谋划策、指点迷津。

要想店铺赚钱，你要提升店铺的人气，吸引顾客到你的店中。顾客先要进你的店才有消费的可能，这是第一步。街上店铺林立，若要顾客走进你的店，你就得想办法吸引顾客的眼球，提升店面的人气。本书从经营商品、店面装饰、商品摆放等方面阐述了提升店铺人气的方式和方法，并介绍了不同档次的店铺可以采用的促销手段和宣传策略，以帮助店主提升店铺的人气，吸引顾客走进店中。

要想店铺赚钱，你要培训店员，提高他们的销售技能。店员是商家终端竞争中重要的竞争力量。"短兵相接"中，谁的店员销售能力强、服务水平高，谁就能在市场竞争中占据主动地位。如果他们看起来不够专业，那将会直接影响顾客的消费心情。所以，你要对店员进行培训，将其训练成销售高手。本书深入浅出地从洞悉顾客消费心理、培养卖场亲和力、掌握沟通技巧、运用心理暗示、价格谈判、促成成交等几方面详细而生动地进行了介绍，提供了完美的培训方案和销售技巧，以帮助店员具备优秀的个人综合素质，帮店主培训出一支具备最佳专业素养的店员队伍。

要想开店赚钱，你要懂得财务管理知识。"搞懂财务出利润"，即使是对于小本经营的店铺而言，这句至理名言同样适用。开店是一个"精打细算"的过程，店铺的财务管理也是非常细致的工作，通过财务管理这个环节，可以使表面上杂乱无章、千头万绪的店铺生意变得条理清晰，同时还可以防止店铺生意中产生各种弊端。所以，店主要学习相应的财务知识，计算好每一分利润，这样才能立于不败之地。本书对店铺财务管理的各个方面都进行了介绍，既包括了店铺的预算、成本计算、现金流和财务结算等知识和各种财务统计方法，同时也提供了很多节省成本、控制资金周转的技巧，使店主可以轻松掌控现金流、堵住资金漏洞、节约成本，成为财务管理高手，快速积累财富。

本书堪称是中小店主的吸金秘籍，它不仅提供了鲜活、实用、全面的开店赚钱技巧，而且解析了经典旺铺的成功秘诀。不管你是初出茅庐的新手，还是久经商场的老将，相信它都能对你有所帮助，带你快速走上赚钱的道路。

目 录
CONTENTS

第三篇 掌握店面经营状况——小店铺就是把自己推销给顾客

第四篇 数字管理教你找出解决方案——财务与会计管理

第五篇　打造一支梦幻团队——培训员工

第六篇 提升待客与服务品质——提升服务

第一篇

开店经营的基本观念

——必须树立的经营观

小店铺不应该锁定商圈
产品赶流行不一定会大卖
价格不是决定销量的唯一因素
要合理降低成本

第一章

小店铺不应该锁定商圈

小巷子开店也能赚到钱

商圈是指店铺吸引消费者的地理区域，是由消费者的购买行为和店铺的经营能力所决定的。商圈的地理位置一般交通便利，流动人口较多，比如北京的五道口、西单、中关村都可以称为商圈。

开店选对合适的地点无形中为生意打下了坚实的基础。比起大型连锁店铺，小店铺没有那么多的资金进行大范围的宣传。大型连锁店铺资金雄厚，常常会大手笔地进行宣传，传单派发、电视广告的力度以及统一的店面装潢都是小店铺没有能力做到的。因此一些小店铺喜欢跟风大型连锁店铺，锁定商圈，从而借助大店铺的影响力，然而事实真的如此么？

小型店铺如果不顾自己的实际情况，一味地效仿大型连锁店铺开在繁华地段，反而会使自己陷入困境。大型连锁店铺的商圈常常会与其他同业的商圈重叠，旗下的连锁店铺之间的商圈也会重叠。这样的地理位置选择是基于成本效益的考量，方便划定派发传单的范围。对于实力雄厚的大型连锁店铺来说，能够带来更多的客户。然而商圈内虽然交通便利、流动人口也多，但店铺租金装潢费用也高。小店铺锁定商圈就必然支付更多的租金，增加的客户量和收益都被租金抵消掉了，并且周围店铺林立，大型店铺的存在也会造成威胁，增加的客户很容易被吸引到别家去，真正吸收的客户量十分有限。小型店铺的主要客户也许是周围的居民，也可能是在周围上班的或者是过往的流动客户。商圈附近主要是流动人口，如果客户群主要是流动人口并且收益能够多于租金，锁定商圈是可以的。但如果小店铺主要的客户群不在此而盲目地锁定商圈，就可能错失大量的潜在客户。

马小姐有一位同事是个甜品狂热爱好者，有一次马小姐的同事告诉她，在她家附近有一家超级好吃的甜品店。这家的甜品制作得小巧精致、口味多元，包装也很独特精美，在网络上一直有很高的人气和很好的口碑。马小姐在这里居住了5年多了，在同事告知之前，她根本不知道她家附近有一家甜品店。她步行去这家店也就需要10分钟，但她从来没有光顾过，而同事远住在坐地铁一个小时才能到的地方，却每个月不惜跨越半个城市光顾这家甜品店三四次，提起甜品时也首先会想到这家店。

从这个例子就能知道，小型店铺与商圈一点关系也没有，小巷子里一样有商机。首先小巷子里往往租金较低，能够节省下更多的流动资金用于商品销售。其次周围竞争对手少，往往同类型的店铺仅此一家，周围的居民自然都成为了潜在客户。再加上通过创造自己的不同于其他商家的经营特色，借此来吸引居住范围较远的顾客，远远比锁定商圈得到的效益高，"酒香不怕巷子深"就是这个道理。

对于小型店铺来说，发掘自家的特点比锁定商圈更重要。我们周围不乏这样的例子：有地处偏僻的幽静小巷但风格鲜明的服装店，引来众多客户甚至是外地客户前来淘货；有因技术良好口耳相传，而让无数顾客登门造访的美容店；也有通过网络社群宣传而人气高涨的烤鱼店。有时候这些远道而来光顾的客户比整个商圈内的客户还要多，所以小型店铺不该划地自限，锁定有限的商圈来进行促销活动，而应该仔细发掘自己的特点，聆听顾客上门的理由，将自己独一无二的地方作为竞争优势，再进行相应的宣传促销活动。比方说，如果客户主要是周围的居民，可以通过积分、会员卡等促进客户长期消费；如果宣传方式是通过亲友介绍口耳相传占较大比例的店铺，可以增加顾客介绍顾客的优惠；如果是上班族经常聚餐的店铺，可以加强在公司企业、机关团体的宣传；如果是逛街购物之后顺道光顾的情形较多，就可以多到购物场所进行宣传。总之小型店铺不见得非要挤进繁华地段，与其将焦点放在锁定商圈上，倒不如确实掌握适合自己店铺特有的促销方法。

结合经营特色选择商业区

商业区是指区域性商业网点集中的地区，一般位于城市中心交通方便、人口众多的地段，通常围绕着大型批发中心和大型综合性商场，由数量繁多、不同类型的店铺构成。不同的商业区会有不同的消费习惯和主要客户群。开店选址的时候，一定要对开店的场所有预设的目标，没有哪个商业区是适合所有店铺的。很多人往往只看到某个商业区内客流量大，就盲目地决定在这里开店而造成不必要的损失。

刘小姐经营一家民族风格的服装店，根据以往顾客的评价，价格适中，款式也很新颖，可是却很少有人光顾，原因就在于选错了商业区。刘小姐第一次选在了一个社区内开店，该社区人口多、租金便宜，可是居住人口主要是离退休的老人，对民族风格的服装没有购买欲望。于是第二次刘小姐选在了年轻顾客较多的闹市，但这次选择的是以酒吧、夜总会聚集的商业区，同她服装店的风格、气氛都不相符。刘小姐第三次选择了一个车站附近的店面，临近住宅区与商业街，但是该商业区都是以经营宠物用品为主的，风格不符且租金不菲，顾客依旧有限。最后，经过慎重的思考和深入的调查，刘小姐选择了一处以白领为主的年轻社区，同时店面临近大学城，很多过往的大学生也会来光顾，生意有了很大起色。

从刘小姐选店的经历可以看出，流动人口多的地方不见得就是开店的黄金地段，关键还在于客户群的分布、商业区的氛围是否同自己的经营特色相符。并不是说所有商业区都适合开店，如果选店址时不把自己经营的类别同当地居民的喜好相联系，就会同刘小姐一样，数次搬迁，不但浪费了大量的时间、金钱、精力，而且达不到预期的收益。如果商业区没有选好，店铺再大、再豪华，商品再全、再精致也是没有用处的。

相反的，如果能找对了适合自己特色的商业区，就掌握了赚钱的先机。

商业区常常集购物、休闲于一身，因此租金费用较高，并且各行各业密集分布，竞争性也强，必然增加运营的成本与风险。我们之前提到小店开在小巷子也能赚钱，并不是说小店就不能开在商业区了，如果是特色鲜明的小店，选择合适的商业区能够有效地增加商业效益。

比如说那些大型国际酒店的聚居地带，该地区多是以旅行、商务为主的消费者，不同于一些平价旅店聚集区的是，该地区内的消费一般较高。而这些短期停留的旅客不可能仅将酒店作为消费场所，因此在周围开设KTV、酒吧等娱乐场所或者商品品质较高的便利店铺、土特产店等都会有比较大的发展空间。再如那些分布在郊区的别墅区、高级住宅区，租金相对便宜，同时该地区内的居民不可能所有消费都到市中心进行，因此利用较大的空间开设大型生活用品卖场、精品服饰店、家用电器专卖店等，都能吸引到周围的客户，外加充足的停车空间，附近社区的居民也会到这里消费。而那些以上班族为主的写字楼地区，客户的流动时间比较集中，因此适宜开设小型店面的服务业，既不用承担太贵的租金又能迎合客户的消费时间。如办公用品店、附带外卖服务的快餐店、涵盖了开业庆祝和节日赠送的花店等，都能够获得很好的收益。

在挑选商业区时，地理位置是首要考虑的因素。该商业区的交通、通信状况、人口流动数量、潜在客户的数量、人们的消费水平以及其他服务业的设置情况都需要考虑。该商业区的店铺数量、道路形状特点、行业种类等也应当掌握。其次要考虑商业区的发展态势，发展期的租金较便宜，但需要承担发展是否顺利的风险；鼎盛期的租金较贵，可是市场已经比较成熟；衰败期的租金也较便宜，但此时已经没有了发展空间。再次要考虑其他地区的商业发展状况是否会对该商业区产生积极或消极的影响等。整个商业区的商业精神状态，是唯利是图、只顾眼前利益，还是有长远的战略发展眼光都是极为重要的。还要考虑商业区所属的城市状况，城市的规模、城市人口、城市的地区特征和影响力、城市商业状况、城市对附近区域的辐射状况等都制约店铺的发展。最重要的一点，就是要以独特的眼光发掘看似普通的商业区中适合自己店铺的一面，需要敏锐的市场洞察力和大胆的前瞻构思。

某摄影工作室的特色是以影视古装造型为主要风格的艺术摄影。这个工作室没有像其他店铺一样选在影楼林立的"影楼街"开店，而是选择了城市中一处独特的仿古商业街。由于十分符合古装摄影的氛围，加上很多影视剧也会在这个街道取景，许多顾客慕名前来。同时这条仿古商业街是有名的旅游景点，许多游客在经过这个工作室的时候也会被其特殊的风格吸引，在店内拍照留念。

由此可见，在店铺选址时要充分考察选择的商业区的氛围是否与自己店铺的特点相契合，结合店铺经营的特色，选择合适的商业区才能够带来更多的经济效益。

调查店铺周围的客源情况

某个店铺在一个位置生意冷清，换个位置且原班经营管理都不换，生意却大有起色；而另一个店铺认为赚了钱，换个位置扩大规模却赔得血本无归，这是怎么回事呢？不同位置的客源变化起了决定性的作用。在开店前必须对店铺周围的客源情况做一个充分的调查，这是店铺开业后是否能够兴旺的关键因素。但是人流量并不等于客流量，人口集中的地点并不意味着客流量就大，必须进行具体分析。

调查客源情况要先了解自己店铺的客源定位，一个店铺周边的客源大体上可以分为3种类型：

（1）店铺本身吸引的客源。指那些专门为购买某种商品而来店铺所形成的客源，如专门经营宠物用品的店铺，顾客就是为了购买宠物用品而来的。

（2）派生客源。指那些顺路进入店铺而并非专门来店购物所形成的客源。比如北京动物园大型的服装批发市场，顾客前去购物大多数并不会冲着某个店铺而去或是仅仅光顾一家店铺，很多是随机性地路过而光顾的。

（3）互补性客源。一家店铺与邻近店铺商品互补，从邻近店铺的客源中获得的客源。例如北京中关村，这里经营各种类型的数码产品，有卖计算机、手机的，也有卖计算机、手机配件的，还有进行计算机、手机维修的，当顾客来购买数码产品时也很有可能需要购买配件或进行维修等，商品的互补令客源也能够互相补充。

在了解了自己店铺主要依靠什么样的客源之后，就要对周围人群展开调查。第一要从周边社区、小区总人口以及人群的变化情况入手。周边小区固定人口有多少、人口流量有多少、有多少能够成为潜在客户等因素都在调查范围之内。第二要了解人口构成情况，社区内是以老年人口居多还是青年人口居多，是普通打工者居多还是白领居多，都能决定所开设店铺的倾向。第三要了解人口性别结构。如果社区内以女人居多，那么服饰店、化妆品店等对她们有较大的吸引力；如果是以男性居多，则应考虑便捷实用的产品。第四要了解所在地成年人的就业情况，是就业率高还是失业率高，就业率越高，则购买力就会越强，失业率越高则购买力越弱。店铺通常都会选择开在就业率比较高的地方，这样才能保证顾客的购买力。第五要了解地区内的民族构成。这个因素虽然不具有普遍性，但是在某些地区还是十分重要的。第六要了解人群婚姻、生育的状况。通过研究人群婚姻、生育状况，能够投其所好而开店。例如育龄夫妇比较多的社区，开设玩具店、婴儿用品店等都会有较多的客源。

在初步了解周围社区的人口情况后就要开始调查顾客目的、速度和滞留时间，分析客流量。比如在火车站、汽车站等公共场所附近，车辆流通大，客流规模也很大，但是顾客停滞的时间非常短，主要目的不是购物，因此开设需要挑选耗费时间的店铺如服装店等就不合适，而经营用时短且方便携带的如便利店则比较好。

集中经营地段也是客源较多的地段。在长期的经营中，某街某市场会自发形成销售某类商品的"集中市场"，事实证明，对那些经营耐用品的店铺来说，若能集中在某一个地段或街区，则更能招徕顾客。因为人们一想到购买某商品就会自然而然地想起这个地方。当然同类聚集的地方必须保持自己的特色，否则就没有竞争力。

另外，要结合街道的地形特点，分析周围街道的客流规模。不同的街道有不同的特点，即使是同一条街道，道路两侧的客源情况也不一样。比如某些单向行驶的街道，由于行人的走向习惯，客流量不一定相同，右侧的客源就比左侧的客源多。要细心观察客流的方向，在较多客流的一侧选址。要选择较少横街或障碍物的一边。尽量避免选择设置了交通管制的地方，例如限制车辆种类、限制通行时间等等。店铺附近最好有公交车站点或者出租车停靠点，这样会给顾客带来方便，客源自然相对较多。

同行密集的地方也是好店址

同一种行业聚集的地方意味着竞争更加激烈，因此有的店主认为同行密集的地方不宜开店。然而市场上很难找到一种没有竞争对手的行业，一个学校内会有两三家便利店，一座写字楼周围会有四五家小吃店，一个火车站周围会有八九家旅馆。然而中国人有句话，"同行密集客自来"，说的是行业的密集反而能带来更多的效益。

当同类的生意扎堆的时候，生意会更加兴旺，容易形成品牌效应。因为人们如果要购买某一种商品，自然而然首先会想到这些地方。另外，对于顾客来说，众多店面集中在一个地方，可以比较质量、价格，有更多的挑选余地，会更加地放心、方便，因此人们也更愿意到聚集区购物。

陈小姐是一家贸易公司的助理，公司常常需要给同事和客户送花。公司楼下就有一家大的花店，除了特别紧急的时候会光顾那家店，平时陈小姐都是去5公里外的一家大型鲜花市场去买。因为那里的摊位多，鲜花品种齐全，很多商家都有自己的种植园，保证了花的新鲜，同时由于是批量经营，价格也便宜得多。

可见店主完全不用害怕在同业附近开店。同行越多，人气就越旺，生意也会越好。在商业经营中，在某一些街道或地点，集中经营同一类商品，商品品种就更齐全，服务配套也更完善。许多同行聚集也容易形成商业街，比如北京的动物园服装批发市场、后海酒吧街、潘家园书市等等。尤其是那些选择性大、选购数量多、耐用的商品，顾客为了货比三家，即使路途远，也喜欢去商业街选购。比如说当人们买计算机时，很少会去单独一家店购买，最常见的就是去中关村这样的数码商业街反复对比后才购买。

但是同行密集必然使竞争更加激烈，也必须承担更多的风险。在这里提供几种与同行竞争的手段，希望你能够在激烈的竞争中脱颖而出。

1.模仿对手

这个方法比较适合缺乏经验的创业者，当不了解成功模式的时候，不妨就去模仿。跟随竞争者的脚步，学习别人成功的模式可以减少市场风险，也可以减少摸索的时间。一个新店开张总是存在着很大的经营风险的，我们周围不乏一些小店开业不久就关门的例子。如果能模仿出同行成功的基本模式，就能有效地躲避风险。模仿手段很简单，商品内容、空间大小、店面设计、商圈位置都可以效仿同行。但是简单机械的模仿是没办法长远的，当一个成功赚钱的生意出现的时候，市场上很快会有一批新的竞争者一窝蜂地涌入，如果只模仿到了皮毛，很容易被这些后来者淘汰掉。在一个既定的市场中，成功的同行已经创建了一定的名声和客户群，模仿者很容易被贴上"第二"的标签，如果不能确定自己的核心竞争力，不仅不会取代成功者的地位，还会使自己陷入尴尬的境地。所以模仿不能只停留在表面，要学习成功的经营模式并创造自己独特的方法，小店才能不被更多的模仿者淘汰。

2.适时躲避

这个方法比较适合经营了一段时间的小店。因为小店毕竟实力、资金都有限，当遇到同类的大型店铺时，就要避免和较强的竞争对手相抗衡，躲开正面冲突，另辟蹊径。可以寻找不同的市场，不与主要竞争对手抗衡，例如竞争对手是经营西式快餐的肯德基、麦当劳，你完全不用去效仿对手的做法，可以利用你擅长的拉面、炒饭等打造中式快餐；在运作中可以躲避同一个客户群，比如同样是儿童英语补习班，同行的客户都是工薪阶层家庭的儿童，你可以专门针对高收入家庭的儿童，提供一对一的服务和高品质的教学；避免和同行提供一模一样的商品，当周围的美容院都以各种先进的美容仪器作为卖点时，你可以提供传统的中医美容。

3.主动攻击

这个方法比较适合经营比较稳定、具备一定实力的店铺。商业竞争，有时候单凭守是守不住的，如果遇到合适的机会就要敢于出招，主动攻击对方，强调对方的缺点，突出自己的优点。比如周围都是经营牛肉面的店铺，你可以指出其他家的牛肉面里只有少量牛肉，而自己的牛肉则是块大量足。如果同样都是婚纱摄影，你可以强调别家的底片都需要付费，而你的店铺对于所有拍摄的底片都是百分百免费赠送。再如同样都是理发店，你可以强调别家使用的药水都是低价的，容易对头发造成损害，而你的理发店使用的药水都是植物型的，不易伤发。

总之，同行聚集对于消费者方便，对于经营者也更有利。但是想要在同行密集的竞争中立于不败之地，就要提供更好的商品和服务，创造自己的特点吸引顾客。

店铺选址的喜与忌

店铺选址的重要性毋庸置疑，"种好梧桐树，引得凤凰来"，店铺选择就如同种梧桐树，选择好店铺才能引得生意来。怎样的店铺是好店铺，对于不同的商家来说有不同的标准。但是在店铺选址的时候还是有一定的喜好与禁忌的。

1.店铺选择要长期

很多人向朋友们介绍饭店时，会说哪条街上有一家很好吃的店，却常常说不出这个店的准确名字。对于一个店铺，老顾客首先记住的是这个店在哪儿，至于店名往往摆在第二位。因此店址的选择不能是短期的，这个月在海淀区，下个月又搬到朝阳区去了，这样的店铺是没办法留住老顾客的，店址的选择应该是一个长期性投资。在选择店铺的时候，尽量不去选择可能存在争议的地段，比如市政规划可能要变化的地段，或是可能在短时期内要被拆迁的店面。现代城市发展迅速，旧城改造是经营中很可能遇到的，要开设店铺，可以去市政部门调查和了解当地城市的长远规划情况。有些地点目前来看可能是店址的最佳选择，但随着城市规划和改造，可能就不适合了，所以在选择店址是要避免容易面临拆迁等问题的地区。相反，有些地点目前可能并不理想，但在市政规划中可能很有发展前景，这就要求店主在选址上要有长远规划的眼光。如果一个店要长期发展，尽量去签订较长时间的合约比较合适。

2.拐角的位置优势明显

拐角位置是指两条街道的交叉处，能够产生"拐角效应"，是开店比较有利的位置。拐角位置的优点是：拐角两侧都可以作为橱窗，增加陈列的面积，可以使行人更清楚地看到店内的商品、气氛；是两条街道的交汇处，有较多的过路行人光顾；拐角处可以设置两个出入口，能够缓和人流的拥挤。

同样道理的还有十字路口，或一些交通便利与过街天桥、地下通道、地铁站口和轻轨等公共交通设施相邻的地方，一般都有可视性好、人流量大的优势，更容易吸引客源。

3.三岔路口是好选择

在三岔路正面的店面是十分显眼的，开店同样被认为是非常理想的。但是，处于这一有利位置的店铺在店面的设计上应尽量发挥自己的长处，店铺的招牌不要只朝着一面或者太小、太隐蔽，比较适合三面立体式的招牌，能够让来往行人都看得清。而店正面入口处的装潢、展示橱窗也要精心设计，抓住顾客的消费心理，否则过往的行人很容易匆匆路过而不进到店铺中来。

4.坡路开店不大可取

店铺如果开在不利于顾客进出的位置，是不大可取的。比如在坡路上，来往车辆不方便停靠，尤其是商品不容易携带或购物数量比较大的店铺，如超市等不适合开设。但是如果店铺不得不设在坡路上的话，例如在山城重庆，就必须要在店铺与路面间的适当位置设置方便进出的入口，在通道设计、商品陈列方面也要考虑顾客的方便。

在地下、楼上等道路平面与铺面地面高低有悬殊的地方开店，也是不太理想的。因为这些地方不在顾客行走的视线范围之内，很容易被忽略；进入店铺要经过楼梯，顾客进出不方便，尤其是老年人、孕妇和残障人士。因此小型便利店、老年人服装店、孕妇用品店等最好不要选在这些地方。但是这些店面的租金一般比较便宜，一些经营潮流服饰、动漫用品之类的小店可以考虑。但遇到这种情形时，必须要设计鲜艳醒目的招牌吸引顾客，通道设计要合理、方便出入。

在挑选店铺时一定要谨慎，对于转让的店铺切勿轻率接手。不能看到一个转让的店铺，觉得门面不错，租金也便宜，便贸然接手。一些经常贴着转让的店铺，往往频繁地更换店主，因此在接手前一定要进行仔细的市场调查。事实上，店铺地址的好坏都是相对的，影响开店位置的因素很多。一些偏僻地段的店铺可能生意兴隆，而一些繁华地段的店铺却生意冷清。店铺位置、经营方式、商品质量都决定了生意的好坏。现代城市的变化日新月异，其中一些微小的改变就会导致黄金店面变得无人问津。因而在选择店铺地址时，可以遵循一些小窍门，但总的来说还要根据经营的特色挑选。同时必须有长远的眼光和预见性，注意周围的变化，避免风险的发生。

第二章

产品赶流行不一定会大卖

从最熟悉的行业做起

流行的产品总是不断推陈出新，跟随流行提供产品的方法虽然不能全盘否定，但风险是显而易见的。产品盲目追赶流行，不但不见得好卖，甚至还会给小店带来危机。所谓"流行"的产品，必定周期很短，能够长期持续在卖的都是"经典"，而非"流行"。如果看到市面上某种产品特别好卖，就急着引进，等到真正开始贩卖的时候也许这种产品已经过了流行期，开始走下坡了。不管产品怎么赶流行，最终抓到的只是流行的余波，而不是浪头。除非有足够的经验和实力，能够引导流行的趋势，否则对于刚开业的小店铺，经营最熟悉的才是正确的策略。

经营小店铺，尤其是创业时期，探索自己的喜好和熟悉的领域是非常重要的。现在很多大学生选择了自主创业，但是由于初入社会，商业知识和社会经验都比较缺乏，对于自己要从事的创业项目都是很茫然的，不知道到底该做什么。其实无论是什么背景的人，创业最好从自己熟悉的行业开始。正所谓隔行如隔山，进入熟悉的行业就不用在一个陌生的领域从头学起，而在不熟悉的领域"交学费"是在所难免的，刚起步的小店铺是经不起这样的折腾的。

比如著名的奔驰汽车公司，就是由世界上最早的两家汽车生产商在自身的基础上合作发展而成的，正是在熟悉领域的深入发展才造就了奔驰汽车的辉煌。再如比尔·盖茨，作为信息业的巨头，无论是在车库里办公的小公司还是今天影响广泛的微软公司，他从未涉足其他不熟悉的领域，而是不断在自己熟悉的领域取得更大发展。

因此，创业者最好从自己熟悉的行业做起。因为你对这个行业的资金周转率、应收账款情况、固定设备和流动资产投资额，对投资效益如何、最大费用在哪里，都有一个比较完整清晰的认识，对可能遇到的问题风险都有一定准备，能少走许多弯路。选择熟悉的行业来创业，能有效规避风险，节省时间，减少行业的间距，有利于横向发展。有很多人觉得自己店铺经营不善是因为运气不好，事实上却是离开了自己熟悉的领域，去涉足那些热门的、流行的领域想要"一夜暴富"，那是很不切实际的想法。在资本不够充裕，实力也不雄厚的时候，不要去盲目追赶流行，开发新的领域，流行的产品都要经过一定磨合期，并且要花费大量的人力、物力、金钱，而市场的占有率如何也是未知的，不是所有人都能承担这样的风险的。

从最熟悉的领域入手，往往能够事半功倍。

许先生原来在一个箱包配件公司做销售，在积累了一定的资金和人脉后，他选择了箱包配件这一熟悉的行业创业。在做了一段时间的代工之后，逐渐掌握了做完整箱包的能力，慢慢开始加工完整的箱包。在占据了一定份额的市场，拥有了知名度之后，许先生开始扩大生产，聘请设计师成立自己的品牌。现在许先生的箱包品牌在消费者和业内人士中都享有美誉，销量大大增加。

所以，对于想要创业开店，又希望比较有把握的话，尽量要选择最熟悉的行业，发挥个人的优势，不要光凭想象觉得哪个行业流行就选择哪个行业。能将所学专业与市场缝隙相契合，创业的成功率肯定要高一些。如果是刚毕业的大学生，可以尽量从自己的专长着手，这并不仅仅是说学校所学的专业，也包括个人的兴趣爱好。比如你是一个球迷，就可以考虑开个球迷精品店，如果你是个电玩爱好者，开个电玩店就是不错的选择。如果你暂时找不到市场和专长的结合点，可以先培养对将要从事的行业的兴趣，将不熟悉变为熟悉。如果你有一定的工作经验，可以先从本行业发展，比如做推销的，就不要冒险做培训，可以从产品代理做起；如果你曾经是个厨师，就不要轻易放弃专业涉足美容行业，继续发展餐饮业才是明智的选择。最好从小做起，找准切入点，这样才更容易成功。这对于那些已经有一定经验的店铺，同样受用。

有这样一家手工定制服装店，在流水批量生产的服装充斥市面的时代，店主一直坚持手工制作，每一件衣服都量身定做，独一无二。然而由于制作时间长，价格又比市面上的服装昂贵许多，销量一直不好，店主开始怀疑难道非得要卖知名度高、大批量生产的服装，生意才能做得下去？但是由于独特的设计是自己的专长，店主并没有轻易放弃。这家店决定定期发放服装设计目录，内容包括设计的效果图，以及阐述设计理念和制作过程。慢慢地，那些追求个性与品质的顾客对这家店的关注多了起来，生意有了转机。

如果这个店主放弃了自己熟悉的设计领域，而贸然转向不熟悉的代理知名品牌的领域，既违背了自己的心意，也不能保证店铺生意的好转。不盲目追随流行，坚持将自己熟悉的做到最好，甚至自己来创造流行，每个经营者都至少要拥有这点志向！

同择偶一样择产品

产品可以说是小店铺生存的根基，进货是一个极其重要的环节，对产品的品质、风格的把握直接关系到店铺经营过程中的销售状况。如果对产品的选择不够谨慎，盲目地进货会导致产品滞销和积压，无疑会成为开店之初最大的阻碍。将会影响到店铺的长期运营，严重者甚至会导致店铺的关门倒闭。进货之前，一定要对市场进行充分的调查，毫不夸张地说，店主要像选择终身伴侣那样仔细谨慎地挑选产品，抱着随便选一个试试看的心态是没办法取得成功的。

随着金猪宝宝、奥运宝宝、世博宝宝纷纷诞生，母婴用品市场十分火爆，小杨决定在一个年轻夫妇居多的小区开家母婴用品店。由于很多父母都抱怨现在的母婴用品太贵了，小杨就挑选了一些平价的产品作为店铺的主打。然而无论小杨怎么促销打折，前来购买的顾客还是寥寥无几。虽然进口奶粉、尿布等产品的价格偏高，大多数新生儿父母也都认为宝宝用品花费太贵，然而在挑选产品时还是坚持选择大品牌，甚至一些收入很低的父母也会倾向于购买昂贵的大品牌产品。他们的心态几乎惊人的一致：为了宝宝的健康和未来，在这些东西上绝不能省。小杨店里的产品虽然价格便宜但是没有知名度，新生儿父母们不敢在孩子的身上做实验。由于产品大量囤积，货架上的奶粉竟然有好多过了保质期，小杨的店铺不得不关门了。

由此可见，产品的选择绝对不是一件小事，不能被看似高额的利润冲昏了头脑。如果一开始就给顾客造成了产品风格低俗、质量廉价的印象，之后补救费时费力不说，能够达到的效果也是很小的。因此在挑选产品时一定要做好充分的调查，掌握进货流程与技巧是进货的前提，严把品质关才能避免在进货过程中陷入误区，造成不必要的经济和名誉的双重损失。确定了产品之后就要开始采购了，在这里提供一点采购的建议以供参考。

1.采购之前要了解掌握产品信息

（1）了解产品的消费人群。详细了解产品客户群的消费心理、消费习惯，必要时掌握几句方言也能促进产品的销售，如某种产品很受广东人喜爱，介绍产品时说上几句粤语能快速拉近同顾客的距离，促成交易。

（2）了解产品的名称、规格和原产地，有明确的出处才能保证质量。

（3）了解产品的原料、成分，食品类要了解有无添加剂，各种含量是否超标，服装类要了解原料是丝、棉、化纤还是混纺，这样既利于自己了解产品质量又方便向顾客介绍宣传。

（4）掌握产品的使用方法和基本维修技巧。越来越多的电子产品、多功能产品进入普通消费者家庭，虽然操作是趋向简单化的，但店主还是要熟悉这些产品的特点及使用方法，避免因不能及时解答操作疑问而流失顾客。当产品出现小问题时，如果能快速准确地维修好，对留住回头客、老顾客都是十分有利的。

2.注意事项

（1）随时掌握市场信息。准确的市场信息对于产品选择是十分重要的。及时审核产品的滞销、积压和畅销、缺货的情况，根据市场进行产品的筛选和替换。

（2）挑选可靠的供应商。选择供应商最重要的标准是信誉，产品的质量能否保证，交货时间是否准时，并不是说进价低就利润大或是进价高就质量好，如果产品的品质不能保证，无论多大的优惠都弥补不了销售后造成的坏影响。

（3）控制采购成本。小店要在不影响服务和品质的基础上尽量压缩成本才能有收益。因此在采购时一定要多比较选择，挑选价格最合理的一家。当然质量要先行于价格，当两家价格差不多的时候，要选择质量较好的一家。

谨慎地择偶能够促进结婚后的稳定，相反，草率地择偶则可能需要长时间的磨合甚至导致离婚。挑选产品也一样，事前做好充分调查、谨慎选择才能保证小店经营的成功。

弃热就冷风险小

现在选择开店创业的人越来越多，相对的，开店的风险也就越来越高了，尤其是对于抵御能力弱的小店铺来说，选择一个风险低的行业比较理智。然而什么样的行业风险小并没有一个统一明确的标准。很多没有经验的创业者认为，紧跟当下的热点才是最稳妥的。恰恰相反的是，热门领域往往隐含着较高的风险，而风险较低的恰恰是那些冷门领域。

在某市大学城内有一家小书店，不同于其他书店选择畅销书作为主要产品，这家书店选择了较为冷僻的专业书籍。由于店铺小，无法从供应商那里取得低折扣，更没有办法像别家书店一样长期打折促销。经过调查周围环境与分析自身实力，周围大学环绕，很多学生需要专业书却不知道哪里有卖的，于是这家店铺选择了购买人数少但是销售时间长的专业书籍，并且提供订购以及二手书回收服务。这家店很快取得了成功，许多人甚至专门从别的城市跑来这家书店选购专业书籍。

所谓热门的，必定有众多人关注，一旦大家觉得一个行业有利可图，就会一窝蜂地挤进去。原本资金、实力就不足的小店铺，要面临如此众多的对手，竞争压力可想而知。流行的热门的东西周期都很短，今天还炙手可热的，到了明天可能就无人问津了。小店铺没有快速完整的"生产—销售"体系，从寻找供货商到采购再到上架销售，必然需要一个较长的时间。所以很有可能在采购时产品正处于热销，此时的进价偏高，而等到销售的时候产品已经过时了，售价又偏低，造成高买低卖的窘境。所赚取的利润可能还不够填补运营成本，如果商品积压销售不出去，小店铺无疑走进了死胡同。

在A县城的一条美食街上，分布着数十家烤翅店，家家都人满为患。曾经开过小烧烤摊子的李先生认为开烤翅店一定有利可图，就从乡下来到县城开了一家烤翅店。原以为生意肯定不错，没想到几个月后A县城的人们对烤翅没那么热衷了。李先生的店刚刚开业，既没有稳定的客源也没有名气，味道也是普普通通没什么特色，吸引不到顾客。到头来不但没赚到钱，除去房租和相关费用弄不好还要亏本。现在李先生想转掉烤翅店，可是店面一下子又转不掉，开店的时候采购了一大批的鸡翅原料也开始变质了，真是骑虎难下。

从李先生的经历可以看出，对于小店铺来说，选择热门领域必然要承担高风险。除非经过充分的调查和充足的实力，能够超过其他同类的竞争者。否则，小店对于热门领域，不要盲目跟风。现在，人们已不再满足于千篇一律的物质生活和精神生活了，更多地追求独立与个性。热门的从某种程度上来说会因为普及得迅速成为"大街货"，流行得越快，淘汰得也越快。

与其急匆匆地追赶热点流行，却总是抓到流行的尾巴，倒不如另辟蹊径，从冷门下手。冷门领域的关注度较低，竞争对手自然就少，并且冷门领域运行的周期也比较长，在一定时间内不会被快速淘汰，经验和规律也比较容易获得，小店铺上手比较容易。产品的价格也相对稳定，不会有忽高忽低的波动，小店铺也可以详细地调查对比选择供货商，从而能有效地控制风险。开店需要能够审时度势，以奇制胜。物以稀为贵，随处可见的产品利润也降低了很多。在竞争日益激烈的市场经济时代，追逐热门、共性泛滥只能加剧竞争的白热化，发掘冷门、张扬个性才是这个经济时代的主题。当然店铺经营中也可以适当地跟随热门追寻利润，但弃热就冷，从冷门中淘金才是小店铺发展的王道。

有这样一位善于钻空档找冷门的创业者。这位创业者发现如今农村生活条件好了，城里人吃腻了的卤制食品在农村却十分受欢迎。不管是喜宴还是寿宴，甚至在家常小聚的时候，都少不了用卤制品招待客人。而附近的几个村子中各式餐厅开的不少，却没有一家卤味店，村民们买卤制品，不得不坐好久的车到县城里去买。于是这位创业者马上从外地请来了师傅，在自家开起了小卤味摊子。由于他经营的卤制品味道不错，价格也合适，购买也很方便，一下门庭若市，连附近村子的村民也赶来购买卤味，生意十分红火，短短几年就从小摊子发展到好几家店铺。正是由于弃热就冷，在大家涌向热门的时候发掘别人没想到的冷门生意，才能获得成功。

小店要降低经营风险，获得成功，就要保持店铺独树一帜。店主在面对热点潮流时必须保持冷静谨慎，不盲目跟风。同时要具备超前意识，看准顾客需求，挖掘冷门商品，抢占先机，销售紧缺产品。人无我有，人有我优，个性和特点是小店生存的王道。当然，这并不是说热门生意绝不能碰，冷门生意就一定会赚了。不管是经营热门还是冷门，都要经过谨慎严密的调查，最适合小店发展的才是最好的。

关注暴跌行业

如今开店的竞争越来越激烈了，每个人都绞尽脑汁地寻找发财致富的门路，然而市场上的信息纷纷扰扰，信息的真实性也参差不齐。如果不及时抓住重要的信息，忽视那些宝贵的信息，就损失了一次成功的好机会。事实上，有些大生意总是出自那些不被人看好的暴跌行业。要从别人看不到、不重视的信息中寻找宝贵信息，发掘有利因素，在无人问津的暴跌行业中常常隐含着巨大的商机。无论是准备开店还没找到合适项目的人，还是店铺经营成熟想要开拓新市场的人，暴跌行业都应该成为关注的重点。

有一个贫穷的年轻人，常常去做那些人们所不愿干的工作，他做过电报公司的焊接工，经营过曾经被人认为无利可图的烟草生意。然而正是因为他善于经营那些别人所不愿经营的业务，慢慢地他积累了一定的资本，成为了一个小企业家。然而这时一场空前的经济灾难降临了，整个国家的经济陷入了困境，大批的工厂倒闭，百业萧条。由于贸易的停滞，海上运输业也受到了冲击。运输公司为了渡过危机，纷纷拍卖手中的货船，价格仅仅是市值的1/20。然而如此低廉的价格却无人问津，因为当时海运业空前萧条，企业对海运避之犹恐不及，那些货船在别人眼中连废铁都不如。而这个年轻人却将自己的全部资产都用来收购货船，大家都无法理解他疯狂的行为，认为在这样的情况下投资于海上运输，无异于将钞票白白抛入大海。但是，他清醒地看到，经济的萧条总会过去，眼前的危机一旦过去，物价就会从暴跌变为暴涨，趁这个时机买下便宜货，等到复苏的时候再抛出去，转手可得巨额利润。海运业虽然暂时受到冲击，但总会有复苏的那一天，这些货船在他眼中就如同埋了尘的黄金。果然不出所料，经济危机过后，海上运输大幅反弹，那些货船的身价增长了上百倍。他一夜暴富，成为了海上运输业的巨头。

由此可以看到，在暴跌行业中也能获得大益处。暴跌行业并不意味着利润就低，潜力就低。市场是无形又变幻无常的，然而经过仔细冷静的分析后就会发现其中也是有规律可循的。根据市场规律，产品的价格总是围绕着价值上下波动的。所以说，不可能有一种产品一直低于本身的价值，价格与价值逐渐就会趋于平衡，甚至高出价值。暴跌行业的价格普遍低于本身价值，然而价格越低，就表示存在着上升空间。相反的，那些暴涨的行业，就存在着大幅下降的风险。

经营者首先要对市场信息变化保持高度的警惕。面对纷杂的行业，很多人不知道从何下手，其实最简单有效的办法就是从与自己关系最密切的行业开始。如经营水果零售的，在关注水果价格走势的时候，对于运输的变化也要注意；开服装店的在关心服装本身的价格变化的时候，对面料的价格也要时时掌握；做室内设计的在注意装修材料变化的时候，对房产信息的变化也要关注。这样对于本行业也能更好地掌控，及时作出调整。

其次要对价格敏感。低买高卖是做生意的基本原则，当一个行业突然受到冲击大幅下跌的时候，也是进行买入的最佳时机，利润增长的空间比较大。甚至是，在人人都不看好的时候，正是我们要大胆看好的时候。相反的，当一个行业受到追捧大幅上涨的时候，买入就要谨慎，因为获得的利润增长空间就非常小了。大幅价格变化的背后即蕴含商机也潜伏着危机，积极关注暴跌行业的同时，对暴涨行业要有理智的分析。市场容量是有限的，如果行业暴涨市场很快就会饱和，最先把握住的人会赚到钱，而跟风的人就会因为囤积货物而吃亏。

再次面对暴跌行业时，也要保持冷静理智，分析暴跌的原因。并不是说所有暴跌的行业都有反弹的可能，一些行业的暴跌可能是因为政府政策调整、市场供需变化等原因，而一些行业的暴跌很可能是因为发展畸形，即将被市场淘汰。

店铺的经营者一定要有长远的眼光，决定前冷静，决定后果断，在暴跌行业中寻找潜在商机。

做别人想不到的生意

随着社会经济不断发展，社会资源日益丰富，市场上的产品种类越来越多，相同种类产品的差异性越来越小了，利润空间也随之减小。因此刚入市开店的创业者，与其走别人的老路，浪费财力物力争夺有限的"蛋糕"，倒不如开发新的潜在市场，自己做一块新的"蛋糕"出来。

如何发掘潜在市场？其实关键在于了解消费者的需求，做别人想不到的生意。在日益发展的当代社会，消费者的需求是被不断开发出来的，创造需求然后提供这种需求是店铺发展的最有利模式。当然在实力不足以同时兼顾这两方面的时候也可以根据目标顾客的需要，合理组织销售活动。下面简单介绍几种开发市场的方式。

1.寻找不成熟市场

一个新产品往往是在经济发达地区先出现的。新产品价格会比较贵，而随着同类产品的出现，在竞争的影响下价格就会越来越便宜。10年前手机还只是少数人才有的"奢侈品"，如今手机已经遍布大街小巷，价格也比最开始低得多了。价格便宜了，能够购买的人就多了，市场就不仅仅局限于发达地区，会逐渐向其他地区扩散。因此在其他商家为抢夺已经成熟的市场的时候，不妨将眼光转向那些不成熟的市场。一些在发达城市已经饱和的产品，在农村也许就供不应求成为紧俏货。这些地区产品供应还不充足，竞争也会小得多，能够得到的利润自然比成熟市场大多了。

2.赚懒人的钱

社会的分工越来越细，人们对于各种服务的依赖性越来越强，在很多事情上越来越"懒了"。现在很少有人会自己缝制衣服，自己洗车了。于是为"懒人"服务的行业越来越多，从搬家清扫到洗衣煮饭都有专门的服务人员。可以观察人们日常生活有哪些方面是特别琐碎的，从而针对这些方面开发服务。比如有很多养狗的家庭，每天遛狗是一件很麻烦耗时的事情，于是有人专门提供代人遛狗的服务，受到很多白领阶层的欢迎。还有人喜欢美容按摩，但是节假日又想在家休息懒得外出，于是上门美容服务也随之而生。

3.经营连带产品

一种产品的产生，会带来相关产品的出现。在别人只关注这种新产品的时候，可以将重点放在相关产品的经营上。iPod播放器一直很受年轻人的欢迎，可是市场上经营iPod的商家太多了，想要从中分一杯羹很难。由于机子表面光滑，很多人怕划伤都会用保护套，可是配售的保护套一般颜色样式都很单一。于是就有人专门设计经营不同材质样式新颖的保护套，有些人会不时配备更新保护套，销售十分红火。

4.寻找地理差异

中国幅员辽阔，不同的地方地理、气候、经济差异都很大。在一个地方不值钱的东西在另一个地方可能很畅销。善于分析地区性差异、生活习惯差异，一定能找到商机。比如在南方产量多价格便宜的杨梅，在北方价格会高出好几倍甚至几十倍。同样一根玉米，在河南才卖几毛钱，在北京就卖到几块钱。如果能有效利用地理差异，利润自然是不言而喻的。

5.新陈代谢法则

没有哪一种产品是天生完美的，随着时间、环境的改变，必然会暴露出缺点。而针对这些缺点研发相适应的替补性产品就有很大的潜力。塑料袋的产生大大方便了人们的生活，但是由于不可降解，会给环境造成严重的污染。于是国家下发通知禁止免费提供塑料袋，塑料袋将逐渐被淘汰。但是人们的日常生活没有塑料袋会有很多不便，于是环保袋就应运而生了，并且为了让年轻人也接受，有人就专门设计出时尚感的购物袋，既能环保又美观，销量自然不小。新陈代谢是促进市场发展的动力，也使市场充满活力。新陈代谢本身就是一种商机，经营者要敏锐地观察，并及时捕捉。

开店赚钱，谁发现了市场的先机，谁就能赚到钱。发现甚至创造市场潜在的需求，并将产品及时提供给顾客。寻找市场中的盲点，需要敏锐的眼光和决断力，想到往往比做到更重要，预见市场的动向是经营者必备的素质和能力。做到人无我有，财富自然离你不远。

赚女人和小孩的钱

善于经商的犹太人有一句名言："赚女人和孩子的钱。"有调查显示，社会购买力70%以上都是由女人掌握的，做生意盯紧女人口袋能够得到可观的利润。在商家看来，女人身上有挖不完的资源。女人往往掌管家中的财政大权，消费上也比较感性，从个人的化妆品、服装、首饰，到家庭的卫生用品、日常杂货，基本上都是女人来添置的。任何一种产业对女人来说都有着相当程度的吸引力，现代女性所追求的高品质的生活方式和消费方式，更为中外商家们提供了充满诱惑的无限商机。可以说吸引了女人的目光，就创造了无限的购买潜力。爱美是女人的天性，对于能增加自身魅力的产品，女人往往不惜代价购买。因此经营美容美发，或者服装饰品等都有很大的市场。而随着人们生活水平的提高，花在孩子身上的钱越来越多了，在孩子的饮食结构、营养健康、教育等方面都舍得投入，并且小孩子处于发育阶段，产品的更新换代特别快，所以孩子也是一个广阔的市场。在开发这些市场的时候也是有一些方法可寻的。

1.注重实际购买者的消费心理

D公司生产的掌上游戏机很受青少年的欢迎，但是销量一直不好。产品很受青少年的喜爱，价格也适中，但销路为什么打不开呢？经过仔细调查，D公司发现主要是由妈妈们为孩子购买游戏机的，而担心孩子沉迷游戏耽误学业成了妈妈们拒绝游戏机的主要原因。于是D公司在游戏机中增加了许多益智性的内容，还添加了一个可以由家长控制的游戏时间限制功能。产品改良后D公司举行了试用会，专门请了很多妈妈们来参加，让她们了解游戏机不会给孩子学习造成危害。在得到了妈妈们的认同后，游戏机的销量也得到了显著的增长。

由此可以看出，除了与女性本身息息相关的东西，丈夫的衣物、小孩的文具、家中的摆设绝大多数都是由女性购买的，因此在产品的设计上不仅要针对消费的人群，也要注重购买人群的意见。商家在经营时应该多研究实际购买者的消费心理和消费习惯。

2.产品搭配助销售

商家在销售产品的时候如果能发现潜在的联系，激发女性的购买欲往往很有利于销售。男人在买东西的时候往往花费的时间很短，直奔目标，对比挑选的过程很快。而女人就不一样了，女人在买东西的时候眼光不会仅仅放在一种产品上，很多时候买的东西远远超过目标产品。比方说女人喜欢逛街，可能本来只是想买几件换季的衣服，看到一件喜欢的衣服发现没有搭配的鞋子，或是看到一条项链可能和自己某一件上衣很配，最后可能买了帽子、项链、高跟鞋、丝袜等额外的产品。所以如果注重产品的搭配陈列或是搭配销售，都会提高销量。如果是针对年轻的女性，像是低胸礼服和隐形内衣、高跟鞋和丝袜、T恤和项链都可以放在一起销售；如果针对已婚女性，像零食和啤酒、职业套装和领带、围裙和刮胡刀都可以搭配在一块；如果是针对妈妈们，孕妇装和婴儿服饰、营养补品和奶粉、吸尘器和幼儿读物都可以做搭配。

3.零食和可爱物品

不少女人和孩子对于零食都没有什么抵抗力。如果零食的口味独特，卖相诱人往往深受女性和孩子的欢迎。但随着人们对健康越来越重视，如果能弱化零食的不健康因素将更迎合人们的需求。薯片虽然好吃，但是经过油炸后容易引发肥胖使很多女性望而却步，而一种非油炸薯片的推出立刻大受欢迎。所以商家在开发产品的时候也要注意融入健康的成分，市场将更加广阔。造型可爱、色彩鲜艳的物品对于女人和孩子也具有极大的诱惑力。可爱的毛绒玩具、别致的本子、甜美的配饰等都是不错的经营选择。

另外，商家一定要注意几个误区：不要因为女人和孩子的钱好赚就降低质量和服务，无论销售给什么样的人群质量永远比任何华丽的说辞来的有效；开发不要仅仅流于表面，要跟随时代步伐探寻消费者内在的真实需求；女人和孩子的市场同样需要细分，要对女性群体进行细致的划分和研究，找到其中的共性和差异，进而细分市场并开发适合的产品和服务，而不是去指望所有的女人和孩子都会喜欢你的产品。女人和孩子是未来商业的主体力量，他们决定商家的兴衰成败，要想赚他们的钱，同样需要细致的调查和优质的服务。

要专注于本行

将一个行业做到极致远远比每个行业都涉足一点更容易取得成功。很多百年老店能够延续至今，在激烈的竞争中立于不败之地，就是专注于在本行不断努力的结果。创业开店更是要专注于本行，不能三心二意。在本行业站稳脚跟，深挖本行业的发展潜力才是小店发展的长久之道。

在准备创业开店前，不妨先审视自己有什么专长。有很多人原本有稳定的工作，但是想要通过创业获取更大的成功，纷纷加入开店的队伍中。在选择经营什么样的生意时，相当一部分人认为，自己既然已经辞掉了原来的工作，就要彻底同这个行业脱离，如果开店也选择跟本行相关的，岂不是走了回头路了吗？这个想法实在是大错特错！本行的经验就如同基石，在打好地基后盖房屋显然比起重新开凿地基要快得多。如果你曾经学过服装设计，懂得色彩搭配，经营起服饰店一定比开家餐厅驾轻就熟得多了。顾客可能会称赞你"很懂得搭配""总能在他家找到漂亮的衣服"。而如果改为经营餐厅，很可能会被顾客埋怨"菜品不好，服务也不周到，老板一定是个门外汉"。

开店最大的资本就是专业知识，顾客不仅仅是购买商品，更是要享受专业的服务。在生意场上，如果一个经营者能对自己的商品了如指掌，对于商品的原料、产地、制作工艺了如指掌，能说出它跟其他同类产品相比独有的特点与优点，懂得如何使用如何维修，必然能赢得顾客的信任，在顾客心中树立起专业的印象。相反，对于客户的质疑回答不上来，不知道自己的商品与别人的商品有什么不同，必定给顾客留下不好的印象。哪里有人愿意从一个比自己还不专业的人手中购买产品呢？

刘师傅经营着一家拉面店，由于家中几代都是经营拉面店的，祖传的独特汤料和拉面手法为他赢得了大量的客户，拉面店小有名气。刘师傅想要扩大生意，他发现方便快捷的麻辣烫很受年轻人的喜爱，自己煮一碗拉面耗费的时间可以煮好几份麻辣烫出来。于是他将店铺改头换面，改卖麻辣烫。然而生意并没有像预期的那样迅速扩大，反而逐渐变得冷清了。顾客认为刘师傅根本就不懂得怎样做好麻辣烫，口味不伦不类，纷纷感叹再也吃不到那么地道的拉面了。

这正是一些小店经营者常犯的错误。在经营逐渐稳定后，就有些浮躁了，认为自己的能力完全可以驾驭那些不了解的行业，因此，放弃了自己擅长的专业，转而投入别的非专业中了。然而，在经历了一番大刀阔斧转型后，才现另一个行业并不像自己想象的那样，努力的成果也付诸东流了。结果往往是丢掉了本行，也无法在新领域取得成就。对于多数小店创业者来说，避免盲目转型，专注于本行做细做精才是守住基业、逐步扩大的基本理念。

一家店想要经营好，同员工的真心拥戴是分不开的。员工如果与店主同心协力，就能促使店内的生意增多。而一个店主能够赢得属下真心拥戴的最重要的一招，是本身业务精通、技术过硬。用自己的专业水准树立小店的口碑和名气，比起一个一窍不通只会瞎指挥的老板，和一个专业精通能有效纠正错误的老板，员工一定会倾向于后者。

拍立得公司的老板蓝得是一个光学领域的行家。他尚未毕业就投身光学研究，在光学领域拥有多项发明和研究成果，是国际上公认的光学权威。拍立得的畅销与广大员工的努力密不可分，其中蓝得的贡献也是不容忽视的。正是由于对本行的精通，在拍立得公司里，上上下下的员工，无不佩服他的专业，从而服从他的领导，打心底竭诚拥护他。正是有了全体员工的团结努力，拍立得公司才能得到迅速的发展。

生意场上，外行难免会被一些内行欺骗。因而从事本行生意对于各种规则比较了解，能够少吃一些亏。对于产品的生产流程、进货渠道、销售方式都不了解的经营者，难免要交上好大一笔"学费"。对于小店而言，严重的还会变成灭顶之灾，直接造成小店倒闭。

一个成功的经营者未必是这个行业最优秀的，但一定是对本行专注的。不专注于本行的人，无论换做什么行业都是只能停留在最基层。深挖本行优势，将本行做到精细化，是小店成功的重要手段。

流行货一定要看准

要做好一家店，进货是最关键的一环。小店的经营状况如何，跟商品的定位和进货的眼光有直接关系。流行货是进货过程中不可避免要考虑到的，但是进流行货的风险很大，因此在挑选时一定要看准了再下手。开店者除了要有良好的销售方法外，最关键的一点是要看准货物行情，尤其是看准流行货。

首先要保持高度的市场敏感度，进货一定要把握流行趋势。政治、经济、文化等多方面的因素，都有可能影响市场变化，由此而引发市场上对某种产品的需求。流行从来都是瞬息万变的，有时候，某种商品一夜之间会猛然流行起来成为畅销货；而有时候，又会一下子烟消云散成为淘汰品了。

肯尼迪爱坐旋转椅，当他成为美国总统时，旋转椅迅速成为了畅销产品。各家具生产商纷纷生产出大量的旋转椅。而里根爱吃豆胶软糖，他入主白宫之后，顿时激发市场上各种牌子的豆胶软糖的销售。

类似这样的流行变化趋势，如果没有高度的市场敏感度就难以预测和捉摸，只有依靠平日的细心观察和分析。事实表明，如果能及时地感受到市场的流行变化，并能立即采取应变措施，引进流行货，使顾客由此而引发的需要得到满足，同时会在短期内收到利润。相反，如果某种产品发展的趋势已经落伍或正在退出流行，而自己对此毫无察觉，还盲目地进那些所谓的"流行货"，就会造成产品积压，蒙受巨大损失。

其次进货既要适销又要适量。这两者都很难把握，但是只有适销又适量才会在获得利润的同时避免最大的损失。进货切忌贪多，无论是多么流行的货物，也要根据小店针对的客户群的喜好、小店的承受能力适量进货。否则一旦没有把握好流行趋势，或是货物更新换代的速度太快，就势必给小店带来巨大损失。

艾小姐是深圳一家服装店的经营者。她在第一次进货前，对周围同行出售的服装进行了仔细分析，发现他们的货源主要是当地的外贸小厂。为了寻找有特色的、流行的货源，艾小姐决定不在本地进货。她在网上看到很多人对北京的外贸服装批发很推崇，认为北京作为首都那里的货物一定比本地的更流行。于是她舍近求远，到北京的动物园批发市场去进货。由于第一次开店，对什么样的服装流行并不是很了解，艾小姐就选择那些卖得最多的服装来进，一进就是别人的好几倍。并且很多批发商都奇怪为什么她放弃深圳的进货渠道，大老远地跑到北京来。等她带着大批的货回到深圳，经营了一个多月之后，才慢慢发现原来这些商品在深圳的批发市场都有，而且价格还要更低。另外她进的货物量都太大，一半都还没有销售完流行的风向又变了，积压货根本消化不了，又没有流动资金进新的货物，顾客觉得她的服装不够新颖，来购买的就更少了。

再流行的货物也不能在一夜之间就销售一空，大量货物积压可能造成小店的倒闭，所以对于实力有限的小店来说，适量是避免风险最有效的方法。一定要根据小店的客流量、小店自身的消化能力来决定进货的量。

再次要预测货物本身的发展趋势，只追浪头不追浪尾。这个货物是将要流行、正在流行还是即将落后，对进货有很大的影响。一般来说选择将要流行的货物是最好的，正在流行的货物可以少量的进一些，而即将落后的就绝对不能碰了。

　　张先生虽然是个男性，在经营女性服装的时候却有准确的眼光。春季的时候，他在杂志和产品发布会上注意到夏天糖果色的短裙将会流行，但他也留意到这个信息传递得很快，一些同行已经开始筹备进货了，到时候糖果色短裙很快会成为落伍的产品。在估量了自己的实力之后，张先生只进了1000条糖果色短裙，反而进了很多连衣裙和西装裙。同行都奇怪一向把握流行的张先生怎么放着赚钱的生意不做。等到了夏天的时候，糖果色短裙的确掀起了一阵热潮，但是很快就退去了。张先生的1000条短裙已经卖得差不多了，而别家则还有大量库存，不得不降价销售。此时，张先生又摆出了连衣裙和西装裙，由于周围的同行都没有进这类的货物，张先生的货销售得特别好。

　　总而言之，光知道什么是流行货是不够的。只有对流行变化敏感、把握进货量、准确预测发展趋势，才能稳操胜券，获得收益。

第三章

价格不是决定销量的唯一因素

价格越低不一定越受欢迎

不少商家在开店初期，对自己的商品如何定价有些茫然。往往很多人都陷入这样的误区，认为刚开店没有口碑和信誉，就用低价策略来打开市场。他们会调查市场上同类产品的最低价格，然后给出比那个价格还低的价格。事实上，价格越低不一定就会越受欢迎，以低价争取顾客不是小店明智的选择。

首先，低价能否打开市场都是个问题。并不是越便宜的产品买的人就越多，现在消费者购物越来越理性了，对于便宜而没有实用意义的产品是不会轻易动心的。街边随处可见的"两元店"就是很好的例子，他们的产品价格低廉可实际购买的人又有多少呢？其次，低价往往会给人质量差、廉价的印象，虽然价格低、质量好的产品还是存在的，但是人们更愿意相信一分钱一分货的硬道理。同样的打火机，一家店标价98元卖出了数百个，而另一家店为了促销低于成本标价48元却只卖出了几个。人们不会怀疑自己是不是买亏了，而是会怀疑后者的质量是不是有什么问题。再次，如果一开始价格就标得很低，以后很难再将价格恢复到正常水平。那些被低价吸引来的顾客如果看到价格开始上涨，会觉得小店没有诚意，以后也不会再来光顾了。

有一家M牌牛仔裤，品质出众，在刚开业的时候，想要以便宜的价格打败对手占领市场。本来同类的牛仔裤售价都在200元左右，M牌就以150元的价格出售。可奇怪的是却很少有人购买。于是M牌不断降价，最后以低于成本的100元清仓甩卖依旧无人问津。一个顽皮的孩子在店外的广告上加了个0，变成了"1000元出售优质牛仔裤"，而之后的顾客居然多了起来，慢慢地库存竟然销售一空了。年轻人还会炫耀自己穿的是M牌牛仔裤。

这个故事并不是说定价要越高越好，但是对于小店来说低价是不太可取的。市场定价的最基本的依据是生产经营成本和市场供求状况，而实际定价的依据又有所不同和扩展。小店想要成功，就要学会科学定价，接下来就来探讨科学定价具体要依据哪些条件吧。

1.成本导向

成本导向就是以进货成本为最主要的依据，低于成本垄断市场后再提价不是小店能够做到的。如果进货渠道比较好，成本控制得比较低，可以适当地把价格作为优势，适当调低产品的价格来增加竞争力，不过仍然要保证有利润可图，赚不到钱的小店销量再多也没有意义。当然我们定价不能只依据成本，还有其他的综合因素。

2.市场导向

很多产品都是有淡季和旺季之分的。不同季节的市场需求不同，所以同样的产品在淡季和旺季的价格也可以随着市场的变化做出相应的变化。比方说空调，市场最大的时候就是在夏季，冬季会用空调取暖的地方市场也相对较大，这两季空调的价格可以适当调高。而在春秋两季，温度适宜，不需要空调作调节，价格肯定和冬夏两季的价格会有差别，这时就可以调低价格，进行打折促销。

3.需求导向

当产品销售比较好的时候，价格可以定高一点，因为之后必然会降价，比如当一款新的手机刚上市的时候，购买的人肯定是非常多的，这样的话可以适当地把价格抬高。而等热潮过了以后，就可以把价格压低。

4.竞争导向

参考同行的定价来确定自己的定价。比如都是销售相机的，相同款式和牌子的相机在别家的售价是2000元，那你的定价如果是1900元就显然具有竞争力一些。当然，同行对手不会只有一家，不同的对手定价也会有一定的浮动范围，所以这里还要考虑到品牌信誉、销售成本，以及售后等因素的影响。最低和最高的价格都是不可取的，定一个中间价位是比较安全的选择。

5.定位导向

价格还要考虑潜在顾客们的承受能力。比方说你的潜在顾客主要是注重品质的白领，那么定价偏高一些反而有竞争力。因为白领们对价格的要求不是很看重，价格高质量优的产品更符合他们的消费心理。如果你的潜在顾客是定位在学生群体的话，他们比较注重产品的流行度，价格高的产品他们没有能力负担，这个时候定价就应该相对偏低一些。

6.库存导向

库存也是很重要的依据，不可能随时都保持得恰到好处。有时候库存比较多，而销量又比较小的时候，可以压低价格促进销售防止积压。而当库存较小，而销量又比较大的时候，价格可以适当提高一点。

最后，定价还要考虑到付出的时间成本，人力成本和精力成本。不能一味地搞低价策略，适合自己的定价就是最好的定价。产品的质量和服务品质才是吸引顾客最有力的手段。

便宜产品带不来好利润

产品品质是小店生存的根基。如果纯粹地追逐利润而降低了应有的品质，采用了便宜的产品是没办法带来好利润的。产品的价格除去耗费的成本就是利润。店家往往认为同样售价的产品，成本低的自然利润就高。事实却并非如此，比如同样是售价50元的T恤，A家采用了优质的面料，成本是40元，每一件的利润是10元，B家采用了劣质的面料成本只有15元，利润有35元。看似B家赚了，可是由于质量不好，B家只卖出了两件，利润70元，而A家卖出了50件，利润500元，到底谁的利润好不言而喻。

张老板开了一家东北菜馆，店面面积楼上楼下共50平方米，虽然面积不大，但是每天都有客人来就餐。刚开店，没有多少资金，张老板想要马上获得更多的利润，于是经朋友介绍选择了一家供应价最低的供应商，以节约成本。这家供应商的进价比其他供应商低5%~10%。张老板本以为自己找对了供应商，成本节约这么多，利润也非常可观。但问题是，该供应商缺乏真正的实力。问他"有没有什么新的原料"时，供应商总转变话题；有时供应商总送不到原料，导致客人由于原料缺乏吃不上可口饭菜；还有时，供应商送来的原料不新鲜，客人吃了不新鲜的菜让餐厅赔偿的也不少，餐厅的业绩开始下滑，而感到焦急的张老板，认识到选价格最低的经销商未必是好事。所以，张老板通过专业杂志的报道和广告寻找，最后选定了知名的食物原料供应商。

案例中的张老板在选择原料的时候就犯了最初开店的人常犯的错误：只选最便宜的，一切向钱看。以为自己选择了一家供给价格最低的供应商，成本比别人低，而售价都是一样的，所以利润就会比别人多，自己的餐厅自然就会更加赚钱。但是张老板忽略了一点，餐厅经营的商品是菜肴，如果菜肴质量出现问题，或者是菜肴没有原材料，又怎么能够产生张老板心目中的那种理想交易呢？张老板最初选择的供应商价格是比别家便宜，但是那家供应商送货不及时，而且原料多有不新鲜。这些都让张老板的餐厅在客人的脑海里成了负面典型。没有哪位就餐的客人可以等待原料配送，也没有哪位客人会去原料不新鲜的餐厅再次就餐。虽然单个菜品的利润比别家多了，但是没有顾客的餐厅，怎么可能赚得到钱呢。对于张老板来说，最初的小成本是以餐厅名誉的大成本为代价的。

当然要注意的是，这里说的便宜产品不是纯粹的价格便宜，主要强调品质方面。顾客当然希望能够用同样的价格购买到更优质的产品和服务。价格便宜不等同于品质低劣。超市的食品往往比零售店便宜，单件产品的利润也很低，可是质量丝毫不打折扣，所以产品的销售量很大，总的利润就很高了。但这是大店铺的做法，小店铺无法以量取胜，也没办法从供货商那里取得最低的折扣。所以小店在选择产品时，不能一味贪图便宜，而忽视了长远的经济效益。当顾客发现该店的价格低可是质量不好时，就不会再光顾，店铺的声誉就会受到影响，可能会得到暂时的小利却损失了长期的大利。

想要得到好的利润，可以从单件产品的利润入手。挑选最合适的产品，控制其他成本才是关键。可以从产品的采购入手，多比较多选择，挑选同样质量可是价格较便宜的一家，降低进货成本。管理经营成本，店铺的日常开销在不影响顾客的情况下能省则省，如白天采光好时可以将灯关掉。结合市场，缩短销售周期，一件产品卖得越快，耗费的人力、物力、资金等成本就越小，因此注重销售技巧将产品更快地卖出去也能增加利润。类似的方法有很多，商家应该注意维持品质、降低成本才能获得好利润，贪图便宜降低质量则是本末倒置的行为，自然没有利润可言了。

兼顾不同档次的产品

随着多种商业的发展和买方市场的形成，店铺间的竞争空间越来越小。面对严峻的竞争形势，小店铺要想站稳脚跟，创立或留住自己的一块市场，仅仅依靠单一的产品是不行的。现在顾客的需求越来越多元化，因而小店铺的经营也要多元化。一个重要的方面就是要选择"适当"的产品进行经营，兼顾不同档次的产品，选择与不同层次的顾客的口味、偏爱和期望相一致的产品的组合。

然而并不是所有的产品都可以随意地组合在一起，必须要先深入了解产品的特性以及产品组合。产品组合是指店铺销售的各种不同类型产品之间质的组合和量的比例。这个比例要做到恰如其分才能充分地实现互补，否则就成了零零散散的胡乱摆放了。很多店铺都拥有种类繁多的产品，但是产品与产品之间没有关联性，顾客在选购时不知道店铺的定位到底是什么。所以店铺在兼顾不同档次的产品经营时，要注重各产品在最终用途、销售分配渠道及其他方面的密切相关程度。比如说同一种产品可以增加更多规格、型号和花色，更好地满足消费者的不同需要与爱好，从而扩大产品市场占有率；增加商品组合的关联度，既可使店铺在其擅长的领域内充分发挥资源优势，又可以使店铺有效规避不熟悉行业可能带来的经营风险。

产品组合的类型因产品组合的长度、宽度、深度和关联度的不同而不同，大致可以分为以下几种类型：

1.全线全面型商品组合

全线全面型商品组合是指店铺尽可能地增加商品组合的宽度、长度和深度，以全面满足整个市场的需要。全线全面型商品组合有广义和狭义之分。广义的全线全面型商品组合，是指尽可能向整个市场提供各方面的商品服务，不受商品线之间关联性的约束；狭义的全线全面型商品组合，是指只提供属于某一个行业的全部商品。大店铺有实力囊括全部的商品，而小店铺则需要根据自己的实际情况尽可能多地兼顾就可以了。

2.市场专业型商品组合

市场专业型商品组合是指店铺向某个专业市场（某类顾客）提供其所需的各种商品。例如，旅游公司向旅游者提供他们所需要的各种商品和服务，诸如住宿、餐饮、交通以及其他旅游商品。这种商品组合，是以满足同一类用户的需要而联系起来的。

3.商品线专业型商品组合

这一类型的商品组合是指店铺专门经营某一类商品，并将其商品提供给各类顾客。例如，服装店铺不会只销售一种服装，男装、女装、童装等都兼顾销售。

4.特殊商品专业型商品组合

特殊商品专业型商品组合是指店铺根据自己的专长，经营某些满足特定需要的特殊商品项目。比如，一家药店并没有销售所有类型的药，而是专门销售治疗某种疾病的特效药。这种类型的商品组合由于商品特殊，市场开拓范围有限，但是竞争威胁也较小。

兼顾不同档次的产品需要在明确产品组合类型的基础上，坚持一定的原则。这些原则包括以下几点：

1.用途分类原则

用途分类原则是指按照用途来划分商场或店铺的部门和类别，即按照用途来分类。按照时间、场所、动机、生活方式来考虑分类组合。这种分类组合方式对经营者来讲，是一种与以往不同的新型组合方式。过去经营者的习惯是按照产品的生产方式、流通经营习惯，结合消费需求来安排部门划分，给店铺经营带来很多弊端。为适应现代店铺的要求，经营者应坚持用途分类原则。

2.确定比重原则

确定比重原则就是按照消费特点和购买频率确定某一部门或大类内的比重。不是某一部门或大类内的所有品种都予以同等对待，而是要根据消费需求量和购买频率来有意识地扩大某一部分品种，在某些品种内有意识地扩大某些项目、规格和花色种类。经营者只有坚持确定比重原则，才能做到有轻有重，有深有浅，既符合实际销售规律，又能给顾客留下鲜明的印象。

3.方便购买原则

方便购买原则能够保证顾客方便、轻松愉快地选择和购买商品。除了店铺布局要做到顾客不需要询问也能找到自己需要的商品外，更重要的是关联性品种的合理组合。即把顾客同时使用、同时购买的品种组合在一起，尽可能减少顾客寻找商品花费的时间。例如，婴儿纸尿裤属于纸制品，而婴儿奶粉属于食品，但是顾客常常会一起购买这两种产品，为了方便顾客购买就可以将他们都归入婴儿用品类。可以按照厨房用品、卫生用品、家居用品等一些使用标志来确定分类组合，而不是按照针织品、纺织品、棉布、化纤、毛料等标志来分类组合。

总之，经营者在管理店铺时，要注重兼顾不同档次的产品，同时也要运用不同的方法，与自己店铺的实际情况相结合。

不要频繁地变动价格

随着供需关系的变化，价格也随时可能产生变动，涨价的策略也时有发生。供不应求是引起涨价的主要因素。当店铺商品不能满足所有顾客的需要时，它可能提价，可能对顾客限额供应，或者两者均用。然而顾客尤其是老顾客、回头客对价格都是十分熟悉的，频繁地变换价格会给顾客造成欺骗的印象。引起顾客的普遍反感，甚至导致店铺生意的一落千丈。

周女士一家每逢周末都要去小区旁边的L餐厅就餐。周女士一家爱吃辣，L餐厅是一家以川湘菜为主的菜馆，很受周女士一家人的喜爱。这个周末，周女士一家仍然去L餐厅就餐。坐下后服务员送来菜单，由于经常光顾，周女士看也没有看，就按照惯例点了一个开胃鱼头，又点了几个家常菜。等到吃完饭，叫来服务员结账。服务员微笑着说："您好，您的消费一共是158元。"周女士疑惑地问："不对啊。上周我们点过一样的菜，一共才不到100元啊。"服务员依旧微笑着说："由于物价上升，考虑到成本太大，我们店的一些菜涨价了。像您点的开胃鱼头以前是40元，现在鱼头涨价了，所以就贵了28元。"周女士听了，吃了一惊，说道："你们的菜价说涨就涨啊，而且一涨还涨这么多。这谁接受得了啊！"服务员站在一边，一句话不说。周女士结完账，小声对家人说："以后还是不来了，不合适了，现在物价也没涨那么多啊！"

案例中，L餐厅由于随便涨价，把回头客周女士给"赶"走了。顾客来餐厅就餐，特别是对于回头客来说，一般都对自己以前点过的某道菜非常熟悉，每次来餐厅都会点自己认为好吃的菜。如果餐厅擅自涨价，会让顾客感觉落差很大。花更多的钱吃同样的菜，顾客就会感觉有种被骗的感觉，所以就不会再来餐厅就餐了。小店也是一样，如果价格制定好了就不要频繁变动。如果是物价上涨导致成本高了，也尽量不要让客人多掏钱，可以从小店自身控制成本。采取以下方法来应对物价上涨，不必提价便可弥补高额成本或满足大量需求：压缩商品分量，缩小商品的尺寸、规格和型号，价格不变；采购使用便宜的材料或配方所做成的代用品，但要注意不要影响产品品质；减少或者改变商品特点，使用价格较为低廉的包装材料，促销更大包装商品，以降低成本；改变或者减少服务项目，如取消安装、免费送货等。

如果成本的控制已经到了最大限度，不涨价就不能正常运营了，适当地涨价也不是不可行的，但是要注重涨价的策略。店铺要公正合理地制定涨价策略，并事先通知顾客，以便他们事先采购以减少冲击，偏高的涨价要向顾客作出合理解释，并且可以使用一些不引人注目的涨价方法，比如取消折扣、限量供应、削减低利润商品数量等。提高"实际"价格有几种方法，但每种方法对顾客产生的影响不同，以下是常用的几种调价方法：

（1）延缓报价，店铺拖延报价的时间，店铺决定到临近向大顾客交货时才制定最终价格。

（2）使用价格自动调整条款。零售店要求一些大顾客按当前价格付款，并且支付交货前由于通货膨胀引起增长的全部或部分费用。合同中的价格自动调整条款规定，根据某个规定的物价指数，如生活费用指数计算提高价格。

（3）将商品价目分别处理。零售店为了保持其商品价格，将先前供应的免费送货与安装的商品分解为各个零部件，并分别为单一的或多个的构件定价出售。

（4）折扣减少。零售店减少常用的现金和数量折扣，指示其销售人员不可为了争取业务不按目录价格报价。

总之，小店铺的价格一旦确定，最好不要频繁地更改，防止给顾客留下不诚信的印象。如果能够控制成本，在别家都涨价的时候保持价格不变，无形中就做了很好的宣传，塑造店铺为顾客着想的形象。在非涨不可的情况下，也要注意方式方法，选择一个合理的、顾客能够接受的方案。

不要对自己的商品认识模糊

每件商品都有特殊的功能和作用，没有什么产品是可以满足所有需求的，而想要商品销售顺利，就要给商品进行准确定位。如果店主对自己的商品都认识模糊，顾客怎么可能会有兴趣购买呢。

商品定位是根据目标消费者和生产商的实际情况来明确商品的功能作用，动态地确定商品的经营结构，达到商品的最佳配置。准确的商品定位会在顾客中树立起店铺专业的形象。因此店主需要对市场判断分析，同时了解顾客的消费需求，具体包括商品品种、档次、价格、服务等方面。

第一，小店做好商品定位要分析目标顾客因素。影响目标顾客的因素最主要的是地理因素，另外还有人口因素、心理因素等。小店所处的方位及周围的环境，都会影响顾客的购买，比如闹市区、居民住宅区、交通枢纽，不同地区的商品定位也必然是不同的。另外目标顾客的性别、家庭规模、收入水平、文化程度、年龄等都会影响顾客的消费习惯和消费心理。小店要根据这些变化来定位商品，否则将会失去一部分有较强购买力的顾客。

在了解了目标顾客详细的情况后就要有针对性地组织商品服务。有条件的店铺可以对目标顾客作进一步的分析，如顾客喜欢什么样的购物环境，一般在什么时间购物，主要购买哪种类型的商品，一次消费的金额大概在多少，等等，然后做出适当的商品陈列和商品定价。最好能够做到商品品种数量适中，种类多样，价格合理，陈列充分。有些店铺品种过多导致消费者眼花缭乱，挑选起来特别费时，反而产生负面效应；各种商品价位幅度不宜过大，否则同一类型的产品价格差距太大，顾客就会在不同价格品种中间权衡，影响商品销售的效率。

第二，要突出特色商品。一个小店必须要有吸引顾客的特色商品，使顾客一买这些商品就想到是哪家店的，要保持至少一种商品是别人没有的或比别人做得好的。有些商品尽管做起来比较麻烦或利润较低，但是能够全面满足顾客需求。所以店铺一定要突出特色商品，吸引顾客上门，从而促进其他商品的销售。

第三，商品准确定位需要做好差异化商品策略。店铺要根据不同商圈类型来配置不同的商品结构。如经营速食的店铺要根据商圈的特色决定贩卖商品的特色。在居民区的顾客一般喜欢早晨在外面吃，中午和晚餐则一般在家里吃，所以可以将商品种类主要定位在早餐和夜宵上，同时增加一些主食、凉菜以及半成品等。而在商业区的顾客，一般早餐和午餐都在外面吃，就餐时间都较短，所以产品要定位在便捷、快速上，早餐要注重携带方便，午餐可以提供外卖服务等。总之店铺要勇于面对差异化创新的挑战，通过分析不同地区的情况，不断向顾客提供差异化的新商品和服务，为顾客创造新的价值。

第四，商品定位要持续商品的更新能力。如果顾客是以年轻人为主的，一成不变的产品容易使他们觉得落伍，而如果是每天重复光临比例很高的老年人，也容易产生厌倦。所以店铺需要保持商品的新鲜度，通过不断淘汰旧品增加新品，让顾客保持购物的乐趣。长时间销售不出去的商品要做促销或者下架，及时淘汰过时商品，并围绕客户需求，做好商品开发计划，主动寻找新品，商品陈列的定期变化调整也能让旧品变新品，给顾客购物的新鲜感觉。通过持续商品更新能力，能够增加商品的竞争力，引导顾客的消费需求，形成店铺独具特色的商品定位。

第五也是最关键的一点，在向顾客介绍商品时一定要清晰准确。含糊其词、千篇一律的介绍会让顾客对商品感到疑惑，自然无法产生购买欲望。用什么样的商品来满足目标顾客的需求，需要对商品进行定位。商品定位的优劣将直接影响到店铺生意的好坏，以及店铺在顾客心目中的形象。店主不能对自己的商品认识模糊，准确清晰的定位是经营店铺必须具备的素质。

产品的卖点并非越多越好

产品的卖点可以有很多个，然而是不是卖点越多就越好呢？答案当然是否定的，过多的卖点会让顾客对产品的定位不明确，进而就失去了刺激顾客购买欲的功能。在市场竞争异常激烈的今天，产品越来越同质化，卖点过多很容易与其他的产品相重叠。每一家的卖点都差不多，销售自然就增加了难度。顾客选择一个产品，有的时候并不是因为你的产品最便宜，也不是因为你的产品最好，而是因为你的产品和别人不一样。而商家要做的，就是将与众不同的卖点提炼出来，加以放大，而这种卖点只要有一个就能达到很好的宣传效果。

弹簧秤携带方便，有着比较大的市场。A厂家开发了一种多功能弹簧秤，可显示天气温度，还能够计算价格，造型也美观，而B厂家的弹簧秤仅仅是单一功能的称重工具。结果投入市场后，B厂家的秤的销量远远好于A厂家。经仔细研究市场后发现，顾客购买这种秤就是为了方便买菜时不上当受骗。A厂家的秤的功能多但是都用不上，而且价格还高，B厂家的秤虽然只有一种功能，但是已经满足了顾客的需要，所以销量自然好。

从例子中可以看出，产品的卖点并不是越多越好，一个突出的卖点反而更能刺激顾客的购买欲望。产品的卖点有很多个，人们已经在这方面积累了丰富的经验；然而卖点其实又不多，独特的卖点并不是从经验中就可得来的，更不是从简单的模仿中、借鉴中可以得来的，只有深入地发掘提炼才能使产品的卖点与众不同。比如说市面上的豆浆机种类齐全，卖点繁多，强调功能齐全、口感好、营养丰富等，但某牌豆浆机突出强调清洗方便不用浸泡，马上占领了市场。再比如，凉茶是在夏季很受欢迎的饮料，很多凉茶都以纯中药、植物型、排毒等作为卖点，而一家凉茶仅仅以降火作为卖点，销量却遥遥领先。所以说，从众多的卖点中提炼出一个核心卖点就足够了。

在提炼产品的卖点时，第一，要充分了解消费者心声，即给出一个购买的理由。很多企业的产品，尽管在技术上实现了很多突破和创新，但一投放市场，同质化竞争仍无法避免。在产品同质化日趋明显的今天，必须要有一个优于或区别于其他同类产品的卖点，才能让消费者动心。消费者认为你的产品是什么比产品实际是什么来的重要。商家要做的就是把产品的好处提炼出来，并通过最有效的途径传递给消费者，给消费者留下与众不同的印象，这就是产品核心卖点的提炼。

第二，提炼产品核心卖点必须根据产品本身，做到确有其实。虚假地鼓吹产品根本没有的功能最后只会被认为是骗子。卖点永远不能代替产品，卖点的提炼不能凭空捏造，必须建立在产品实物的基础上。通常一个产品的卖点不会只有一个，一般来说将哪一点提炼为核心卖点主要是根据市场需求决定的，而不是取决于产品自身实际功效的强度。

第三，产品的核心卖点必须有充分的说服力。要有充足的理由支持产品核心概念，理由必须可信、易懂，不能用深奥的、晦涩难懂的、拗口的语言，以便于表达、记忆和传播为原则。

第四，核心卖点必须符合市场需求。市场需求或潜在需求最好是尚未被很好满足的或缺口很大的，这会节省许多宣传成本。因此在提炼核心卖点的时候需要深入研究、发现、引导和满足潜在需求，不能想当然地觉得自己的想法就是市场需求了。

第五，核心卖点要独特，要尽量优于或别于其他同类产品，跟别的产品一样的卖点就不叫卖点了。最好能够突出产品和企业的特色，让消费者耳目一新。

当核心卖点提炼出来的时候，就需要有能够传递给目标消费者的途径，最好是捷径。商家要会传播自己的核心卖点，用最低的成本达到最大的宣传效果。如果没有有效的宣传，再好的核心卖点也没有人知道，自然也不会吸引消费者。

第四章

要合理降低成本

降低成本不必降低工资

控制成本一直是经营者关注的话题。人事成本占小店成本很大的比例，因此很多经营者在降低成本的时候第一想到的就是降低工资，尤其是那些处于亏损状态的店铺，最容易陷入这样的误区。

当店铺经营陷入困难的时候，营业收益短时期内得不到快速的提升，那就只好削减成本了。身为经营者的你一定有过这样的想法，因为删减成本远比提升营业额简单。没错，降低员工工资，马上就可以看到成本减少了许多，但是降低工资的消息，对员工来说无疑是晴天霹雳。这是损害了员工的应得利益，来分担店铺的经营困难。虽然经营者觉得员工应该跟店铺同进同退，但员工是很难接受的。员工的工资降低了，但是工作量并没有减少，而工资降低则会使员工感到店铺在无偿占有自己的劳动，这对员工的积极性是个致命的打击。

吴小姐的理发店一直处于亏损的状态，经营越来越困难，于是吴小姐打算开始削减理发店的成本。她首先与房东交涉节约了一部分租金，然后提醒店内员工注意节约理发用品，避免不必要的支出浪费。所幸，在全体员工共同的努力下，理发店的营运状况开始好转了。这个时候本来是设法招徕顾客、提升营业额的大好时机。结果吴小姐只看到了节约成本的显著效果，只想着要更进一步削减成本，于是她便开始把脑筋动到员工的工资上来。之前承诺的奖金通通没有发放，还随时找借口克扣员工的工资。结果，整个店铺在工资减少的压力的情况下士气十分低落，对待顾客也没法尽心尽力，于是店铺的服务品质也变差了。结果，本来固定上门的顾客都不再来了，也没有新增的顾客。过低的工资使员工一个接着一个离职，吴小姐的理发店没过多久就倒闭了。

这样的经营者并不少见吧。降低工资，虽然可以在一定程度上减少店铺的经营成本和资金压力，但是最后受伤害的反而是店铺。工资水平也是一样，人们希望工资能够逐渐增长，这也是一般的趋势。而逐渐降低的工资会让员工形成巨大的反差无法接受，原来的收入高于现在的收入，对任何人而言都是一场灾难。

员工对于工资的降低是不能接受的，店铺经营困难时要付出同样的甚至是更多的劳动，工资却比以前低了，员工自然不会再像以前那样全心全意地工作。为了挽回收入，降低给自己造成的损失，或者说是为了使自己的劳动与工资相当，他们必然会想方设法地逃避工作，减少自己的工作量和降低工作效率。所以员工在得知工资降低后，常常会出现迟到早退、逃避工作、消极怠工，甚至是盗窃店铺财务的行为。店铺的服务质量必然因此迅速下滑，本来就没有新顾客上门，这时可能连老顾客也不愿意再光顾了。到最后，店铺节省了一点点工资成本，却付出了更大的代价。

当店铺面临困境时，绝对不要轻易降低员工工资。这样只会导致优秀的员工逐渐流失，打消员工的积极性，损害店铺的形象，导致店铺竞争力衰弱。

店铺不要强制员工同甘共苦、同舟共济，要从员工的角度思考，没有利益员工就不会付出劳动，对店铺也无法尽心尽力。店铺经营困难的时候恰恰是最需要员工团结一致的时候，没有利益的保障，员工是没办法跟经营者共同努力的。尊重员工利益是经营者应当遵循的最基本也是最重要的原则，不要从自己的角度提出片面的解决方案。要满足员工的一些需求，让员工在上班时，无须为过低的工资而烦心。

激励计划是员工发展计划的一部分，员工如果赢得顾客满意，店铺应随同销售额的增长，店铺经营困难的时候不仅不要降低工资，反而要给予员工适当的奖励。具体表现在店主要通过对优秀员工实施奖励措施，来表示对员工努力和成就的认可，这不但可以提高工作效率和士气，而且可以有效树立员工的信心。同时，店主要表彰每个员工的贡献。每名员工再小的好表现，若能得到认可，都能产生很大的激励作用。

低廉的货品要保证质量

董先生给投诉部门打电话，说他在超市买了一包玉米香肠，结果在香肠里吃出了意想不到的东西，让他们好几天都吃不下饭。而前两天，儿子身体出现了不适，他怀疑是不是跟这香肠有关。

董先生的孩子今年6岁，在幼儿园上大班，一直都很喜欢吃火腿肠。董先生说，前两天逛超市，正好看见玉米香肠在搞促销，就又花了5.9元买了一包。"吃着吃着，就有像鼻涕一样的东西，很恶心，闻起来是臭的，我好几天都吃不下饭。"

董先生说，在这之前，孩子已经吃掉了8根，并且经常说肚子痛。"孩子有点发烧、肚子痛，配了药，医生让休息几天，今天刚刚上幼儿园。"

董先生这才怀疑孩子生病和这包火腿肠有关。看看生产日期原来已过保质期一个月了。董先生找到了超市、厂家和经销商。

董先生说："他们态度很差，没有一点责任感，卖过期的东西给我们吃。"

他说，这个超市的火腿肠他以后是再也不敢吃了，身为父亲，他最担心孩子的健康，以后绝对不会光顾这家超市了。

案例中的超市为了用低价吸引顾客，不惜销售质量有问题的货品。结果使顾客吃了有问题的火腿肠身体出现不适，这将使顾客对店铺的信任度大打折扣，店铺的信誉、形象都会受到严重的影响。

店铺的经营活动主要是围绕给顾客提供商品展开的。店铺提供的商品的状况与商品的来源和商标的使用有着不可分割的联系，也与顾客的利益密切相关。因此,法律对店铺所提供的商品的质量及安全、专利和商标使用做出相关的制约规定,以维护顾客和专利所有人的合法利益。店铺对其所提供的商品应保证质量合格,质价相符,等级明确,使用时安全可靠。《中华人民共和国产品质量法》规定,销售者应当实行进货检查验收制度,验明产品合格证明和其他标志;销售者应当采取措施,保持销售产品的质量;销售者不得销售失效、变质的产品;不得伪造产地,不得伪造或者冒用他人的厂名、厂址,不得伪造或者冒用认证标志、名优标志等质量标志;不得掺杂、掺假,不得以假当真,以次充好,以不合格产品冒充合格产品。销售者应当负责修理、更换、退货;给购买产品的用户造成损失的,销售者应当赔偿损失。销售不符合保障人体健康、人身及财产安全的国家标准、行业标准的产品者应责令其停止销售;销售明知是不符合保障人体健康、人身及财产安全的国家标准、行为标准产品的,没收违法销售的产品和违法所得,并处以违法所得1倍以上5倍以下的罚款,可以吊销其营业执照,构成犯罪的,依法追究其刑事责任。

店铺对顾客提供的商品保证要包括两个方面:

(1)明确的保证。即在向顾客销售商品时以书面或口头承诺形式向顾客提出商品保证,表明店铺对顾客已购买的商品出现质量或安全问题能够承担相应责任。对出现质量及安全问题的商品,店铺免费包修、包换、包退。

(2)非明确的保证。店铺对所出售的商品并不是都有明确的保证的,对那些没有明确保证的商品实际上也应该承担保证责任。即以社会公共的道德准则或通情达理的要求为依据提供一定的保证。因为店铺销售的商品就意味着要适合销售、适合使用,顾客因店铺所销售的商品而发生意外或遭到精神或经济上的损失,那么这个店铺是有责任的。此外,对顾客来说,常常缺乏对其所购商品的专业知识和使用经验,而求助于销售这种商品的售货员,帮其代选。如果店铺售货员为了某些目的,没有按照顾客要求提供商品,导致顾客使用不符合要求的商品而出现问题,那么顾客可要求店铺承担责任。因为店铺没有实际履行顾客的委托，甚至欺骗了顾客。

店铺在向顾客提供保证时，一般应向顾客提供书面条款。例如，在靠近商品销售处，专门设置一块有关商品保证的牌示，或者书面的保证条款或保证书，消除顾客的后顾之忧。

对店铺经营的商品的法律约束，还涉及自制商品或监制商品方面。店铺对自制或监制商品的商标使用，要及时注册，不能用他人商品的商标，避免违反商标法。在自制或监制商品时要注意不要侵犯专利权，以避免违反专利法。

确保合理的利润

开店做生意，必须要确保合理的利润。这里的合理有两个方面的含义：一方面不能以将价格定得过低甚至以赔本的方式吸引顾客，另一方面不能将价格定得过高赚取暴利。

某公司急需引进一套自动生产线设备，正好销售员露丝所在的公司有相关设备出售，于是露丝立刻将产品资料快递给该公司老板杰森先生，并打去了电话。

露丝："您好！杰森先生。我是露丝，听说您急需一套自动生产线设备。我将我们公司的设备介绍给您快递过去了，您收到了吗？"

杰森（听起来非常高兴）："哦，收到了，露丝小姐。我们现在很需要这种设备，你们公司竟然有，太意外了……"

（露丝一听大喜过望，她知道在这个小城里拥有这样设备的公司仅她们一家，而对方又急需，看来这桩生意十有八九跑不了了。）

露丝："是吗？希望我们合作愉快。"

杰森："你们这套设备售价多少？"

露丝（颇为扬扬自得的语调）："我们这套设备售价30万美元……"

杰森（勃然大怒）："什么？你们的价格也太离谱了！一点儿诚意也没

有，咱们的谈话就到此为止！"（重重地挂上了电话）

案例中的露丝趁顾客急需产品的时机抬高价格，一般而言只要价格浮动在顾客可承受的范围之内，顾客都是可以接受的。而露丝却希望获得远远高于平时的利润，顾客自然没办法接受。

价格的灵魂是选择最佳的利润点。"三分利吃饱饭，七分利饿死人。"做生意不能赔钱，但不可贪心太重、唯利是图，因为商品只有到了消费者手中才能产生利润。定价是预期的结果，以商品换来购物者手中的货币才是真正的利润实现，没有卖出去的货是没有利润的。如果想让自己的货销得多、销得快，就必须了解顾客的需要。任何一个顾客，无论他钱多钱少，都希望用最少的钱购买最多最好的商品。简言之，顾客对商品价格的最大要求是实惠。而作为店铺的经营者，只有满足了顾客的这些要求，才能保证店铺经营得顺畅。

价廉物美是一个矛盾体，是顾客对商品的高要求，也是一种不客观的要求。作为店主，不能在这个问题上和顾客较真，而要尽可能地挖掘出各方面的潜力满足顾客，降低自身店铺的消耗，从比较的角度，给顾客一个价廉物美的好印象，才利于店铺生意的长久发展。

薄利多销就是实惠定价的一条途径。这种以廉取胜的方法被广泛应用，几乎成为商业中的重要法则。也确实有许多商家凭借低价促销的方式创造了很好的效益。薄利多销就是尽可能压低商品的销售价格，虽然这样单个商品的销售利润降低了，但销售额上升了，整体的商业利润反而增多了。不过促销也要掌握分寸，如果店铺只注重短期销量的增长，而一味采用促销活动，忽视商品品质形象的建立，最终会失去品牌的形象，很多促销活动频繁的品牌并不能在顾客心目中有一个较高的位置。现代店铺很流行的一种促销活动是附送赠品，而且众多的销售专家认为，这种促销的方式将会永远存在，因为这种方法正好切中了人类"喜欢贪小便宜"的心理。但顾客也会对炒得过火的商品丧失信心，因为顾客总认为好的品牌不需要用强迫的方式来推销，有时促销反而是对商品品牌形象的一种破坏。

店铺的经营者必须清醒地认识到：在品牌经营时代，店铺的销售业绩和利润的增长是依赖于整合性的销售活动完成的，店铺要想在形成品牌市场号召力的基础上取得良好的经营业绩，就必须恰当地运用促销方式，确定促销次数，从而保证品牌价格的不断提升。

总之，店铺要有长远的眼光，利润要合理才能稳固发展。确保合理利润就要制定合理的价格，合理的价格是处理好问题的基础与前提，要根据市场同业平均水平以及店铺运营成本合理定价，不可给顾客不负责任地报价。商品价格一向是影响顾客选购商品的最主要因素，它直接关系着需求量的多少和营业利润的高低。顾客正常的消费心理是希望"少花钱，多办事"。即使是高收入的顾客，也同样期望商品价格合理。而从店铺的角度来看，利润最大化的目标是要求商品的价格越高越好。这就需要店铺经营者能够在了解复杂多变的市场环境的基础上，权衡利弊，把握商品定价的玄机，灵活地制定供需双方都可接受的合理价格，将店铺的合理利润最大化。

控制成本从节约开始

秦老板的餐厅生意非常好，按理说秦老板应该非常开心才对，可秦老板也有自己的苦恼。虽然每个月的收入非常可观，但是各种费用也多得惊人。就拿水电费用来说吧，一个月各种水电费用加起来有好几千，秦老板一直告诫员工要节约用水，节约用电，但是，具体怎么节约，秦老板自己也没有概念。

上周，秦老板以高薪聘请了一位餐厅经理。秦老板向这位餐厅经理说起了这件事。这位餐厅经理笑了笑，说："我先看看有没有节约的好办法吧。"

不一会儿，餐厅经理回来了，微笑着对秦老板说："这是有办法的。我发现现在服务员最后撤台时，都将最后只盛装水果的果筐和所有的带油餐具一起撤下。这样果筐在这个过程中就粘上了油，所以最后服务员要把果筐也当成带油的餐具来洗。这一来，不仅浪费水，还会浪费员工的时间和洗涤剂。所以，老板，我建议服务员在撤台时分类撤台。然后，只用水冲洗果筐就可以了。"

秦老板听了这位餐厅经理的解说，感觉非常有道理，就给服务员们下了一道命令，实行"分类撤台"，否则发现一次扣50元。

一个月后，秦老板汇总水电费用时发现水电费用比以前少了2000多元，他惊喜万分，专门为此嘉奖了餐厅经理。

店铺可以看成是一家企业，企业运行要随时打成本收益的小算盘。秦老板发现在餐厅运营的成本中水电费用太多，却没有发现行之有效的解决办法。餐厅经理发现了问题，并提出了简单可行的办法。不用餐厅的投入，只需要服务员们养成一个良好的撤台习惯就可以每月为餐厅节约2000多元的费用。

在店铺的经营中，积少成多，钱不容易挣，却容易浪费。很多成本付出看似是必需的，如果注意节约，是能够省掉很多费用的。

在水电费用节约方面济南的一家餐厅做得很好，该餐厅通过一系列的措施，使能源消耗下降到费用的22%左右，并基本保持了这一个数字的稳定。这家餐厅是如何做到的呢？

第一，采购节能设备，无论是电器、炊具，还是用水器具，该餐厅都换成了节能型的。虽然改换新设备需增加一些成本，但比起以后每月节约的成本费用，这是非常少的。而且餐厅不仅在设备采购中坚持节能原则，在设备改造过程中，也坚持节能原则。

第二，制定有效的节能措施。餐厅负责人通过实地考查，对每日的用水用电情况了如指掌。给出合适的用水用电指标，以求节能实用。为降低电费支出，餐厅每日根据天气情况和温度情况做出详细的空调开启时间安排；餐厅内部的照明灯具定时关闭。

第三，培养员工的节约意识。餐厅员工是成本活动的直接参与者，餐厅成本能否控制好，得看员工的实际行动。如果员工谁提出"节约金点子"，在月底就会被加薪。

俗话说："开源还需节流。"作为店铺老板，首先要有一种节约意识，立志开办节约型店铺。节约型店铺，除了水电费用的节约，还包括日常经营中的很多节约细节。

1.节水细节

建立合理的节约制度，培养员工的节约习惯，经常对水管、抽水马桶等设备进行检查，避免水的浪费。据有关资料统计，不关水龙头等造成的浪费占成本的5%左右。

2.节电细节

采用新型节能灯具。虽然节能灯的价格比白炽灯高，但发光效率比白炽灯高4倍，使用寿命比白炽灯长8倍以上。

有效控制空调温度。根据有关数字显示，夏季室内空调温度设置为23℃~28℃；冬季室内空调温度调为18℃~25℃，是人体感觉比较舒适的温湿度，既可以避免温度不当造成人体的不适，又可以减少电能的消耗。

3.培养员工

节约用水、用电的习惯。平时用水、用电量最多的人就是员工，所以店铺节水、节电的关键在于员工，因此，应使员工养成节约用水、用电的习惯，如随手关闭水龙头，待客人全部离去后关闭空调等。

4.对照反思

选取一个水电费用最少的月份为标准，将每月水电费与之对照，找出差距，仔细分析，找出产生差距的原因，并采取有效措施。

成本的控制并不需要从采购和薪资入手，只要有节约意识，避免不必要的浪费，一样能够控制成本的支出。

采取正确行动

——打造人气店铺的8个步骤

经营者的意识改革

彻底分析自家店铺

确定经营理念

建立品牌形象

掌握市场信息

制订切实可行的销售计划

生意是与对手"抢"出来的

提高顾客的忠诚度

第一章

经营者的意识改革

一家人气店铺所需要的东西：金钱、时间、情报

营业额越来越低，顾客越来越少，员工也相继离开了。这种情况在店铺经营的过程中，总是会出现的。如果这样的情况持续下去，小店可能不得不关门了。当店铺陷入这样的窘境，经营者肯定手忙脚乱不知道从何处下手。然而这个时候最需要的是冷静分析店铺情况，改变错误的经营意识。

要知道无论是生意多么兴隆的店铺，哪怕是那些实力雄厚的大店铺，都不会是一帆风顺的，肯定会出现经营困难的时候。而这种经营困难的局面，对经营者有时也是一件好事。正所谓失败是成功之母，从错误经验中吸取的教训往往比从正确经验中得来的深刻彻底。不信的话可以去询问那些成功的经营者，经历过店铺的困境时期对改善店铺经营是否有帮助？大部分人的回答一定是肯定的。只有体会过经营的困难，才会从中发现店铺存在问题的根源，才能找到正确合适的经营方法。因此，当小店陷入困境时，不要垂头丧气，这恰恰是将小店变成人气店铺的契机。

想要成为人气店铺需要什么？大量的金钱吗？充足的时间？还是有利的情报？没错，只要有足够多的金钱，多大的困难都可以克服，但是之后的经营难道就要靠不断地投入金钱维持吗？当然不是，相信没有人会做这样的亏本生意。想要把小店变身成人气店铺，需要的不仅仅是金钱。至于时间和情报，可以说是小店所必需的也是容易通过努力取得的财富。只要付出时间与努力，以及彻底地纠正错误观念的勇气，将亏损的小店变成人气店铺是绝对有可能的。

也许你会疑惑，这么多的改变条件中，为什么没提到对小店而言最重要的产品或是服务。经营者或许将产品和服务视为小店生存的根基，如果没有独特的产品和服务，一般的经营者也不会贸然开店的吧。但是产品和服务对于打造人气小店起到的作用非常得小。这看起来十分不合常理，然而事实上，那些人气小店传达出的最重要的信息不是产品和服务比别人高出多少，而是将产品和服务的魅力传达给顾客。如果顾客感觉不到产品和服务的魅力，小店是无法长久地经营下去的。这就是为什么看似贩卖相同产品的店铺，经营状况会千差万别的原因。这个现实是非常残酷的也是经营者必须认清的。

所以想要成为人气店铺，最重要的不是产品和服务本身，而是如何传达出产品和服务的魅力。这是经营者必须具备的意识，尤其对那些快要关门的经营者更为重要。只有经营者自己具备了这样的意识，店铺的员工才会同样认识到，而店铺因此做出的改变，顾客也一定能感受得到。改变店铺的困难，最重要的不是吸引顾客的手法，不是大笔资金的注入，也不是所谓的专业知识，甚至不是员工的努力。员工的努力虽然也是必需的，但是如果经营者的意识没有改变，再大的努力也是盲目的。也就是说，店铺经营者正确的经营意识和思维，才是成为人气店铺改善店铺经营的最最重要的因素。

你也许已经为留不住顾客、懈怠的员工、日益下滑的营业额搞得焦头烂额了，迫不及待地想知道改善店铺困境的秘诀。然而改善店铺经营的方法，其实就已经掌握在经营者的手中。经营者最需要的是仔细地审视店铺存在的问题，审视自己的经营理念是不是已经有偏差了。然后将这个意识传达给所有的员工，一起努力改善现在的困境吧。如果能拥有这样的意识，相当于稳固了店铺的根基，剩下的只是精心培育等待开花结果了。

如果付不出钱就付出时间

经营店铺都是以营利为目的的，没有人愿意做赔钱的生意。当经营遇到困难时，你是否在想要是有钱就能解决了。可是小店之所以是小店，很大的原因就在于没有充足的资金开设大的店铺。可能连房租都要付不出来的店铺，怎么指望有多余的钱弥补经营漏洞呢？一个收入日益下滑的小店，银行肯贷款给它吗？

但是小店并不意味着无药可救了，因为还有一样比金钱更重要的财富，那就是时间。时间是最触手可得的财富，也是最容易被忽视的财富。时间看似丰富，实际却是有限的。如果无法付出金钱使店铺得到改善，那只好付出仅有的时间。

时间与金钱，一直就有着紧密的联系。现代人越来越意识到时间的重要性，为了节约时间人们可以付出大量的金钱。比如，想要从北京到上海进行商务谈判，以下几种方式都可以到达：乘坐飞机、动车组、普通列车、自己开车、长途客车、自行车、跑步、走路。按照这个排列顺序，所花费的金钱越来越少，但是到达目的地的时间却越来越长。只要付出金钱，就能够缩短时间，也更节省体力，舒适自在。虽然坐飞机的费用可能要比走路的多出几百块，可是商场千变万化，节约的时间或许可以获得几百万的利益，所以人们乐于为了节省时间付出金钱。但是如果付不出机票钱，那就只好付出你的时间和走路的劳力才能到达目的地了。不过，飞机票经常会有折扣，有的时候比动车票还要便宜。如果提早预约，就可以买到比动车票还要便宜的飞机票，既节约了时间又节约了金钱。但前提是你必须要知道这个折扣的信息，才能同时节约两方面的价值。信息的重要性在后面的章节会提到，这里暂不赘述。

当店铺经营开始出现困难的时候，身为经营者的你想过怎样的解决方法呢？在电视上刊登广告提高知名度、打折促销吸引顾客、翻新装潢美化店铺环境，还是干脆另起炉灶开一家新店？这些方法手段又有哪一个不是需要花费金钱的呢？请停止这样的想法吧，除非你拥有富有又乐于助人的亲戚朋友或是幸运地中了彩票，否则不会凭空生出金钱来供你使用的。

为什么一些资金雄厚的店铺经营得越来越好，而一些资金拮据的店铺经营得越来越差？那是因为有了可以灵活运用的、有效缩短时间的、充裕的资金。充裕的金钱不仅缩短了时间，还能源源不断地带来更多的金钱，形成良性循环。而没有金钱的店铺总是过着拆东墙补西墙、入不敷出的日子，资金越来越少，陷入了恶性循环。这些经营者一定是没办法付出金钱，又不愿意付出时间，这样根本没办法扭亏为盈，更谈不上成为人气店铺了。当没有金钱的时候，唯一能够利用和付出的就只有时间。一个百万富翁和一个穷光蛋虽然在金钱上有很大差别，但是至少在某一方面是完全一样的，他们一天都只有24小时，1440分钟。即使没有钱，只要肯花时间努力改造，哪怕是经营再不善的小店也一定能够成为人气店铺。

陷入经营困难的你，想要扩大经营的你，梦想自己的店铺成为人气店铺的你，是否树立了付出时间的意识了呢？如果没有，就从现在开始，牢牢把握你所拥有的每一分每一秒，来改造店铺吧！在这里要提醒经营者，当你下定决心付出时间改造店铺的时候，不是仅仅局限于工作时间，连平时的娱乐和私人的时间也要牺牲掉。虽然付出时间一定会有成效，但是房东先生可能已经迫不急待地想把付不出房租的你扫地出门了。如果能牺牲掉个人时间，那么要扭亏为盈变成人气店铺所耗费的天数，就可能缩短。至于娱乐，暂且放到店铺经营走上正轨之后吧。

运用时间的方法很重要

据史书上记载，子禽问自己的老师墨子："老师，一个人说多了话有没有好处？"墨子回答说："话说多了有什么好处呢？比如池塘里的青蛙整天整天地叫，弄得口干舌燥，却从来没有人注意它。但是雄鸡，只在天亮时叫两三声，大家听到鸡啼知道天就要亮了，于是都注意它，所以话要说在有用的地方。"

同讲话的道理一样，时间的运用不在于多，而是将有限的时间用在最有用的地方，才能够获得成功。如果想成功，必须要合理地利用时间，每一分每一秒的时间如果不好好规划一下，就会白白浪费掉，就会消失得无影无踪，店铺的经营自然得不到改善。经验证明，成功的经营者与失败的经营者的界线就在于怎样分配时间，怎样运用时间。店铺经营者在了解了付出时间的重要性后，往往认为只要不断努力工作，哪怕牺牲睡眠时间就一定能使小店变成人气店铺。但是，工作的时间越长并不代表获得的利润就会越多，运用时间的方法是非常重要的。

在一条餐饮街上，有3家餐厅的经营都陷入了困境，于是3位经营者都想通过付出时间来改变现状。

A经营者把店铺的营业时间从10个小时延长到15个小时。天不亮就起来工作，别家店铺关门了他还在继续营业，连睡眠时间都牺牲了好多，但是顾客依旧没有增多。于是A经营者又延长了工作时间，他非常用心地打理店铺生意，一有空闲就亲自跑到马路上拉拢客人、发放传单，但是由于实在太累了，做出的饭菜口感越来越差，生意也总是好转不起来。最后A餐厅只得草草关门，结束营业了。

B经营者仔细思考了店铺的状况，决定停止营业一个月。利用这段时间，好好改造了店铺的装潢摆设，营造出与众不同的店铺氛围。结果这家店铺的环境深受学生们的欢迎，甚至在网络上也拥有了超高人气，众多顾客慕名前来，B店成为了这条街道上的人气店铺之一。

C经营者利用每天空余的时间仔细研究菜单，开发了几道新的菜品，结果大受欢迎。营业额逐步提升，店铺的经营也越来越好了。

A经营者虽然耗费了大量时间，达到的效果却远远小于B和C经营者。掌握好运用时间的方法，就能够付出最少的时间，达到最好的成果。否则，即使付出再多的时间，小店也无法成为人气店铺。

怎样才能合理地运用时间呢？

1.行动前先思考

首先要做的是思考，思考要付出多少时间，思考要怎样安排时间。很多人有了一个想法就不愿意仔细思考细节，盲目地行动起来。其实只要在付诸行动之前，用少量的时间仔细思考一下，所达到的结果就会有本质上的区别。就像选择店铺地址一样，没有仔细思考而选择了错误的地址，反而要在经营时耗费更多的时间和力气。所以，想要成为人气店铺，既要付出时间，也要懂得运用时间的方法。在实行一项计划之前，将少量的时间拿来思考，所达到的效果一定有很大的改善。在实际付诸行动之前，花点时间用于思考比任何事情都来得重要，这也是身为经营者的你本身应该要做的工作。这才是你运用时间的正确方法。

2.列出计划

你是不是也有这样的经历，某一件事情想着等到有空再做，可是过了很久依然没有等到这个"空"？确定好每天的目标，为每天要做的事情列出详细的计划能够有效避免这样的情况。将事情按重要性排序，从最重要的开始，把每一项工作做合适，把每一项最关键的工作做好，避免多余的干扰耽误时间，按计划有序进行。

3.适当地休息

劳逸结合比不断的劳动效率高许多。像A经营者那样只顾埋头苦干，因为没有适当地休息而造成饭菜质量的下降，反而得不偿失。因此一次工作时间不要太长，要留出必要的休息时间。最有效地利用时间的方法是充分运用短暂的充沛精力，而后加上频繁的休息次数。感到劳累的时候就放下手头的工作，休息一会儿，喝杯咖啡，再次工作的时候效率一定会更高。

店铺的生意取决于经营者的能力

作为店铺创建者，他必须具备多方面的能力，如优秀的领导能力、突出的实干能力等。这些多方面能力因素的有机结合，是成功店铺的创建者所必须具备的基本条件。想要成为人气店铺，经营者一定要具备7种能力。

1.成功的信念

树立成功的信念是开创辉煌人生的重要前提。不管是暴风骤雨还是急流险滩，都咬紧牙关，义无反顾地朝着理想的航标前进，这种坚忍不拔的意志，是迈向成功过程中不可缺少的性格特征。成功学的研究结果表明，信心越强，成功的机会也就越大。这也是完全符合心理学观点的。作为一个创业者，最重要的是要有坚定不移的信心，有摧垮艰险的勇气，再加上勤奋努力、吃苦耐劳、坚持不懈的奋斗精神，这样才有可能实现自己的理想。

2.坚忍的毅力

坚忍的毅力是成功的基石之一。优秀的领导者在危机四伏或四面楚歌之际，表现出愈挫愈勇，百折不回的英雄气概。美国的杰弗利·泰蒙斯在其《经营者的头脑》一书中说得好："真正的经营者不会被失败吓倒，他们在困境中发现了机会，而大部分人看到的只是障碍。"作为一个创业者，尤其需要勇于承受失败，并从失败中吸取教训，去追求最终的成功。

3.坚强的斗志

商场是不见血的战场，创业者必须保持坚强的斗志，才能在这个领域里获得成功。不论对个人的成长，还是对企业的发展来说，竞争都是一件好事。激烈的竞争有助于磨炼人的心性，增强个人的学识和才干，提高成功的概率。胜利，特别是轻而易举的胜利不会使你学到东西，只有竞争才能学到很多东西。当你回顾一生中获得的成就时，最值得你回味的可能是克服了重重阻力获得的成功。保持强烈的竞争精神，在商战中永不言败，是成功者取得成功的秘诀。

4.严谨的工作作风

许多志大才疏的人认为，只要把大事做好，一些细小的事情交由店铺员工完成就可以了。这种认识其实十分有害，正确的结论应该是"不注意细节，做不成大事"。注意细节不仅是对你自己的事，而且对别人的事也要抓得非常细致才行。比较成功的创业者都知道，心思细致经常会达到事半功倍的效果。心思细致，注重抓住细节，由此而养成的严谨周到的作风是获得成功的必备素质。

5.宽阔的胸襟

胸襟宽阔能容人是领导者必须做到的。如果创建者是一个争强好胜之人，那么，必然会由于过多的意气之争而与下属产生这样或那样的矛盾，从而增加企业内耗。这将降低企业的生存与竞争能力，对企业的发展极为不利。同时，作为一名领导人，他还负担着协调店铺内部运转的职责。因此，他应该具有宽阔的胸怀，对于下属所犯的错误不要太斤斤计较。这样就可以大大降低店铺的内耗，对店铺的发展是十分有利的。

6.性格开朗善交际

创建者应该性格开朗、容易与人交往。店铺免不了要和外界打交道，它一方面要将店铺内部的信息传递给消费者，另一方面还要将环境中的各种信息反馈给店铺。只有性格开朗的人才懂得如何与他人进行沟通，才能熟练地、准确地将自己的意思表达出来，并恰当地领悟他人的想法。店铺经营者还负担着协调店铺内部各个员工关系的责任，这就要求能够承担起这种责任的人必须是一个容易与人交往的人。很难想象，一个连内部关系都没有协调好的人，怎么能进行成功的外部公关。

7.善于控制自己的情绪

店铺创建者应该善于控制自己的情绪。无论是外界出现的新的、大有前途的市场机会或具有强烈破坏力的市场危机，还是企业内部出现的各种情况，都容易使店铺创建者产生负面的情绪，从而导致思想上的大起大落、大喜大悲。这就要求店铺创建者应该具有比较稳定的情绪，要能够做到处变不惊。因为人只有在情绪比较稳定的情况下，才有可能做出较为正确的决定。在现代社会的竞争环境中，如果在突发事件前店铺创建者自己先慌了神，那么，不但会有损店铺的形象，而且还会暴露不必要的信息，给店铺带来负面影响。

第二章

彻底分析自家店铺

店铺的经营现状

作为一店之主，对于自己小店的基本现状要做到心中有数，这样才能更好地管理店面。而店面管理会涉及店面运营的所有工作，包括门店商品管理、价格管理、导购管理等环节，其重要性是显而易见的。除此之外，店面管理还涉及太多细致而微不足道的工作和程序，包括店面安全管理、卫生管理、收银管理、服务管理等，实际工作中我们容易将这些环节遗漏或者应付过关，但正是这些细微工作和程序才是店铺长期坚持并能创造出更多效益的关键之所在。我们从下面这个小店铺的基本现状来具体了解一下店面的一些基本情况。

某小店2008年9月开张，面积28平方米，社区店，附近有两个幼儿园和小学。

现状：

（1）实行定价制度，买满50元再送10%的优惠消费，目前已有老顾客。

（2）品种很多，小、中、大童装、童车、童床、童鞋等。

（3）目前是有微利，但这是在不断投资加货的基础上实现的，现在压货严重。

（4）散货为主，以中低端客户为主。

未来：

（1）在继续实行定价制度的基础上，装修搞橱窗加空调，以中高端人群为主。

（2）品牌为主，目前已联系小童服装有"心喜小鸭""小数点""波波龙""牧羊娃""添福"，中大童的有"小金象""兔仔唛""淘气贝贝"。

（3）放弃童车、童床，加大童鞋，目前发现小童的"熊猫王子"，中、大童的"求进""小飞狐"，牛皮鞋的品牌正在寻找。

（4）加入婴幼儿用品。

（5）加大网店的宣传力度，力争网店成为另一收入支柱，社区店成为仓储型店铺。

（6）未来以社区连锁小型儿童用品超市为主要奋斗目标。

问题：

（1）货源以中档品牌为主。

（2）压货，如何处理积压商品。

从以上这个案例中可以看出，店主对自己小店的现状、未来和存在的问题十分清楚，思路很清晰，一目了然，店主可以根据小店的现状，制定出下一步发展的规划。从店主的分析中，我们不难发现，无论现状还是未来商品和价格都是中心，很多都是围绕着这两项来发展的。那么，作为小店的店主，应该在商品管理和价格管理上做出怎样的规划，才能对店铺的发展起到事半功倍的效果呢？

首先是商品管理。店铺商品的进、销、存是店铺经营的主要活动，直接关系到店铺的生死存亡。在市场竞争残酷的微利时代，只有做好店铺商品进、销、存的管理，才能得以生存、发展，才能战胜竞争对手。作为店主一定要谋划在先，做好卖场商品计划；进货有章，把成本控制到最低；销货有术，加速商品流动；存货有法，让库存"瘦"下来。小店在经营的过程中，要有行之有效的商品规划及商品管理。因为对任何一家店铺来说，商品的管理直接决定了店铺经营的优劣，作为店铺经营者一定要加强商品的管理，从而降低成本，提高店铺的利润。

小店铺商品管理原则有：

（1）要遵循商品齐全的原则。随着小店发展的日趋成熟，一定要不断地适时调整品种结构，导入新品，使之达到满足客户对品种齐全的要求。例如：蔬菜水果类、粮油制品类、水产品、畜产品类、冷冻食品类、乳制品、糖果饼干类、饮料类、烟酒类、调味品类，以及洗涤用品、化妆用品、卫生用品、棉纺织品、小五金、小家电、玻璃器皿、餐具等。这样既丰富了自己的商品，也满足了顾客的基本日常需要，这样的小店一定会在顾客的心目中有举足轻重的作用。

（2）要遵循商品优选的原则。在小店铺的经营中，不断发掘创造大比例销售额的小比例商品；从相对无限的商品中优选出有限的商品；结合本店的实际确定商品的最佳结构比。

（3）要遵循商品为先的原则。"跟着商品走、围着商品转、随着商品变"，换言之，小店铺跟随着商品的趋势而定位，围绕着商品的定位而转化，伴随着商品的转化而调整。如商品的升级换代、滞销商品的淘汰等，都可以理解为在商品为先的原则指导下运营的。

商品管理是店面运营的一项非常重要的工作，其目的在于保证商品在店面的每一个环节都做到科学性和完整性，以实现销量最大化。

其次是价格管理。讨价还价是一件挺烦人的事，一口价干脆简单。目前国内已兴起很多这样的店，方法虽好，但生意却不太好。实质上，策略或招数只在一定程度上管用，关键还是要货真价实。作为小店主，为了避免在商品价格上与顾客讨价还价，在制定商品价格时可以使用一些小技巧，让顾客对所示价格能够心满意足地接受。

同价销售术：其实就如同当下流行的2元店一样，我们可以把相同价格的商品放在一处销售，当然这个价格不能太高，属于群体性销售，让消费者感受到价格的优惠。这样，一口价，对店主和顾客都是方便的事。分割法：例如，茶叶每千克10元报成每50克0.5元等。再例如，"使用这种电冰箱平均每天0.2元电费，只够吃一根冰棍！"记住报价时用小单位。让消费者感受到需要付出的只是一点点，这样人们才愿意去尝试并达到喜爱的程度。特价法：这是店主的一种促销手段，每隔一段时间，店主可以推出一些特价商品，当然这些商品的质量是没有问题的，主要是回馈客户，吸引客户的一种方法，这样就要对商品的价格做出特价公布。一般这样的特价字样很容易将消费者吸引过来。在购买特价商品的同时，还会产生一些连带商品。

对于店面的基本现状，店主一定要认真分析，仔细研究，制订出有利于小店发展的一些管理方案，让小店无论在商品管理还是价格管理上都走一条正规之路，符合经济发展规律，小店的经营才会日新月异，步步为营。

店铺的经营目标

对于店铺的经营目标要有一个详细的认知和分析。一般来说，店铺的经营目标是一个由众多因素构成的有机整体，主要内容有：

1.战略任务

战略任务是指在既定时间内，店铺经营活动中服务的对象、项目和预期要达到的目标。店铺的战略任务通过规定店铺的业务活动领域和经营范围表现出来：一是服务方面，即为哪些消费者服务；二是商品结构，包括质量结构、品种结构、档次结构，即拿什么样的商品来为消费者服务；三是服务项目，即为消费者提供哪些方面的服务；四是店铺的商圈到底定位为多大的区域。

2.经营目标

经营目标指店铺在预定时间段预期达到的目标成果，是店铺战略任务的具体化，反映着店铺在较长时期内经营的水平和营销管理的完善程度。店铺的经营战略目标是一个综合的或多元的目标体系，它主要涉及以下内容。

（1）市场目标，指店铺在行业竞争中优势发挥的程度，包括店铺竞争实力的提高程度和信誉的提高程度。竞争实力的提高指标具体表现为传统市场的渗透和新市场的开拓，市场占有率、销售增长率的提高等。

（2）发展目标，指店铺实力和规模的扩大程度，具体表现为商品更新速度和经营管理水平，店主素质和员工素质的提高程度，店铺的发展、专业化协作、连锁扩张而使店铺规模扩大的程度等。

（3）效益目标，指店铺在制定经营战略时预期的效益规划，具体表现为利润总额的扩大和资金利润率的提高程度。

3.目标措施

目标措施指店铺为实现战略目标而制定的长远、重要的措施。店铺在实现战略目标的过程中，会遇到各种机会、威胁和风险，为了充分利用市场机会，避免市场威胁和减少市场风险，应该制定出积极有效的具体措施。

（1）管理措施。其包括店铺管理机构设置的合理化，管理手段的现代化，管理方法的科学化，管理人员的专业化等。

（2）策略措施。其主要指在不同的经营环境中采用的特殊策略。员工的收入和其他福利的增长程度以及员工心理满足程度。

经营目标是店铺经营的总目标，是店铺在一定时期内探索和追求的对象。因此，拟定正确的经营目标就成为制定经营战略的中心内容。为了保证经营目标的顺利实现，拟定经营目标必须以下述原则为指导：

1.具体精确

精确是指其含义不含混模糊，指向专一；具体是指其内容丰满翔实，有衡量实际程度的指标。这就要求店铺确定的战略目标尽可能数量化，通过一系列的数量与时间、空间指标的结合，把目标变成具体的东西，使之能够考核和对比。以此为基础，可以确保战略目标的实施得以有效管理。

2.层次分明

经营任务的轻重缓急决定了战略目标具有层次性。在总体目标下，还有各部门、各环节的目标；从时间上来说，有长期目标、中期目标和短期目标。总目标和长期目标是最重要的目标，各部门、各环节的目标和中短期目标是为实现总目标和长期目标而制定的。这些目标形成一个目标体系，其重要性也各不相同。

3.具备可行性

既有确定的现实基础，又具备可行性。不要制定过高过大的目标，要根据小店的现状决定，比如一家小便利店制定3个月内营业额超过旁边的大超市显然是不切实际的。

4.重点突出

明确的战略目标是经过科学预测和计算的，而且目标和重点突出是关键，以便有针对性地予以实施。

经营目标一经确定，就不得随意更改，否则势必引起店铺内部各项工作的混乱和资源的浪费，使店铺的目标变得模糊起来。因为经营目标的选择，意味着战略实施过程的开始。经营目标的实施过程是一系列经营活动有机的组合过程，目标的变化将会引起店铺经营活动的一系列变化。当然，也并不是说经营目标就必须一成不变，当环境和条件发生重大变化时，经营目标也要适时调整。但这种动态调整是在大方向既定的情况下，对与实际经营状况脱节的环节进行适当的局部修正。

店铺的经营计划

店铺的经营计划是确保经营战略能够顺利实施的有效保障。由于经营战略所规定的是店铺的大方向和总目标策略，它需要通过一系列的具体措施来确保其能够实现，而经营计划就是这些具体措施的综合。经营计划的制订需要相关人员对市场有十分详细的了解，这是确保经营计划科学合理的前提。

制订经营计划是店铺经营者的一项很重要的工作，对工作的协调和效率的提高都是很有益的。经营计划是一个书面文件，它是指导店铺在计划阶段的经营活动的方针。首先，计划是一个书面文件，而不是藏在管理者头脑里的东西。经营计划的这个特点产生了很多好处。它鼓励并要求训练有素的思维，并为特定的日期确定了需要实现的预期目标。在人员变动频繁的情况下，经营计划对店铺组建初期的人员培训或经营范围拓展都具有十分重要的意义。

另外，计划通常是按店铺的一定标准来进行的。而在店铺的哪个层次该作经营计划则随具体情况而定。例如，在实施商品管理制的店铺里，每一个商品品牌都是一个利润中心，都应有一个品牌经营计划。在有商品品牌计划的情况下，通常还可能要制订相关商品大类的综合经营计划，以及销售部门的综合经营计划。

经营计划的制订还需随商品的变化而变化，其中还涉及时期的问题。通常，零售行业是以很短的计划周期去适应季节性的流行趋势的变化。

依据店铺的战略设计和经营伊始的具体情况，大致要规划下述几项内容，以作为实际经营活动的指导。

1.营业额目标计划

营业额目标计划重点在于设计店铺经营初期的努力目标，它的制订是在总结市场状况，经济、物价情形，以及对照同行业、相似规模的竞争对手的经营状况之后确定的。做出这种预算的目的在于，根据计划期内的业绩评估来改进经营措施。

2.商品组合计划

制订正确合理的商品组合计划是店铺经营的一个重要环节。也就是说，整个店铺内究竟应该拥有一些什么样的商品种类才能保证最佳的经营效果。它也是为了实现前述营业额目标计划的重要依据之一。

3.采购计划

在商品组合计划中，在实际进行采购业务时，为使采购资金得到有效运用及商品结构达到平衡，必须首先确定商品内容，然后制订采购计划。

4.促销计划

促销与宣传是缺一不可的。在竞争日趋激烈的今天，以往开着店门等待客人进门的方式已不适合现代潮流，为求利润的增加，店铺不能被动地等待顾客上门，而必须主动地吸引顾客进店。在广告挂帅的今天，不论是海报、传单还是报纸等，都是不可忽视的广告促销方式。

5.费用预算

经营计划中的费用可分成变动费用与固定费用。变动费用包含员工费用、水电费用、促销费用以及杂项费用等。固定费用则包括各项税款及租金等。通常对于变动费用的使用需要特别注意，在具体运作过程中，必须适当加以节省。

店铺创建初期，都会对经费作预算计划。通常费用应控制在营业额的5%~10%之间。超过这一比例，说明费用预算及使用存在不合理的地方。

6.人员规划

员工是店铺经营的基本要素。如何合理有效地运用人力资源，进而配合店铺长期发展以及有计划地实施人员培训及教育训练计划，正是当今店铺经营者所必须正视的问题，即使是员工不多的店铺，也必须有员工福利、经营规划及相关的训练计划。这是确保员工安心工作，促进店铺正常运作和发展的前提。

7.财务计划

店铺运转的目的就是获得利润。有一套完整的财务运作系统，以便了解店铺的运转是赔还是赚，是店铺所必需的。通常，损益表的制作便起到这一作用，分析其借贷项目，便可以获知店铺的营运状况。此外，对于运转所需资金的收支亦需制订计划，在此基础上的资金调配才能做到有的放矢。

8.服务计划

在运转初期，必须制定一套保证顾客满意的制度以确保服务品质，吸引顾客。在讲求服务的今天，如何为顾客提供面面俱到的各项服务，的确是需要店铺管理者去动脑筋思考一番的。"服务"其实是一个广义的概念。比如，营业场所柜台的设计、商品陈列的亲切感、商品完整、店员态度的和善以及退换货方便等都是服务项目。

第三章

确定经营理念

思维改变是经营中最重要的因素

经营中最重要的因素是什么？金钱的投入、顾客的招徕还是员工的管理？其实最根本最重要的是经营者的思维。经营者的思维转变了，员工的思维也会随之转变，整个店铺落实到具体的行动就会转变，店铺的经营状况就会发生转变了。按照这个思路，想要改变店铺经营困难的话就要改变错误的行动，为了改变错误的行动就要纠正错误的思维，而纠正错误的思维最根本的是改变经营者的思维。

为什么有的店铺经营得就比其他的店铺成功，有的店铺却无论怎样努力都无法成为人气店铺？最大的原因就在于思维的差异。

有两个邻居，都是一个贫穷小乡村里的普通农民。听说海外能赚钱，他们为了摆脱穷困的生活，便决定离开村子，到海外去发展。一个人去了富庶的美国，另外一个去了相对贫穷的越南。几十年后，两个邻居又幸运地聚在了一起。他们已经不是当初贫穷的农民了。去了美国的那个现在拥有一间中国餐厅，两家洗衣店和一家杂货铺，可以说衣食无忧。而去了越南的那个，居然拥有东南亚相当规模的橡胶园，甚至还有一家自己的银行，可以说富甲一方。他们都算是成功人士了，可为什么成功的差异如此之大？

到了美国的那个人，没有什么特殊的手艺，只能靠自己的体力劳动做当地人最不愿意做的工作，慢慢积累了一点资金开了自己的小铺子，能满足一家老小的生活就足够了。而去了越南的那个人盘下了当地人疏于经营的小店面，逐渐发展扩张到现在的规模。

这个案例告诉我们：经营的好坏虽然跟环境有一定关系，但思维的差异才是最主要的。如果不转变思维，小店也许可以一直勉强支撑下去，但是绝对不会成为人气店铺。想要转变思维，可以结合前面章节提到的，先从审视店铺经营状态开始，这个过程并不需要很久，只要一个小时就足够了。

第一，要对店铺的经营现状有一个彻底的分析。每天的营业额有多少，每天的顾客数量有多少，其中老顾客有多少新顾客有多少，每天的纯利润有多少，店铺员工的工作状态如何，目前存在的最大问题是什么。

第二，想一想当初开店的目标是什么，想要让自己的店铺成为什么样的店铺，具体可以落实到想要每一天的营业额达到多少，跟上个季度或是上个年份相比，是进步了还是退步了。

第三，思考一下当初为什么要设定这样的目标，根据目前的状况，离目标还有多远，目标能够实现吗？

第四，为了达成最初的目标，你采用了哪些策略？这里包括已经在店里实践过的策略和将来计划实施的策略，像是招徕顾客的策略、培训员工的策略、宣传店铺的策略。

第五，结合过去的经营状况，你对这些策略的满意度是怎样的？这些策略能够起到的效果如何？

很多经营者早就忘了当初开设这家店铺的目标了吧。开店初期的想法，最有可能帮助经营者确立独特的最适合小店的思维，店铺成为人气店铺的秘诀就隐藏在曾经的梦想之中。

以顾客为出发点

宝洁公司全球营销总裁吉姆·斯坦戈说："市场营销已经崩溃，我们需要重整旗鼓！"那么怎样做到重整旗鼓呢？即客户价值，就是一切以顾客为出发点，要设身处地为客户着想，站在顾客的角度上思考问题，真正做到为他们提供人性化的服务，以赢得客户的认可，让他们打消顾虑，主动来跟我们合作。

我们真正地为顾客着想，首先考虑的应该是他们的需求和服务，然后积极做出应对，这样才能打动顾客的心。

丽兹·卡尔顿饭店，一家拥有28家连锁分店的豪华饭店，以其杰出的服务闻名于世，饭店的信条是提供一流的客户服务：

"在丽兹·卡尔顿饭店，给客人以关怀和舒适是我们最大的使命。我们保证为客人提供最好的个人服务和设施，创造一个温暖轻松和优美的环境。丽兹·卡尔顿饭店使客人感到快乐和幸福，甚至会实现客人没有表达的愿望和需要。"

丽兹·卡尔顿饭店的做法告诉我们：任何一个店铺能否在长期内获得成功，取决于该店铺能否使顾客满意，这不仅要使顾客愿意继续和店铺做生意，而且要使顾客成为店铺热情的支持者。

在经营中我们也应该有这种理念和态度，才能赢得顾客。

那么怎样才能做到以顾客为出发点呢？接下来，我们要学会置换思考，就是要站在顾客的立场上经营店铺。

《列子·说符》中讲了一个故事：

有一天，杨布穿了件白色的衣服出去，路上遇雨，于是脱去白色的外套而露出黑色的里衣，等他回到家时，他家的狗对着他大叫，他非常生气，拿起棍子对着狗就要打。他的哥哥杨朱拦住了他说："如果你家的白狗出去而回来时成了黑狗，你能不觉得奇怪吗？"

上述故事就告诉了我们置换思考的含义，即把当事双方的角色进行置换，站在对方的立场看问题，从而透彻地理解对方，进而对对方做出正确的评估，并做出必要的反应。

所以，在经营中，我们要对顾客的角色进行正确的定位，并实施针对对策。

有一个在淘宝网上经营电话卡的店主，通过用心经营，如今已经拥有4个皇冠的信用度，成功交易15万人次，拥有80%以上的回头客，好评率达99.99%，店主本人也被淘宝予以"super卖家"的荣誉。

有人问他成功的秘诀是什么，在交流中他一直强调置换思考。总是把自己放在一个买家的位置上，想想希望卖家提供哪些服务。当顾客的需要得到满足时，生意自然越做越好。比如，店主在销售中发现，现在电话卡多种多样，运营商也很多，买家分辨不清，经常会问有没有适合自己既便宜又好用的卡，于是，店主就写了一个帖子，利用自己的专业知识介绍哪些情况适合用哪种卡。买家看到这个帖子很开心，感到终于找到了自己想要的卡，这样，顾客的回头率就高了。

在对顾客进行正确定位后，还要学会收集顾客的详细资料，掌握顾客的信息，这样，对于老顾客或者是拥有一些相似特征的顾客就能有经验经过详细规划，然后与顾客见面时会这样说："先生，如果我是你，你知道我会怎么做吗？"

自然的，顾客就会问："你会怎么做？"这时就可以说出从顾客立场精确考虑的建议，并提出有利于他的方面，协助他作最终的决定。

曾有这样一个故事：

在杰西初入房地产推销界时，他根本不知道该从何处着手。后来，他看到公司里的一位金牌销售员在他的资料袋里保存了很多资料，这些资料都是与他推销相关的东西，也是客户需要知道或希望知道的资料，其中包括与停车场、店铺、学校及建筑物相关的细节。

在许多人看来，这位推销员的做法好像很不明智，带那么多的卡片似乎很不方便，但就是这些卡片帮助他拿到了年度销售总冠军的奖杯！杰西对他提供的丰富资料印象深刻，所以他决定把它用在自己的实际工作中。这个方法最后成了杰西成功的主要因素，也是他为客户着想的起点。

他还提到，即使与客户在生意没有谈成的时候，他也会回家写资料卡，记录刚才见到客户的情形。当他再次做销售拜访的时候，就能侃侃而谈关于客户的一些事情，仿佛是多年的老友。杰西的这种"表演"常常能提高客户的谈话兴致，他们往往会惊讶于杰西对他们的了解。

这些卡片帮了杰西很大的忙，每次他都利用这些资料协助联系客户，成功率都很高，总的算来几乎超过70%。

在杰西早期的推销工作中，有位先生曾经坚持要买两份同样的投资标的，一份在他名下，另一份给他太太。杰西遵从他的要求，但在当天晚上输入客户资料时，却发现两份分开投资计划合计的费用，比以同样金额投资成一份计划的费用高出许多。

第二天一早，他立刻跟客户说明，如果这两份投资能合成一份的话，至少可以省下15%的费用。客户很感激他，并且接受了这个建议。很显然，客户不知道杰西的佣金因此而大减。多年以来，这位客户对杰西的好感依然没变，而杰西的佣金损失，早就通过客户所介绍的客户得到了更多的补偿。

置换推销的好处是不言而喻的，它能更深层次地让顾客信任你，而你也能得到更多的潜在信息。以顾客为出发点，设身处地为顾客着想，在置换思维的推动下，赢得顾客的信任和青睐。

思考出属于自己的独特方法

某电器商场位于一家生意极其火爆的大型购物广场旁边，离短途客运站也不远。该电器商场制定了3公里范围内免费送货上门的服务规则，可想而知，要送的一般是较大宗、价值不菲的商品，如冰箱、彩电、洗衣机等。

一天，一位大爷担着两大袋从大型购物广场采购的日用物品，又从电器商场选购了两台电烤炉，说他儿子明天结婚要用，然后要求送货。从大爷报的地址来看，距离商场有5千米左右，已到郊区，两台电烤炉价格也就几百元，打包重量不会超过10千克，体积也绝对不会令一个成年人拎着难以接受。怎么办？不送，大爷肯定弄不回家，生意无疑也做不成了；送吧，与商场的服务规则相去甚远。

于是店员不得不向大爷解释大宗商品和3千米以内免费送货的服务规则，大爷的失望是写在脸上的，他问："为什么每个店都一样？"恰巧路过的经理被这句话问住了，是啊，为什么都一样呢？这些一样的规则制定当然有基于成本利润的分析，但大家都拥有一样的服务就失去了创造差异化的意义，就只能是行业准则而已！当然，为了差别而实行无原则的服务不仅侵蚀利润，还会让行业陷入恶性竞争。望着窗外的车流，经理有了主意，于是他快步向前跟大爷商量：可以免费派人送到车站，并且支付车票（也就一两元钱）。

于是店里的小伙子提着大爷的两大袋日用物品，大爷轻松拎着两个电烤炉到车站后，小伙子又帮大爷放置好物品并买好了车票，大爷很高兴，也很感动。

没过几天，大爷就又领着新婚的儿子来买冰箱了，而商场也首次推出了"3千米内免费送货上门，3千米外送上车并买车票"这一与其他商场不一样的人性化服务规则。

例子中，经理通过思考，想出了一个两全其美的办法：免费派人把电烤炉送到车站，并且支付车票。结果大爷深受感动，后来又带儿子来买了冰箱。这是商家的人性化服务作用于顾客的结果，进而培养了顾客对公司的忠诚度。

店铺必须将自身视为一个有机、鲜活的生命体，而不是冷冰冰的规章制度的组合。在日常经营和管理中要注入情感和柔性，特别是在对待顾客时，切实做到想顾客所想、急顾客所急，实施人性化的服务制度，才能让顾客感动、让顾客在感知下做出购买决策。

如果所有店铺的经营方法都是一样的，为什么顾客非选你的店铺不可？服务创新不是一次就成功的，针对售后服务的各个方面，店主都要不断进行优化、细化和人性化，从而使自己的服务内容和流程越来越人性化，越来越专业化。在销售过程中规章制度是死的，只有人性化、真正为顾客所想的举措才是活的，才能感动顾客，才能获得顾客的认可，俘获顾客的心，让顾客对店铺产生忠诚。

小店与其他店铺不同的方法，是吸引顾客的最有力手段。比如在装潢设计上，采用跟别家店铺不同的配色设计，马上就会吸引顾客的眼球；再比如传单派发采用不一样的形式；服务内容更人性化等，都是小店独特经营理念的体现。如果小店的经营能够做到不落俗套，拥有自己独一无二的方法，就一定会有顾客上门，这也是通往人气店铺的必经之路。

执着经营，不轻易言退

推销某品牌汽车突破百万元的小王先生忘我地工作了3年，尽管客户时常光顾，工作成绩还算不错，但他总觉得有一种强烈的不安之感时时袭来。

"难道我就这样继续生活吗？推销员的生涯能够保障我的未来吗？"这是对人生观、职业观的迷惘，是对未来的不安。

推销员的实际成绩是与其意志的强弱成正比的。如果总认为自己"不行"，那么，"不行"就会成为现实。

"什么？我就不信在今后两个月中，推销额达不到100万元！这个目标也不是很多啊。"如果能下定这样的决心，那就一定能成为现实。

已经是年终了，可是小王先生这些天的推销额却仍旧是零。就在这天回家的途中，他指天发誓："坚持，坚持，一定要坚持到底！否则我的目标就要泡汤了。"

正是出于这种对目标的自我激励和坚定不移的信念，到最后的期限时，小王竟一口气推销出5辆汽车。就此，有人询问他："您能稳定提高推销业绩的窍门是什么？"

"用红铅笔把推销目标醒目地写在笔记本或纸条上，贴在厕所、枕边、饭桌上，使自己时时刻刻感受到推销目标的压力。"这是他的回答。

这是一个推销员的故事，却也同样适用于经营当中。成功的经营其实没有什么秘诀，如果说有，那就是绝不放弃、永不言败！只有这种精神，才能在不断地遭遇挫折、失败后崛起，即使屡战屡败，仍屡败屡战，直至成功。

时时憧憬成功之时的情景，以使自己更加坚信"精诚所至，金石为开"这一格言。成功并不遥远，它就在我们周围的方寸之地。

人们很自然地会抵制新事物。你成长过程中所取得的大部分成就都是通过战胜抵制才得到的。回溯到1820年，铁路也被人们反对，大部分理由是说它会使人们震颤，而且使牲口早产，使奶牛停止产奶，使母鸡不再下蛋。现在，虽然外部世界已经改变，但人性本质依然一样，即人们通常不愿意改变自己的惯性状态。因此，经营者应该消除客户心里存在的抵制现象。要达到这个目标，需要从个人的毅力付出和与客户的交流与沟通两个方面努力。

你要时时刻刻坚信"我一定能完成自己的目标""我一定能经营好自己的店铺""我一定能开一家赚钱的店""我一定能成为一个优秀的经营者"。以这个理念去行动，你就能克服一切困难，不辞劳苦，勇往直前，你就能达到目标！

如果经营者常常自己感觉消极，就会由于心理感应而传达给买方，使买方拒绝购买。成功的路上总会布满荆棘，常人通常对此望而却步，只有意志坚强的人才会执着前行。

当你未能与顾客顺利交往时——这也许发生在你饱尝一整天的冷漠和断然拒绝之后——你会不自觉地贬低这些顾客。如果是这样，那么记住：抵制是正常的，你必须为克服它做好准备。

也许问题出在你身上，不要指责别人缺乏兴趣。你应该负起让顾客喜欢你并对你提供的产品、服务感兴趣的责任。

诚信是最基本的待客之道

诚信是做人之本，立业之根，没有这样的理念支撑，即使爬得再高，也不可能走得太远。

罗曼·罗兰说："没有伟大的品格，就没有伟大的人，甚至也没有伟大的艺术家，伟大的行动者。"

成功的经营靠的是什么？是运气，是技巧，还是丰厚的投资知识……每个人都可能列出很多成功的理由。在迈向成功的征途中，大家罗列出来的这些因素或多或少，都会指引出前进的方向。但是正如罗曼·罗兰所说，伟大的品格不可或缺。一个人成就大事业，置于首位的是他的品格和操守。在经营的征途中，诚信的品格是最基本的待客之道，也是你拥有的资本之一。

山本武信是做化妆品批发生意的。他10岁时就来到大阪，在一位化妆品批发商那里做学徒。他后来的生意窍门均来自学徒时的经验。他眼光独到，又重义气、讲交情，是生意场中难得的人。

山本武信立志要做国际贸易，把生意做到海外去。第一次世界大战期间，他的出口生意很火爆，赚了不少钱。由此，他便去银行贷款，备足大量货品，以适应市场需求。然而事情并不像山本武信所预料的那样，"一战"结束后，出口停止，货品立刻滞销，他只好把大量的库存降价出售。然而贷款收不回来，开出去的支票很快也成了问题，虽然尽力挽救，却也回天无力了。就在这时，山本武信宣布破产，把自己的所有财物都交给银行处理，甚至连他太太的戒指和自己的金怀表也交了出去。

山本武信表现出了与一般人不同的人格，本来按惯例，这种情况下个人是可以保留一些生活日用品的，尤其是太太的饰物一类，是可以不动用的，但是山本武信坚持要拿出全部的东西，哪怕是一丁点儿值钱的东西。

后来银行经理对他说："山本先生，这一次的损失固然是你的责任，但战后生意的不景气，也不是你所能决定的。你负责任的诚意，我们很了解，可是也不必做到这种程度。你店里的东西，当然你要全拿出来，像这些身边的物品，就不必拿出来了，尤其是你太太的戒指……还是请你拿回去吧。"

对于银行的好意，山本领情，但执意不肯拿回。后来，银行为他的诚信所感动，不但派人给他送去了太太的戒指，而且还给他带去了数额巨大的一笔款，作为无私援助，这是他无论如何都没有想到的，也正是这笔钱使他最后渡过了难关，重新在生意场上站立起来。

后来，一个人听了他的故事对他钦佩不已。在他的影响下，这个人后来创立了享誉全球的大公司，这个人就是松下幸之助。

诚信，让山本武信在生意场上东山再起，让他在生意场上取得了别人的信任，为他以后的商业之路作了良好的铺垫，也成为他财富的巨大来源。这种良好的品格成了他投资的重要的资本，让他的财富源源不断。

有一次，杜飞到顾客那里去结一次已欠4个月的账款。顾客给了他一张3318元的单子。杜飞觉得关系好，不好意思当着面数。回来后，他清理账款时，发现上午结的那笔款里多了100元钱。当他确认多了100元钱时，马上就打电话给顾客，说："不好意思，我疏忽大意多收了您100元钱，现在马上给您送过去。"说着就往客户那里赶。

当时已是晚上10点了，天空下着雨，当他赶到顾客那里时已经是晚上11点多了，顾客正在办公室等着。见到杜飞时，顾客说："老实说，我比你先发现我多付了你100元钱，但没有给你打电话，我想看看你会怎么做，哪里知道……你是好样的！"这个顾客自然就成了杜飞的忠实顾客。

客户的信任能够给店铺和经营的成功带来诸多的好处。首先，顾客信任能够带来重复性，不仅能够增加店铺的收入，还能稳定一批老顾客，打造良好的形象。同时还能使店铺的成本降低。一项研究表明，争取一位新顾客的成本约比维持一位老顾客的成本多数倍，而且在成熟的竞争性强的市场中，企业争取到新顾客的困难非常大。但是由于"口碑效应"，老顾客会推荐他人购买从而增加新顾客。因此，诚信对于一个成功的经营者来说，不仅是步入成功的捷径，更是你成功的稳定剂和加速器。

第四章

建立品牌形象

小店也要树立品牌

客户对小店的重要性不言而喻，小店对于客户关系的维护也是十分重要的。客户关系的重要性体现在很多方面，不局限于客户同小店及其店铺员工进行接触时。事实上，在有关客户关系的学术思想中，最有趣、最实用的领域是品牌的客户关系，就像他们和公司及其他组织建立客户关系一样。客户会发展他们对某个品牌的忠诚，而且这种预测不是仅仅建立在客户对产品反复购买的行为上。经过一段时间后，客户的品牌忠诚会逐渐发展成对品牌情感上的依赖。一些有着很好声誉的品牌，它们成功地在客户和品牌间创造了情感联系。客户购买和使用这些品牌产品后，这些品牌就给客户带去独特的含义。它们成为客户生活中一个重要的部分。

很多店铺经营者也许会质疑，树立品牌不是大店铺的事情吗？事实上，小店也要树立品牌。独特的思维，人性化的服务都是品牌的一部分。品牌的树立能有效提高店铺的认知度和顾客的忠诚度，可以说是人气小店必须遵循的方式。

品牌化已经非常流行。品牌顾问大量存在，而且一些企业也开始通过花费数百万美元在任何看得见的地方做广告来树立自己的品牌。它们的目标是把品牌植入每一个到自己网站浏览的人的大脑中。但是，有谁问过什么是品牌吗？每一天都出现许多新的品牌。每一天都有新的公司建立起来，都有新的产品投放市场。它们中的每一个都有名字，但是它们有品牌吗？

一个品牌不只是一个名字或者是一个标志，同样，一种关系也不只是一次接触。事实上，从某种角度来说，品牌的概念和关系的概念是平行的，因为二者都意味着一定的感情因素。一个品牌不只是对公司的确认或者是公司的名字，它也不只是设计或包装，它是公司和客户以及公众之间的联系。它不是我们出售的东西，它是我们代表的人或物，是公众眼中的公司形象。

顾客确实会和品牌建立起真诚的关系。品牌对人们来说意味着一些特殊的东西，它们是人们生活中重要的部分。大多数客户会觉得自己与意大利面条、香波这样的品牌更接近。然而，如果我们一次又一次回头购买，我们就拥有了一个品牌，这个品牌已经成为了我们的老朋友。我们的朋友和家庭不会想象到我们会用其他牌子的香水，会开其他牌子的汽车，或者会穿其他牌子的运动鞋。

当你与客户建立关系时，他们认为是谁与他们进行交流呢？是店铺的经营者？还是负责销售的店铺员工？或是生产团队？实际上，以上这些都不是，顾客认为是品牌在与他们进行交流。建立品牌关系与进行约会有些相似。假如你正在进行第一次约会，而约会对象要求你填写包括姓名、联系地址、收入、健康史和希望要多少孩子等问题的三页厚的表格，那么你与约会对象继续交往的可能性有多大呢？肯定很小！但有很多小店都在这样做。它们问了有关潜在顾客各种超越隐私和看上去很不相关的问题，而不是让客户在第一次约会时感到友好、无压力，这么做肯定会赶跑顾客的！

所以当小店想在顾客中树立品牌，试图与已有顾客或新顾客建立关系时，要时刻牢记以下原则：

（1）你不是他们最好的朋友。当旧车销售商在知道你的姓名前就假装已经是你最好的朋友时，没有比这更糟的事情了。

（2）表格一定要简短。不要想立刻了解顾客所有的个人信息。但问问题时，要让顾客知道为什么你问这个问题以及他们会得到什么回报。

（3）即时兑现价值。开始时先发送一封包含相关信息或特殊服务的简短的电子邮件。

（4）让客户了解你的真心。要确保随后的交流与你了解的顾客信息具有相关性，这会让顾客感觉到你确实在利用他们告诉你的信息，这将为进行更高层次的交流建立信任基础并容易得到顾客的允许。

如果你遵循这些简单的原则，那么你将很快为有意义的可靠的客户关系打下坚实的基础，从而在顾客中树立起小店的品牌形象。

品牌就是让大家口口相传

好的品牌能够增强顾客的信赖度，甚至不需要大笔的广告费用，通过口口相传就能深入人心。现今媒体上出现了越来越多低俗的广告，让人难以了解它们的诉求内容，也无法信赖它们所宣传的商品。唯有建立一种与客户有关的传达正面情感的广告，才是最直接有效的方式。替客户着想，与客户站在一起，才能树立品牌的形象。以真正的关怀、值得信赖的伙伴形象，打入潜在客户及现有客户的生活中，参与营销策略突破纷乱的市场困境，已成为品牌建立的重要因素。

人们对于亲朋好友、家人介绍的顾客产品信赖度很高。因为介绍给他人的产品，基本上是自己使用后觉得满意的。有鲜明品牌的店铺，一定会引起大家口耳相传，在引起人们广泛好评的时候，也踏上了向人气店铺发展的道路。口口相传是不需要一毛钱的宣传方式，是建立在顾客对品牌高度的满意之上的。虽然可能比不上媒体广告的宣传速度，但是对品牌的提升有着极大的帮助。许多经营者认为店铺的口碑是自然形成的，而且顾客间的口口相传是自己无法决定的。其实并不完全是这样，顾客的满意度是建立在店铺的努力之上的，小店可以通过不断完善自己的服务促进品牌的形成。

为了帮助那些初为人母的年轻妈妈照顾她们的宝宝，雀巢公司在法国开设了"雀巢婴儿咨询免费长途专线电话"。在每周6天、每天10小时的时间内，雀巢公司通过这一专线电话为每一位关心婴幼儿营养问题的父母们提供咨询服务，并请专家们提供父母所需的婴幼儿营养建议。所有的咨询人员都经过严格的专业训练，每天大约可以向两万名母亲提供一流的服务。由此，雀巢公司赢得了法国新一代妈妈们的心，培养了一批又一批忠诚的客户。雀巢公司因此每年都会收到约500名受惠母亲的感谢信。秉承始终与客户在一起的理念，雀巢公司在婴儿成长的每一个阶段，都会给予父母们无微不至的帮助。

为了有针对性地为客户提供服务，雀巢公司保存并随时更新来自各妇产科的约22万名母亲的姓名、地址等基本资料。通常在雀巢与这些母亲们联系的第一封信函中，都会包括一些回复问卷式的卡片。通过这些卡片，新生儿的母亲可将婴儿姓名以及有兴趣的资料告诉公司。根据客户提供的资料，雀巢公司在未来幼儿成长的6个主要时段（3个月、6个月、9个月、1周岁、18个月及2周岁），分别邮寄包裹给这些婴儿的妈妈们。这也是雀巢公司推出的一种个性化服务，其目的旨在建立和提高客户的忠诚度。雀巢公司邮寄给这些婴儿的妈妈们的6个邮件，都是货真价实的包裹，它们不像一般广告邮件那样只附一些样品食品及促销赠奖券等，这些邮件里面有"泰迪熊"图案的可吊挂式图卡，以及小儿科医师对幼儿成长阶段的建议资料。例如，在宝宝们满周岁时所收到的包裹中，就有一本非常好的书《好好睡吧》，这也是这些婴儿所拥有的第一本书。这本书用厚卡纸印制，内容以"泰迪熊历险"为主题。为了庆祝宝宝周岁这个重要的日子，雀巢公司寄上了巧克力蛋糕，以及"彩色泰迪熊"图案的一岁蜡烛，而卡片上还将烘焙巧克力蛋糕的食谱告诉父母们，鼓励他们以"雀巢婴儿可可粉"做蛋糕给全家人享用。当母亲节来临的时候，公司还会以婴儿的名义寄上一份贴心的小礼物给母亲们，如一束玫瑰或写满爱意的小卡片。

雀巢公司的这些做法是一种很好的提高客户忠诚度的攻心策略。优质的品牌服务让无数妈妈们口口相传，提到婴儿用品，自然而然地联想到雀巢公司。雀巢公司与客户在一起，为妈妈们提供始终如一的服务，其目的便是让客户们也始终与雀巢公司在一起，对雀巢公司保持忠诚。

可见，只有让顾客满意到想要跟周围人分享的品牌才是好的品牌。顾客对某一品牌的满意经验将导致对这一品牌购买的常规化。对于这样的购买，消费者几乎不用作任何的品牌评估。只要产生需求，就会直接做出购买决定。因此，提高品牌质量让顾客能够口口相传，是一种确保客户满意和提高客户忠诚度的方式，也是一种通过减少信息搜寻和品牌评估活动，大大简化客户消费决策的方式。

品牌是信赖度的象征

同样作用和功能的两件商品，一种是没有听说过的牌子，一种是早有耳闻的大品牌，哪怕后者的价格贵一些，顾客还是会倾向于选择后者。原因就是在于品牌给顾客的印象是高质量的商品和完善的服务。可以说，品牌是顾客信赖度的象征。

现在市场上的商品十分丰富，同一类型的商品能多到让顾客眼花缭乱，而销售这些商品的店铺更是多到数不胜数。当一家店铺创新了某种商品或服务，大量的模仿者马上会出现。如何能够在大同小异的店铺中突出重围？建立品牌可以说是一个最有效的途径。

提到品牌，经营者可能马上想到的是名牌。名牌，尤其是历史悠久的名牌能够收到消费者青睐的原因，就在于所传达出来的可靠性和信赖感。人们在购买一个品牌的时候，相当于无形中得到了商家对顾客的承诺，无论是从品牌的外在形象还是内在质量都得到了保证。好的品牌有足够的实力去影响顾客的需求，因为它有着优越的质量和一般商品所不具有的精神内涵，顾客的购买欲自然随之增强。当顾客对某一个品牌产生信赖感的时候，他们会倾向于从正面的角度看待该品牌以及向周围的人推广该品牌。而反过来因为对品牌有信赖感，忠诚度也会增强，促使顾客长期购买同一品牌。想要提升品牌的信赖度，小店可以从以下几个方面入手。

1.提高商品的质量

商品质量是品牌存在的根基，是品牌得以延续与发展的根本保证。如果没有质量，品牌仅仅是一个图案而已，不具备任何意义。劣质的商品最终都会被市场所淘汰，而且坏品牌的传播速度远比好品牌快，一旦少数几个顾客发现了商品的质量问题，该品牌劣质的形象就会迅速传播开来。无论何时，店铺都要把商品质量放在第一位，强化质量意识，打好品牌的根基。同时店铺还要让员工也形成重视质量的意识，当看到有问题的商品时及时反馈，不让有问题的商品流向顾客手里。

2.提供完善的服务

以顾客至上，提供完善人性化的服务，将店铺的理念充分传达给顾客。如果能感受到店铺的这种诚意，顾客自然而然会产生信赖感。加强店铺员工培训，提高员工的服务技能和合作精神。让员工在培训中获得必要的知识和信息，避免员工在店铺和顾客之间产生角色矛盾。随时收集顾客信息，针对顾客提出的各种要求，积极接受并加以改进，满足顾客要求。

3.以顾客为中心

许多服务计划在取得初步成功之后，往往会进入一个停滞期。正如管理学家彼得·德鲁克经常说的那样："如果在取得初步成就时就故步自封，安于现状，企业就不会有生命力。"企业是这样，店铺也是如此。因此永远保持以顾客为中心的观念，是店铺得以长足发展的关键。店铺服务取得初步成功之后，要避免这个时期的停滞不前，应注意调节为顾客服务的各个部分的相互关系，使整个店铺更好地为顾客这一中心服务，以便在保持店铺良好的服务形象上发挥更多的作用。

4.重视顾客的精神感受

店铺实施品牌战略除了在质量和服务上下功夫之外，也要重视顾客的精神感受。顾客在购物时的心情是很重要的。良好的心情使顾客有兴趣多看商品，反复比较，从而诱导更多的非计划性购买欲望。因此，店铺另一个陈列原则是让顾客有一个愉快的心情。这要求店铺在陈列上给人以美感，使人赏心悦目；在环境上保持商品和整个店铺的整齐清洁；在服务态度上恰到好处，不让顾客感到过于冷淡或者过于热情。重视顾客使用商品的感受，是否舒适满意，力图让顾客对商品满意的同时也达到精神上的愉悦。

只要树立小店的品牌，顾客在享受到高质量的服务后会自动向亲朋好友作宣传。当店铺品牌信赖度提升后，顾客自然就会增多，离人气店铺也就不远了。

人、故事、商品是品牌的3大支柱

品牌对店铺是如此地重要，那么究竟是哪些因素支撑起了一个品牌呢？让我们先看看下面这个案例吧。

小天是个美食爱好者，尤其对口味独特的小店情有独钟。一天，他和朋友商议去哪里吃饭。

小天："今天去吃点什么好呢？"

朋友："去吃比萨怎么样？"

小天："可以啊！但是周围的比萨店味道都一般，哪里有好吃的比萨？"

朋友："我知道一个很棒的小餐馆。那里的厨师以前是个五星级饭店的大厨。"

小天："哦？五星级饭店的大厨，那餐厅一定很贵吧？"

朋友："一点都不贵，这个大厨不喜欢华而不实的东西才自己开的这家小店。"

小天："那比萨的口味怎么样？"

朋友："这个大厨本身就是意大利人，采用的是意大利最传统的烹饪方式，口味很地道呢！"

小天："真的吗？五星级酒店的大厨，意大利传统口味，听得我直流口水，马上去试试看吧！"

　　如果你听说了这样的比萨店，是不是也想马上去试试味道如何呢？从这个案例中我们可以看出，支撑品牌的3个要素就是人、故事、商品。案例中的人是五星级酒店的意大利大厨，故事是不喜欢华而不实的食品于是自己开了小店，商品是用传统意大利烹饪方式做出的地道比萨。让人们口口相传的独特品牌，并不是小店的装修怎样，店面如何，而是人、故事、商品。

　　那么怎样才能树立人气品牌呢？既然人、故事、商品是品牌的3大支柱，那么我们就从这3个因素下手吧。首先是人，就是店铺的经营者，很多经营者觉得只要用心努力工作就好了，不想出风头作宣传。但是如果想要不付出任何代价就成为人气小店，把经营者变成小店的活招牌是最容易的方法。可以把你的日常照片贴在店铺里，让顾客知道你是一个怎样的人，不一定非要是跟店铺经营有关的照片，平时旅行、娱乐的照片都可以。还可以将店铺的经营历程、成长故事写出来，告诉顾客你的讯息、你的心路历程，让顾客了解当初你是抱着怎样的心情创立这间店铺的。

　　然后是商品，可以告诉顾客你为什么要经营这类商品。你的商品采用了什么样的材料，怎样的制作工艺，跟别的商品比起来有什么与众不同的地方。最好是要结合你的经营理念，透过商品传达给顾客，是有了这样的经营理念才会有这样的商品，才能提供这样的服务。

　　最后的因素就是故事了。故事的编剧和导演都是身为经营者的你，将开这间小店时的目标、经营店铺的心情、曾经遇到的挫折困难等所有与店铺经营有关的事情都编成一个一个的小故事。

　　在美国有一家中式烤肉店，门面很小，装潢也一般，但就是这么小的一家店铺客流量甚至超过了旁边富丽堂皇的大餐厅。这家店铺的老板之前是一个交响乐团的小提琴手。很多人不禁问道，那他为什么要放弃收入又高又体面的工作甘心与炭火炉具为伍呢？原来这个老板对烤肉有种痴迷，在美国工作的时候，他最想念的就是家乡的烤肉。可是美国这么多中餐馆，却始终没有他想要的味道。于是这个老板干脆自己开起了烤肉店，从中国进口肉类、调料，甚至烤肉的炉子都是空运过来的。也许他的烤肉味道并不比别家的好吃，但正是这股浓浓的家乡味吸引了众多在美国的华人。虽然离开了乐团，但是这个老板始终坚持着对音乐的热爱，每天不定时地在店铺里演奏小提琴给顾客听。"听着小提琴吃烤肉"在顾客中广泛传播开来，很多美国顾客也被这个新奇的组合所吸引，小店生意蒸蒸日上。

从案例中可以看到，一个与众不同的经营者，一个独具特色的商品，一个生动的经营故事，组成了一家人气超旺的小店。经营者要做的就是用这3个要素支撑起你的品牌。你也许会认为这样很难，但是只要用心去做，并不是不可能实现的事情。做好这3个要素，就等于打开了成为人气小店的大门。

创建品牌的法则

"攻心为上，攻城为下"是古代攻战中的谋略。这也可以用到现代的商战中：取得市场占有率，不如获得顾客忠心。品牌的创建是建立在顾客满意的基础上的，顾户满意反映了顾客对已经经历的服务的认可。使客户满意并使之成为企业的长期客户，还需进一步努力，即建立客户忠诚。这就是20世纪90年代中期，西方营销学界提出的品牌忠诚营销理论。第二次世界大战以来，随着市场实践背景的变化，西方曾出现了3次营销理念的革新浪潮，从"大量营销"到"目标市场营销"，再到"全球营销"。这些营销理论在一定的市场条件下，取得了阶段性的成功。但进入20世纪90年代以来，市场营销人员逐渐发现产品销量与利润并不是完全呈正相关关系。市场份额的质量对利润增长的作用更大。市场份额的质量优劣的实质就是品牌忠诚度的高低。要在新的市场背景下，实现企业利润的持续增长，必须建立和维护品牌忠诚。因此，品牌忠诚营销新理念应运而生。那么创建品牌需要遵循哪些法则呢？

1.认识品牌

客户对品牌的认识是发展客户忠诚的第一步。企业必须设法使客户记住品牌名或广告词等外在信息。企业可以借助广告创造一份激昂的情感、独特的刺激，影响潜在客户。在品牌设计时注意几个要点：

（1）简单醒目，便于记忆。

（2）新颖别致，易于记忆。

（3）容易发音，利于通用。

（4）配合风俗，易于接受。

2.建立相关关系

客户购买企业产品和服务是建立关系的开始。企业应力图使客户觉得购买此产品能够满足自己的需要。应注意几点：

（1）服务人员的服务态度使客户感到亲切。

（2）合理的定价使客户感到物有所值。

（3）足够的信息使客户了解产品。

3.突现价值

企业应在产品的质量、性能等内涵方面下足功夫，给品牌赋予力量，让购买的客户感到优于竞争对手。要注意：

（1）以市场需求为导向，不断创新，提高自己的核心竞争能力。

（2）强调质量，提升品牌的价值。

（3）创建良好的品牌形象。

（4）突出有形展示。

4.消费者满意

消费者满意是建立品牌忠诚的必经途径。只有消费者对品牌有了满意感，才可能最终忠诚于品牌。应注意：

（1）不断提高质量，因为客户满意的平均水平是逐渐上升的。

（2）注重差异化、个性化服务。

5.品牌忠诚的建立

消费者的满意通过不断"强化"，使之对自己熟悉、能满足需要、性能超群、有很高知名度的品牌认同，加强其忠诚行为，成为忠诚的客户，促使品牌的发展步入良性循环。

要奖励而不是惩罚你的忠诚消费者，以长期保持关系。建立消费者资料库，定期回访你的忠诚消费者，弄清楚他们的需求，并尽量满足他们的需求，以提高消费者的忠诚度。

树立良好店铺形象，扭亏为盈

开设一家店铺也许要经过长时间的准备和磨砺，在经营中可能慢慢积累一些不利因素，进而造成店铺亏损。这时，就需要消除这些不利因素，重塑良好的店铺形象，扭亏为盈。

温水煮青蛙的故事相信大家都很熟悉，当把一只青蛙放入一锅沸腾的开水中时，它会受不了温度的突然变化奋力跳出来。而如果把青蛙放在温水中时，它会习惯这种温度，然后慢慢地把水加热，青蛙就会在不知不觉中被煮熟了。

店铺的生意越来越差，顾客逐渐地减少，亏损问题越来越严重。其实很多店铺就如同那只青蛙一样，在不知不觉中已经失去活力了。面对这样的状态，是应该停止营业避免亏损继续扩大，还是奋力一跳，彻底改善店铺的经营状况？经营者应好好审视一下自己店铺的情况，不要等到没有力气跳的时候才意识到水已经快开了。

有这样一家美甲店，开设在年轻时尚顾客聚集的商业街上，但是店铺的经营每况愈下，已经亏损了好几个月了。店铺的经营者杨女士是一位40多岁的美甲师，店铺雇用的员工总是在几个月后就相继离开，留下的员工都是30多岁的中年人，店内的气氛很沉闷。杨女士每个月都花很多钱在时尚杂志上刊登广告，但是仍然没有新顾客上门。杨女士的美甲技术其实非常地好，她认为只要技术好就一定会有顾客光临，可是店铺的运营一直得不到改善。

经过冷静的思考，杨女士发现一直以来在杂志广告上投入大量的金钱，可是因此而来的顾客并不是很多，这些顾客的消费额连广告费用的1/10都不到。这样的话，根本赚不到什么利润，于是杨女士果断地停止了广告刊登，节省了一大笔支出。

杨女士当初开设美甲店的目的，是希望即使没有一双漂亮的手，经过指甲的修饰也能重新找回自信。然而这样的想法她却从来没对顾客提起，经营困难的苦恼也从没在员工面前表现出来过。在一次员工会议中，杨女士终于鼓起勇气吐露了自己的心声，曾经和经营者关系生疏的员工在感受到了杨女士的热情和诚意之后，纷纷提出了很多建设性的意见。店铺的员工以前所未有的激情团结起来，表示一定会协助杨女士改变现状的。根据员工的建议，杨女士延长了营业时间，平时放假的日子也都开店营业，每天关门的时间从晚上8点延迟到晚上10点。果然，多了一些喜欢在夜间活动娱乐的顾客光顾。美甲店早就设置了会员制度，但是会员资料一直闲置着，全体员工将这些资料翻出来仔细研究，给那些很长时间没有光顾的顾客寄去了精美的卡片，诚心诚意地请她们再次光临店铺。杨女士亲自带领员工到附近的街道上发放传单，向每一位路过的行人微笑着传达店铺的理念。店铺里还张贴着全体员工微笑着的全家福。整个店铺的氛围变得活跃轻松，每一位顾客都被员工真诚的笑容感动了。

在全体员工上下齐心的努力下，顾客慢慢地增多了。那些感受到店铺诚意和优质服务的顾客，还纷纷介绍自己的亲戚朋友一起光顾。终于有一天，店铺的经营脱离了长达数月的亏损状态，开始逐渐盈利了。

那些已经快要输透的经营者们，不要觉得店铺无药可救了，只要有改变的决心和毅力，店铺上下团结起来，树立良好的店铺形象，就一定有扭亏为盈的可能。而那些正在"温水"中的经营者，也应尽早觉醒，发现自己店铺的问题吧。

第五章

掌握市场信息

信息比时间和金钱更重要

店铺成为人气店铺的途径有很多种，金钱和时间都是改善经营的有效途径，然而信息比时间和金钱都重要。举例来说，当需要计算复杂的数据时，你可以通过一个一个的计算来完成，这需要耗费大量的时间。你也可以雇用专业人士帮你解答，这需要付出金钱。但是如果你懂得运算技巧，就能够自己在短时间内完成。再比如，你购买了一本书，里面的经验建议也许是你毫无头绪、必须花时间、甚至付出金钱都掌握不了的答案。

但是，信息可不是越多就越好了。一股脑儿毫无分别地搜集，势必会浪费大量时间，也保证不了信息的可靠性。物理学中的杠杆原理在这里同样适用。如果利用方法得当，很小的力量就能产生大的改变，而信息就是以小博大的工具。比如你通过阅读一本专业书籍掌握了炒股知识，并且通过这个知识赚到了10万元，而仅仅是付出20元的书费和几个小时的阅读时间就达到了这么高的收益，这就是杠杆效应。很多经营者每天努力工作经营，根本抽不出时间也压根没有更多的金钱。如果既付不出钱也抽不出时间，那就好好收集信息，并且合理利用，让其为你带来最大的收益吧。

第一，要明确信息的性质。很多经营顾问了解投资、产品行销、市场调查、行业平均值等信息，这些对大店铺可能很有用，但是对那些小店铺的经营者来说，作用是零。这些小店铺的经营者每天被琐事烦得焦头烂额，资金很少，员工数量也非常少，甚至就是经营者自己。那些所谓的行业内的常识，在他们身上根本行不通。像是商圈、梦幻平均值、开店宣传等常识，在小店身上却是必须要打破的观念。不通过亲自实践发掘，光读几本营销书籍是没办法改善店铺的经营状况的。要知道，经营顾问只是一个信息的来源，真正能够改变店铺经营的是身为经营者的你。

第二，收集信息的方法。既然知道了信息的重要性，也了解了信息的性质，就要着手开始收集信息。不要盲目地收集所有信息，要先明确自己的目的，再根据这个目的来收集。就像我们上面提到的，同样的信息，对不同店铺的作用是不同的。大店铺对于营销信息十分关注，而小店铺则应着眼于那些能够成为人气店铺的信息。信息能够产生的价值是因人而异的，对于有目的的人来说是能够扭亏为盈的信息，但对于毫无目的的人来说一点价值都没有。也就是说，拥有想要改善店铺经营的意识和目的的经营者，才会从这本书中得到价值。

第三，是将信息化为行动。一切信息如果不能付诸实践，就只是纸上谈兵。同样获得信息的10个人中，也许只有5个能够明白其中的意义，能够坚持付诸实践的也许只有一个。如果能坚持按照目标，实践下去，你就是成功的那个人。书本中的专业知识其实每个人都能懂得，只要针对店铺具体情况作出改变，营业额一定会增长，扭亏为盈就从行动开始。

及时收集信息，找出适合自己店铺的方法付诸实践，小店就已经踏上成为人气店铺的道路了。

信息就是缩短时间和成本的工具

物美集团是国内最早以连锁方式经营超市的专业集团公司之一。自1994年创建北京第一家综合超市以来，秉承"发展民族零售产业，提升大众生活品质"的经营理念，在连锁超市领域辛勤耕耘。截至2004年年底，物美已经拥有接近国际水平的大卖场、综合超市和社区便利店，以及地铁站、公交站附近的便利店等各类店铺600余家，2004年销售总额130多亿元，店铺主要分布在北京、天津、河北、上海、浙江、江苏、安徽等地。

未来的竞争将不再是企业与企业之间的竞争，而是供应链与供应链之间的竞争。物美作为知名民族零售连锁企业，敏锐地意识到，物美与供应商之间是战略合作关系，流失在供应链之间的成本越少，物美与供应商之间的供应链就会比竞争对手拥有更大的竞争优势。物美集团在近几年来，充分利用互联网技术，逐步建立起基于Internet的供应链管理系统，利用供应链管理平台来降低供应链总成本、降低供应链上的库存水平、增强信息共享水平、改善相互之间的交流，从而保持战略合作伙伴相互之间操作的一贯性、产生更大的竞争优势。

物美基于Internet的供应链系统的应用，首先是从供应链的源头、商品采购开始的。物美在2005年年初引进了网上竞标的业务工具。它是将传统的拍卖行业与先进的电子商务相结合，对一定量和一定品质并在特定交易条件下的商品进行网上公开招标的过程。具体操作步骤如下：

（1）采购收集不同供应商的信息和该供应商提供的商品的报价以及样品，然后由专门的品控人员对样品和供应商资质进行审核。

（2）经过资质审核的供应商利用网上竞拍交易系统，从而最终实现与物美之间的业务往来。

网上竞标的前提保障，是供应商资质的审核和产品质量的把关，网上竞标系统只是提供一种快捷简便的竞标平台。物美在2005年上半年通过网上备品、包装物等商品的竞标，物美采购成本节省了10%~25%；目前这种新的采购方式也正逐步被采购和广大供应商接受和习惯，下半年物美进一步加大了网上竞标的品项范围，并且制定了下半年的网上竞标预算。

此外，应用效果最为显著的，是物美和供应商供应链系统的末端，即对账结算的环节。物美集团目前有各级供应商3000多家，以前每月到结算时间，物美各个公司所在的总部结算中心都是人满为患，无数的供应商甚至不远千里来回奔波。为了从根本上解决这些问题，物美下定决心利用基于Internet的网上对账结算系统来重新整合流程：

（1）物美店铺或者总部下的订单，供应商可以立即从网上看到，打印订单后，可以直接送货到门。

（2）供应商送货到门店后，第二天就可以通过登录物美商务网，核对前一天送货的数量和价格信息，从而为后面的结算做好准备。

（3）供应商根据自己的送货情况，随时可以决定是否进行结算。

（4）物美财务部门每月在固定的付款日，对供应商提交的结算单进行整理后，通过网上银行统一付款，同时付款的明细信息会立即发布到网上对账的平台。

基于Internet的网上对账结算系统的应用，使物美超市简化了操作流程，提高对账和结算的准确度，大大节省了财务、人力以及耗费的时间；而对于供应商来讲，不用频繁出差到物美各个区域总部，简化了对账的流程，自己能够控制对账和结算的进度，提高了结算的进度。

此外，具有权限的供应商可以查阅自己在每家门店的每个单品的销售和库存数据，以及在平台上生成相关查询和数据分析报表，这项服务解决了部分供应商内部信息系统的不足，有效地带动了上下游供应链的信息化发展。

第六章

制订切实可行的销售计划

拟订事业计划书

对一些小店铺的经营者来说，想要使自己的事业快速成长、壮大，提高客户的忠诚度，说服优秀员工愿意与你一起承担风雨，而这时，一份诉诸文字的事业计划书便可以让员工了解店铺的文化和店铺经营的理念，让顾客明白店铺在发展过程中遇到问题拟出的解决方案，从而提高员工的归属感与消费者的忠诚度。

事业计划书是一份具有说服力的文件，能展现出企业具有足够的能力出售它的产品和服务，并获取令人满意的报酬及吸引支持者。目前，很多人只是简单地把事业计划书定义为一个策略声明，这样很容易造成拟订出来的事业计划书目标不明、枯燥无味，其原因就在于他们把事业计划书看成是一种"八股"的学校作业。

应当说，一份完美的事业计划书应该是一份以销售为目的的文件，目的是让所有阅读到这份事业计划书的支持者和经营者感受到兴奋与期待。这也并不是说要在事业计划书里写一些夸大其词、自我膨胀的言论。你需要在计划书中加入一些确实的研究证据和经验，来支持你的观点，增加说服力与可信度。

因此，在拟订事业计划书的过程中，你最好在心目中设定某个目标客户，这样的话，你的使命感可能就会比较强烈，所写出来的事业计划书也会比较有方向性、比较实际。读到这份事业计划书的人以及那些与公司有利益关系的个人或组织将认同你的观点与想法。

一旦决定了最适合店铺的计划书类型之后，接着就是要将它组织起来。计划书的组织方式没有所谓的对或错，不过一般来说，主要涵盖以下几个方面的内容：

1.封面设计

精致的封面可以为整个计划书增色不少。封面通常具有几项：在封面上，你不但要把公司的名称和地址打上去，同时还必须把主要联络人（通常是负责人）和联系电话也一并打出来；在封面上面还必须记载着印刷的份数编号，表示公司对这件事情的关注；在封面中也要警告读者，此一计划书的内容是属于私人性资料，不可加以复制或传送。

另外，如果公司的产品在外观上极具吸引力，例如计算机绘图或是某种新型的机器设备，你不妨把照片刊登在封面上。如果公司的产品是属于低成本的消费性产品，如食品等，那么你可以考虑将产品的样本连同计划书一并寄给有关的利害关系人。

2.目录要详细

目录要尽可能地做得详细，并须附上每一部分的页数号码，方便相关人员在阅读计划书的时候，不喜欢从头开始读起，有的人则可能先看市场行销的部分或是财务的部分。因此，你该不会希望因为没有放入页码而让读者感到失望吧！

3.店主的话

"店主的话"是整个事业计划书的缩影。它不是一则摘要、简介、序言，或是随便拼凑出来的重点，它的意义远远超过这些。因此，你可以将它变成一份单独的文件，就像是一份"事业计划书中的事业计划书"一样，而且其中包含了整个事业的本质和令人兴奋之处。

这部分内容可以说是事业计划书里所有内容中最关键的，多数的读者在翻阅事业计划书时，为了要对整个计划有一个概念，通常都会先从"店主的话"读起。而这个部分也可以说是整个计划的心脏，值得多花点心力。

4.店铺状况

这个部分内容重点讲述的是店铺的策略和内部的经营团队，在写作过程中，必须要从店铺的历史和现况来切入。要求语言简洁，尤其是店铺的发展过程不可长篇大论。

5.市场分析

市场分析要具有可信度，要求有理有据。比如：谁是潜在的买主？人数有多少？这个部分的重点是要辨识出有前景的客户，而且最好能估算出有多少人可以成为公司真正的客户。

6.产品或服务

与其他部分相比较而言，这个部分是整个事业计划书中比较容易写的。因为大部分的经营者对他们自己的产品或服务的品质及效用，都有很强烈的感受，所以也乐于将这些产品或服务的特点描述出来，而这个部分正是店主可以充分发挥的地方。

7.销售和促销方式

在这个部分里，必须说明销售的方式为何，是要由公司自己的销售人员来进行，还是透过制造商所派的代表或者是要利用邮购的方式，产品或服务如何进行促销，是用广告呢，还是通过公关。

8.财务管理

这部分是用来探讨一些棘手的财务相关问题，并须加入一些财务数字预测。一般来说，有3种财务报表是必备的：现金流量表、损益表和资产负债表。

9.附件内容

这个部分的重点是店铺，主要的方向有店铺策略和经营团队。在说明店铺策略时，必须在"你所打算要做的事"，以及"你要如何运用计划中其他的部分以得到支援"二者之间保持逻辑的一贯性。

描述经营团队是这部分的重点，它的用意在于说明店主是否拥有足够的能力来执行策略。优秀的团队，一流的人才是吸引人的关键之处。要想表现出你的店铺拥有一流的人才就必须描述他们过去所拥有的丰功伟业。

另外，在这个部分里，可以把一些比较没有特殊关联的资料汇集在一起，例如，总裁的资历、产品文献以及来自客户的赞美信函。

需要注意的是，完美的事业计划书是一项永远无法真正完成的工作。因为店铺不断在变化，所以计划书也要跟着一起改变，最好你能至少一年做一次事业计划书的审阅，如果次数能更频繁，当然更好，尤其是当市场在加速变化的时候，更需要这么做。

制订商品计划的步骤

在服装品牌营销管理中，商品运作管理为重中之重，如果把市场比作战场，营销人员就是冲锋陷阵的战士，而商品就是武器，试想一下，如果将军不知道自己武器资源有多少或者战士连自己的武器都不熟悉的话，恐怕我们就要战死沙场更不要谈战争的胜利。

商品运作非常注重计划性与数据分析，而且计划不断在分解，数据也要不断地分析与总结，在营销运营过程不断地细化。其实真正的营销管理就是围绕实现商品计划并控制其结果的一种行为。因为品牌文化、形象、店铺选址、服务等都将是通过商品来不断增值，不断地满足消费者的欲望。制订销售计划是销售管理工作中最为重要的环节之一，可以根据以下的步骤制订销售计划：

商品计划步骤一：营销计划

实现利润的战略目标管理途径来自于营销计划，也就是说我们要实现多少业绩与利润来支持店铺的生存与发展，我们用什么商品来满足市场需求，我们如何通过商品来满足顾客需求，在此基础上我们开始规划商品计划。

制订商品计划主要依据来源于数据，参考往年的销售业绩、下一年度的营销计划；营销计划在商品计划中起到关键作用；在品牌运作中也是3个支点；简单地说，我们需要卖出多少商品才能达成业绩指标。还要考虑每件商品的价值定位，商品类别组合与系列分配，上下装搭配等。

商品计划步骤二：营销政策

执行不同的营销政策，就一定会有不同的商品计划，渠道计划、供货政策、商品运营调配、甚至换货率都会影响到商品计划。

销售计划的组成

所谓销售计划，就是指用来指导店铺在一定时期内进行各种销售活动的书面文件。换句话说，对于店铺经营者来说，一份切实可行的销售计划指引店铺实现销售目标的路径，也可以有效促进销售人员每日工作内容的完成。一个有效、可控的销售计划，可以规范经营者维护老客户和吸引新客户的方法，以便更好地完成销售目标，提高销售利润。因此，也可以说制订一个切实可行的销售计划，是店铺经营成功的一半。

销售计划的真正内涵意在向老板说："只要按计划的方案实施，就可以达到我们的最终销售目标。"能看到了必然成果的销售计划，才能说服经营者真正支持你的计划。

对执行销售计划的人来说，它是用来指导销售活动的方向，告诉所有相关的人应当怎么做。但对于管理者来说，它是用来监督和控制销售目标实施过程中的重要手段。销售计划按其时间的长短可分为：长期计划、中期计划和短期计划。

在开始撰写计划之前，首先要进行状况分析。状况分析就是对与你的产品或服务有关的市场整体情况、行业情况、企业内部和竞争对手的因素进行评价与分析。以此来确定你的优势与劣势，这对撰写销售计划是至关重要的。

销售计划在整个销售活动中的重要性是不言而喻的，那么，应该如何制订一个有效的、切实可行的销售计划，则是店铺经营者的当务之急。事实上，成功的销售计划不必非常复杂或冗长，但应包含足够的信息来帮助你建立、指导和协调你的营销工作。一份切实有效的销售计划应包括以下几项内容：

1.市场分析

市场分析主要是对所经营的零售店的市场、产品、竞争状况、消费行为特点等过往销售史、现状以及未来发展的高度概括和总结。市场分析即是店铺所做决策的指导性纲要。内容要有说服力，文字要求简明扼要，且具有高度的概括性。

2.店铺的销售目标

店铺的销售目标是指店铺在一定时期内所要实现的理想状况，可以用定性和定量两种方式表现。店铺的销售目标可分为定性目标和定量目标两种。

（1）定性目标：通常是指店铺的市场形象、店员的服务质量、市场竞争地位等目标。

（2）定量目标：通常是指店铺所经营商品的市场占有率、营业收入的额度、利润、投资回报率等目标。

3.店铺的销售行动计划

店铺的销售行动计划就是店铺日常工作的指导书，其主要是为了实现店铺既定目标而制订的各种可实施性计划，为实现目标所制订的具体行动步骤和周密的布置。一个良好的行动计划应明确地规定出销售活动的内容、主要的负责人、活动的开始和结束日期，活动的费用预算、活动的日程安排以及绩效的评估方法等。

4.制订销售计划可达到的效果

（1）明确店铺营销计划及其发展方向，通过销售计划的制订，理清销售思路，从而为具体操作市场指明了方向，实现了销售计划从主观到理性的转变。

（2）实现了数字化、制度化、流程化等基础性营销管理。不仅量化了销售目标，而且还通过销售目标的合理分解，细化到每个人和每一天。

（3）整合店铺的营销组合策略，通过销售计划，确定新的营销执行的模式和手段，为市场的有效拓展提供了策略支持。

总之，不管是初次创业者，还是对某行业市场销售已经熟悉的经验者，若想进一步打开市场，将产品更多更快地销售出去，制订一份销售计划书是必不可少的。一份完整的计划书除了包括以上项基本内容，还要应该注意以下几个要点：

（1）销售计划的拟订要贯彻落实企业营销的整体战略，具有相对稳定性，同时，根据市场的变化要具有一定的灵活性。

（2）销售计划的拟订一定要从实际出发，事先做好市场调查和产品分析，并着眼于店铺的未来发展。

（3）销售计划的拟订要充分考虑到销售淡季或营业较差时期的目标。

（4）计划不仅要强调可执行性，更应强调结果的可控性。

制订经营计划的原则

所谓经营计划就是实现各种经营目标和方案的指导性文件。

多数店主认为"员工层只能是执行，没有必要参与计划的制订"。这就造成了"肉食者谋"的局面，店主与员工层的断层行事现象十分突出。员工对店铺有无战略和计划一概不知，计划的制订也就成了"一言堂"式的"命令"。

事实上，计划是店铺所有人的事，需要全体人员参与来制订。在制订经营计划的过程中，只有广泛征求员工的意见，经过自上而下和自下而上的几番讨论和修改，最后拟订出的详细执行方案和行动计划。这样的经营计划，有战略作指引，也有行动方案，有进度安排，也有资源保障，同时是店铺所有人员的集体智慧，在实际执行过程中具有更强的操作性和执行力度。

一份好的经营计划具有激励性。它能把店铺利益和员工工个人利益有机结合起来，形成一股强大的动力，能激励店铺全体员工为之奋斗。因此，在制订经营计划过程中，必须遵循以下原则：

1.重视协调性

经营计划既要注意内部各环节、各部门之间的相互协调，又要注意店铺与外部环境条件之间的充分协调。协调计划的根本目的是使店铺的目标得以实现。每种计划的指标都存在一个可以接受的范围，协调计划的最终结果应能使店铺获得最大限度的效益。

2.加强灵活性

任何事物都不是一成不变的，经营计划必须保持其灵活性。

首先，计划指标要留有余地，经过努力可以办到的事，要尽量安排，努力争取办到。计划指标还要以资源条件做保证，通过努力能够实现。尽力而为和量力而行相结合，使计划既具有先进性又具有科学性。

其次，要有应变措施。在制订经营计划的过程中，必须全面考虑到实施过程可能遇到的问题或者即将发生的状况，并设计好应变措施，便于处理突发事件。

另外，为了确保经营计划的顺利开展，还要有备选方案。

如美国的米德公司有3套（A、B、C）短期计划。A计划是"激进的"，B计划是"基本的"，C计划是"保守的"。

3.公开性

经营计划的公开性可以有效避免发生"计划空隙"现象。"计划空隙"是指在店铺内部由于缺乏充分的信息沟通而造成某些管理层次对总目标，计划的前提、策略、政策，上下级的计划等方面的不了解。这就要求经营计划信息应当尽可能具体和详尽；上级主管人员必须向下级阐明并解释计划的具体内容。如果经营者能给下级参与计划的机会，让计划工作人员和主要下级人员一起制订计划，效果就会更好。

4.指导性

经营计划是指引店铺经营的"火车头"，在计划的内容方面必须具有指导性，尤其是要在以下方面有所规定：

（1）经营分析：从当年的经营情况和对客户价值的实现程度两方面进行店铺的经营好坏分析，找出店铺的优势与不足。

（2）SWOT分析：通过经营分析对企业当年的经营管理状况进行综合性的分析，并结合外部环境对企业的影响、客户需求上的变化来明确企业在下一年要采取的经营策略。

（3）目标预设：根据经营分析与SWOT分析的分析结果，将"店铺一定时期的奋斗目标"放在下一年的时间区间上，使店铺的目标具体化。

（4）实施方案：根据目标预设，从店铺的资源与管理匹配的角度，进行实施方案设计。

（5）行动计划：根据实施方案，进一步明确店铺各部门的行动计划，使店铺的目标具有可执行性。

（6）人员配备：要完成所设计的行动计划，在人力资源上要如何保障。特地把人力资源提出来，是因为人是店铺最重要的因素，必须最先确保人员到位。

（7）组织设置：有以上人员，要通过什么样的组织，才能最大限度地发挥每一个人的效能。

（8）考评项目与指标：用什么标准来衡量组织目标的实现，目标实现了如何激励员工，目标实现不了，如何改进。

（9）预算：从财务角度来衡量计划的可行性。

通过明确以上9个方面的内容，制订出的经营计划才具有指导性。

由此可见，店铺经营者要想店铺在经营的过程中更具有前瞻性，就必须重视店铺的计划管理。通过领导与员工们上上下下的沟通，形成店铺详细的可具执行的发展计划，然后用公司中每一个员工都能理解的"本店铺语言"，贯彻到每位员工，这样，计划才能从纸面上落实到店铺经营过程中。

第七章

生意是与对手"抢"出来的

比隔壁的店铺做得好一点

店铺生意原本就是扎堆的生意，消费者进入特定商圈选购自己满意的商品，主要是比较选择的结果。由于顾客只能在十分有限的范围内进行直接的商品比较，因此，只要你的店铺比隔壁的店铺做得稍微好一点，就可以显著提高店铺的经营业绩。

"好"或者"不好"是比较之后的相对结果。在旅游胜地的店铺，即使商品一般，服务水平很难恭维，价格还很高，照样是顾客盈门，生意兴隆，根本的原因就是游客只能在有限的范围内选择商品，甚至没有选择的机会。

事实上，店铺竞争绝对是有限竞争的生意，消费者仅仅从有限的信息，以及自己直接看的范围内进行消费选择，其竞争力主要来自"隔壁"的店铺。这里的"隔壁"通常是一个有限的区域，距离经营者自己的店铺一定范围内的同行业其他的店铺。

在同行业店铺比较集中的情况下，如果你的店铺比隔壁的店铺差一点，尽管做得很出色，同样也不行，生意兴隆是不可能的事情。

餐厅T刚刚开业的时候，整条街道就这一家餐厅，所以附近小区的居民和商务人员都选择来这家餐厅就餐。慢慢地，这条街道上又多了几家餐厅，这几家餐厅也就成了餐厅T的竞争对手。自从多了那几家餐厅后，餐厅T的老板发现来自己餐厅就餐的客人越来越少了。

于是，餐厅T的老板怀疑是旁边餐厅厨师的厨艺比自己家的好。于是，他又聘请了一位有多年餐饮工作经验的特级厨师亲自来自己的餐厅坐镇，但是效果还是微乎其微，来的客人依旧不多。

一日，餐厅T的老板想亲自去自己的"对手"那里用餐，看看差距究竟在哪里。进了餐厅，还没有点菜，只看到菜单，餐厅T的老板就全明白了。原来，"对手"餐厅有许多家常菜都比自家的餐厅便宜1元钱。比如，鱼香肉丝在餐厅T的价格是10元，而在"对手"餐厅的价格是9元。

在上述案例中，只是1元钱的差距，"对手"餐厅就取胜了。由此可见，比对手做得好一点就能赢得顾客的心理。如果你的店铺附近有竞争对手，那你一定要在知此知彼的情况下，比隔壁的店铺做得更好一点。

对于中小型店铺经营者来说，你可以通过以下几个方面在服务水平和销售策略上超过你的竞争对手，让你的生意比隔壁的店铺更兴隆。

1.营业员优秀一点

现代店铺生意中，60%以上的营业额来源于消费者临时决策的购买行为，也就是说很多消费者是在销售现场临时决定购买特定商品的。良好的店面设计以及各种促销活动，只能起到吸引消费者进入店铺浏览的效果，在与顾客沟通的过程中，优秀的营业员是顾客决定消费的重要因素。

可以说，顾客是否购买很大程度上取决于营业员的销售技巧，优秀的营业员都是推销高手，能够使顾客心甘情愿掏腰包。优秀的营业员一方面是学习与训练的结果，另一方面也有天赋的因素，最关键的是特定行业商品现场销售的经验。

2.旺季要"热卖"一点

几乎所有的店铺生意都有特定的销售周期，具有明显的淡季旺季。一般情况下，旺季占总营业额的70%以上很正常。因此，要想在销售旺季最大化利润率，经营店铺必须做到旺季要"热卖"一点。

旺季是店铺生意最关键的时期，一定要重点注意以下几个方面：

（1）商品提前准备好，货源充足。

（2）及时发掘当季的"当家"商品，重点管理，尤其是货源一定要充足。

（3）有效的促销措施一定要到位，在店铺内制造"热卖"气氛。

3.商品适销对路一点

店铺经营的关键还在于店铺的商品。尽管市场上各种商品琳琅满目，在消费者日益个性化的今天，很多消费者还是很难购买到自己真正满意的商品，他们为了选购到满意的商品，往往会花费大量的时间和精力。

这就要求经营者牢记一点，店铺生意最本质的功能就是为消费者提供合适的商品，其他都是为这一个目标服务的辅助手段。因此，筹集适销对路的商品是提高店铺经营业绩的核心，这一点怎么强调都不过分。

4.店铺宣传多一点

一个好的店铺，如果没有人知道，没有顾客来店里消费，即使具有再好的商品或服务，恐怕也很难赚到钱。所以店铺一定要加强广告宣传，你可以利用发宣传单，网络宣传等其他低成本的方式进行宣传。

5.淡季销售策略巧一点

店铺出现淡季是市场本身的特征，不是店铺所能改变的。这时一般的促销措施根本无力改变这种情形，就需要销售策略要巧妙一点，出奇制胜，使淡季不淡。例如，反季节销售，冬天卖夏天的商品，夏天卖冬天的商品，关键就是价格必须有足够的吸引力。

你也可以根据季节的变化，临时经营其他生意，如冬天卖皮草的店铺，到了夏天可以改卖太阳眼镜。总之，店铺只要开门一天，固定的费用肯定是要支付的，如何利用淡季，是经营店铺必须慎重考虑的问题。

6.团购多一点

店铺生意虽然很多都是散客，但集团消费却不能忽视。往往一单集团消费的生意，就是店铺正常经营一个月的营业额。如果你的店铺多举行一些团购活动，一定明显好于隔壁店铺的生意。掌握集团消费的重点有两个，首先就是主动出击，对可能的集团消费者紧追不放。其次，不能把团购当作散客对待，应当给予大买主应有的待遇，包括价格的优惠、特殊的服务、满足特殊的要求，甚至给予一定的商业信用。

店铺要有"当家"商品

开店做生意有"20/80"的规律，而这20%的商品即是店铺的"当家"商品，一个店铺不仅有自己的"当家"商品，还要巧妙运用"当家"商品来提高经营业绩。

开店创业就要发挥出特色和优势，现代市场是个性化的市场。没有特色的店铺自然无法立足。

特定阶段店铺如果没有"当家"商品，很快就会陷入麻烦的境地，店铺一切都很好，就是不卖货，几乎找不出经营下降的直接原因，各种促销措施也没有太大的作用。如果出现这种情况，多半是店铺没有"当家"商品。

什么样的商品才是真正"当家"的呢？经营者如果仔细分析一下店铺商品的销售走势，就会发现某一个特定时期内，有几种商品特别畅销，几乎每天都是店铺销售排行榜上的前几名。如果缺货，一些顾客还提前预订。这些畅销的商品就是店铺的"当家"商品。经营店铺只要把握这些"当家"商品，就可以维持店铺基本的营业额与利润，店铺生意就可以平稳进行。

在实际的经营活动中，经营者如果发现在一段时间内，没有几种商品一直雄居销售排行榜的前几名，就必须注意，应当寻找新的当家商品。

由于"当家"商品具有鲜明的季节性特点，加上消费需求和供货因素的不确定性，店铺的"当家"商品并不是一成不变的，而是不断变化的。所以，经营者在辨识了"当家"商品之后，还要随时观察市场变化，并根据顾客需求进行不断调整。通常情况下，"当家"商品常做如下调整：

1.按季节变化调整

随着季节的变化，"当家"商品在一年的四季至少要做4次重大调整，每次调整的商品约占前一个目录总数的50%左右，即使在某一个季节内，不同的月份由于气候、节庆假日等影响，畅销商品也会存在一定差异，每个月畅销商品的调整幅度一般会超过10%。一般来说，按季节变化调整"当家"商品的规律性最强，调整的准确性最高。

2.按商品生命周期调整

当某种商品的生命周期由导入期进入成长期、成熟期时，顾客也经历了一个由初步接触到认可的过程，它可能会被列入"当家"商品之中。比如，当某种新商品被成功开发引入店铺销售时，或当某种商品即将组织一次大规模促销活动时，它们理应进入新的畅销商品目录。而当它由成熟期转入衰退期时，它必然会在畅销商品目录中被删除。

3.按顾客需求变化调整

当某种商品被预计将有可能引起顾客的消费需求时，也要做相应的调整。例如，某一位有影响力的明星代言了某种产品，并为其做大规模宣传广告，该产品就可能会对消费者偏好和消费时尚产生巨大的影响和推动，这种产品很可能会进入新的"当家"商品目录之中。但消费需求变化的规律性最不易掌握，调整的难度最大，需要经营者具有敏锐的市场眼光。经营者要重点抓住"当家"商品，除了根据季节变化、顾客需求等因素及时作好调整之外，还要做好"当家"商品的管理工作。

"当家"商品在店铺经营中占有绝对的地位，是店铺管理的重点，为了使其能真正畅销起来，店铺经营者应做好如下工作：

1.优先上架

"当家"商品应该摆放在店铺最好的区域、最吸引顾客的货架，并保证畅销商品在卖场货架上有足够大的陈列量。"当家"商品一般应配置在卖场中的展示区、端架、主通道两侧货架的磁石点上，并根据其销售额目标确定排列数。

2.优先采购

经营者在制订采购计划时，应将"当家"商品采购数量指标的制订和落实作为首要任务，要保证"当家"商品供货的稳定足量，保证"当家"商品在所有门店各个时间都不断档缺货，这是保证"当家"商品真正畅销的前提条件。

3.优先配运

在"当家"商品由配送中心到门店的运输过程中，店铺经营者应要求配送中心优先充足地安排运力，根据门店订货、送货的要求，保证畅销商品准时、准量、高频率配送。

4.优先存储

在配送中心，要将最佳库存量留给畅销的"当家"商品，尽可能使畅销商品在储存环节中物流线路最短，要尽量做好存储工作。

5.优先结算

在要求"当家"商品供应商足量、准时供货的同时，店铺也要向商品供应商承担足额按时付款的义务。只有足额按时付款，才能与提供畅销商品的品牌供应商建立良好的合作伙伴关系，才能保证充足的畅销货源，才能与供应商分享市场占有率，才能有效地扩大供应商品牌产品销量和增强对供应商的控制力。

说到底，经营店铺一个最大的特点就是关注顾客的实际需要，店铺生意兴隆与否取决于顾客的购买力，故店铺要不断关注顾客的实际需要。况且顾客的观念，未必处处跟生意人相同。经营者只有设法了解顾客的需要，然后才能满足他们。

因此，经营者要站在顾客角度思考，同时倾听顾客的声音，集思广益，这样才能真正找到顾客所需要的商品，从而把握住并重点经营店铺的"当家"商品。

差异化避免价格战

很多热衷于价格战的店铺认为要想追求利润最大化，必须占领市场的支配地位，但他们忽略了价格战带来的严重负面影响。一个店铺发起的价格战将会迫使竞争者跟随降价，甚至带来全行业价格下降的趋势，不幸的是这是一个不可逆的过程。

商家之间大打价格战必然导致产品质量不断地降低，最终损害的仍然是消费者的利益。价格战是一个负和游戏，通过价格手段获取市场份额损害的是长期收益，所以，陷于价格战的店铺在泥泞中无能为力，任凭越来越挑剔的消费者摆布。从长远来看，没有一方会赢。

现今的社会是一个复制品横行的时代，一旦有某个新产品上市，很快就会被模仿。因此，企业想成长就必须以产出"特别"的东西来吸引消费者，而这个特别的东西，就是产品之间的差异。

由于差异化所带来的结果是为市场提供具有独特利益的产品，所以它不仅能避免商家之间正面碰撞和竞争带来的负面影响，还可以给消费者带来质量更好、价格更便宜的产品，让消费者的需求得到更贴切的满足。

在如何避免价格战上，很多国外企业为我们提供了很宝贵的经验，其中星巴克咖啡就是以独特的风格吸引了目标消费群。

1971年创建于西雅图，刚起步时只出售完整的咖啡豆和咖啡渣而不卖咖啡饮料的星巴克，1987年开始从西雅图一家小型地方咖啡店发展为豪华、高雅咖啡店的典范。1996年11月，星巴克已有了1034家连锁店。专家估计它未来5年的年增长率将达到36.8%。是什么使得星巴克单独引领了20世纪90年代休闲消费的最大革命？是风格。

星巴克的与众不同之处在于，它创造了遍及全美的统一外观。它有计划地把自然与人工的物品融合在一起——柜台和标志图样区域的浅木纹色调，褐色的包装袋，绿色的肖像，肖像中披着长发的女人，都营造了一种自然与环保意识的氛围。

但是，星巴克并不因此而抛弃设计中的现代感——木头表面光滑，磨光的深色大理石柜台面工艺精巧，玻璃柜、薄型白炽灯和纯白的杯子，无不时时提示着你是身处现代社会之中。商标上的人像也传达了原始与现代的双重含义：她的脸很朴实，却用了现代抽象的形式包装，中间是黑白的，只在外面用一圈彩色包围。

星巴克通过仿效现代设计精良的办公室和图书馆等，改革了咖啡馆的全貌。但它的美学并不止于此，它还融入了自己的风格。它对每一类型的咖啡都有其不同的包装设计，每一类型都有它的标记、人像、主题色和图形，这些不同的标记在基本统一的风格下又显示出其多样性和变化性，看上去像广告招贴艺术，以抽象主义为基础，涉及一些装饰艺术。

在1996年，星巴克推出了它"25周年"的主题。纸杯上体现了20世纪70年代色彩艳丽的风格，上面装饰着"70年代"霓虹灯色彩的字样；挂在咖啡馆上的标记也采用同样醒目的色彩和风格，恢复了20世纪70年代的口号："给咖啡豆一个机会。"

星巴克之所以吸引人，是因为它有计划地推出系统的、有组织的、整齐的形象，同时又加入了变化，创造了视觉冲击。它的风格抽象、时髦，但也很容易辨认。这就是星巴克能掀起咖啡狂潮的根本原因。

对于一些中小型店铺来说，如何避免价格战使自己陷入不利的局面呢？

1.不要轻易降价

当店铺的某个产品失掉市场份额而滞销时，价格不是首先需要考虑的。首先考虑是不是产品本身出现了问题，无法满足顾客的需求，并且要通过市场推广和分销策略等方面投入足够的力量来引导消费者。换句话说，不要随时准备降价，从市场营销角度来提高消费者的购买力。

2.创新产生差异化

商家可以通过不断地创新手法来产生差异化的经营策略。创新可以体现在许多方面，包括技术创新、新产品导入、付款条件、便利性、服务水平等。从价格竞争到差异化竞争，商家可以通过提供不同程度的服务与产品，使其转变成为用不同的歧视性价格把差异化的产品销售给不同需求的消费者。这样一来，竞争被淡化，更多的不同品质的产品或服务被提供给消费者，商家的利润也会得到相应提高。

3.与竞争对手合作

不要企图将你的竞争对手置于死地来取得更多的市场份额，应该学习怎样和他们共同生存。就算你在某场竞争中打败了对手，但你也可能会牺牲在另一个竞争者的手下。在价格战中被置于死地的竞争者被迫低价出售资产给胜利的竞争者，从而使得这些新的竞争者变得愈加具有竞争性和侵略性，从而造成无休止的价格战。

任何有理性的竞争者都会意识到发起价格战不会得到额外的市场占有率。因此，不要纠缠于价格战，和竞争者共同生存并学习怎样和他们有效地进行合作才是明智的。实际上，当店铺转入差异化竞争时，有竞争者是个很好的事情。因为竞争者会服务于不同的细分市场，从而使店铺产品对目标市场更具吸引力。

同行是冤家也是亲家

人们常说："同行是冤家。"这句几乎被我们奉为真理的老话已经流传了千百年，但它所表述的观点却并不全面。在如今这个特定的背景下，同行之间如果能通过适当的方式进行愉快的合作，也可以由冤家变成亲家。

尽管我们无法否认这样一个商业事实：当商家们经营相似的商品，有着相近的客户群、进货渠道等；在市场规模相对稳定的情况下，竞争对手多就意味着你少，反之亦然。在严酷的市场竞争环境下，同行间你死我活的争斗屡见不鲜，但商家们却忽略一种新的竞争模式——双赢。随着市场经济的发展，商业运作模式的逐渐成熟，"双赢"这个词越来越多地出现在我们的视野。

在实际的经营活动中，商家如何才能做到与同行竞争对手友好合作，不做冤家做亲家呢？

1.克服对立的心理障碍

我们习惯上把竞争对手当作自己的死敌，心里总有一个难以逾越的心理障碍，那就是我们不能与死敌合作。对商家来说，与对手有效地合作远远好过在商场中相互厮杀，合作达到共赢，厮杀只能带来利益的损失。一些国际企业与对手之间更愿意做"亲家"而不是"冤家"。

例如，惠普和佳能是打印机行业里的竞争对手，但它们通过合作提升了彼此的运营效率，惠普借鉴了佳能的打印机机心装置；通用和丰田在它们位于美国加州的新联合汽车公司的有效的合作，为每个公司都带来了巨大的利益。

2.讲究合作策略

商家在与对手合作时应该明白这样一个道理：合作不是为了扶贫，而是为了追求商业利益的最大化，实现商业利益最好的方法是制订周详的合作计划，并共同维护合作同盟。合作双方都应该认识到，仅仅是技术上的合作是不够的，考虑合作必须结合整个营销计划，否则任何一方面的失误都将给整个合作项目带来损害。

3.谨慎选择合作伙伴

选择理想的合作伙伴需要仔细斟酌。如果对手与你的店铺在店铺规模、文化、背景都相似的情况下进行合作，就能降低管理和运营方面的冲突，但也会减少合作的多样性，使得突破思考的樊篱变得更加困难。

通过与许多竞争对手组成店铺联合体，比与少数的竞争对手合作更能带来规模经济优势。因此，在选择合作伙伴时，要谨慎评价每个项目的目标和潜在的合作伙伴的特点。

4.分析合作途径

店铺选择哪种合作方法和哪一个合作伙伴主要是要考察投入合作可提供的资源。但是，涉及店铺间的融合与合作，复杂性与风险性可想而知，因此，对自身的分析和对合作方的客观分析是成功合作的前提。

第八章

提高顾客的忠诚度

让新顾客成为老顾客

一个优秀的营业员总是善于维护顾客关系，通过优质的服务赢得顾客的信任，进而形成良好的口碑提高顾客的忠诚度。有经验的营业员还善于用老顾客去拓展自己的业务，找到新的合作伙伴，这样会让我们的推销工作一帆风顺。

营业员通过运用自身的魅力来赢得新顾客，取得他们的信任，使之成为老顾客，再通过老顾客来不断地拓展新顾客。这样一来，就形成了一个良性循环，因为每一个老顾客背后都有可能存在着大量的新顾客。每个老顾客都有一个圈子并能对这个圈子产生影响，如果你应用得当，老顾客就可以变成你开拓顾客的资源。

马志最初只是一名保险经纪人，保险经纪人的收入特点决定了只有多发展顾客、提高业绩才能获得高收入。但要想顺利发展顾客并不是一件容易的事情，马志经过思考把自己的消费者定位在那些收入稳定、文化层次较高的人群。他认为这样的潜在顾客群不仅有购买保险的能力，更有保险的意识。接下来，他通过交友网站和论坛结识这样的人群，并和他们经常联络，加深感情，成为朋友，于是，这些人就成了马志最早的一批顾客。在介绍保险方案的时候，他都是根据顾客的特点，为他们推荐最适合的保险产品。这使马志赢得了越来越多的顾客，业绩不断提高，获得的业务提成也不断上升。马志很快就超越了一起入行的同事，晋升到业务经理的位置。

后来，马志的业务多数来自老顾客的推荐，因为马志的贴心服务，站在顾客角度考虑问题，得到了一批批新顾客的信任，就这样，马志把一个个新顾客变成了老顾客。于是，他又把眼光由发展个人顾客转向了团体保险，争取团体保险顾客，可以获得更高的回报，但是也具有更大的难度。马志仍然是从身边的老顾客着手，他们不仅拥有较高的收入和文化水平，也拥有一定的社会地位，最难能可贵的就是他们信任马志。马志开始了"布网式"的拓展工作，老顾客们为他提供的一些机会让他受益匪浅，他所提供的细致、认真、周到的服务也为他成功实现了顾客的维护和扩大。

马志的成功主要在于他不但懂得如何由老顾客发展新顾客，而且还在于他可以让一个个新客户成为老客户。事实证明，赢得新顾客的信任，很可能提高其忠诚度，这些新顾客不断地成为老顾客，而老顾客又在试图为你推荐新顾客。

事实证明：由老顾客推荐的交易成功率大约是60%，远远大于销售人员自己上门推销的成功率。可见，被推荐的顾客对于销售人员来说多么有价值！如果销售人员能学会成功地获得推荐生意，那么就能成功地编织出一张"顾客网"，会给你的推销工作带来很大的便利。

老客户对一个推销员来说是十分重要的，因此要维护好与老客户之间的关系是很必要的。作为一名优秀的推销员，要想让自己的老顾客帮助你去推销，赢得老顾客的心是很重要的。那么我们如何才能赢得老顾客的忠心呢？在实践中，我们通常可以运用以下方法使新顾客成为老顾客。

1.保持联络

保持与顾客的经常联系是维护老顾客的重要手段。因此，商家必须派相关人员设法定期拜访顾客，并清楚地认识到，得到重复购买的最好办法是与顾客保持接触。如在第一次交易后，商家可以在第二天寄出一封短函表示感谢，向顾客确认答应的发货日期，并感谢他的支持。也可在节假日或者在顾客的生日时寄上一张贺卡，这也是一种有效的接触方法。

2.特别为顾客举办促销活动

所有的顾客都会期待商家在应该举行特价活动的时候举行特卖活动。如果商家特意为想要提升为老顾客的顾客们举行一些特卖活动，将会取得意想不到的效果。商家意在告诉他们："这是专门为了像您一样特殊的顾客而举办的特卖活动，本次的活动并不是对外公开的活动，而是只对特殊的顾客开放的活动。"

大家都喜欢享受"特殊"的待遇，以表达自己的"与众不同"，当商家给予这些顾客特别的照顾时，店家将得到顾客最热烈的回应。需要注意的是商家要事先安排好相关活动，必须给他们一些意外的惊喜才行。

3.不定期赠送免费礼品

当老顾客们从信箱中收到一些他们想要的商品赠品券，而且还是免费的，这些老顾客所要做的就是在特定的日子以前，到商家柜台前领取这些商品。别小看这些小的赠品，它往往会给商家带来大的收益。

当这些老顾客来领取这些免费的礼品时，几乎都会购买一些其他商品，商家也会因此而提高营业额。另外，商家可以在免费派送的礼品上印制一些广告用语，这样还可以让这些老顾客成为商家的免费广告宣传代言人。

4.随时随地为顾客服务

一位保险业务员在电话簿上刊登他家的电话号码，因为如果顾客有急事必须找他时（通常都发生在下班以后的时间里），就可以打电话到他家找他了。又如，一位在服装店工作的员工曾经在公司下班后还赶回店里，因为有一位顾客忘了来取一件他送来修改的长裤，而他当天晚上有一个重要的会议要穿它。这种情况并不常发生，但是以这次事件而言，这家服装店很自然地便使这位顾客成为他们的老顾客了。

5.顾客变"常客"

很多店铺生意都是依靠"常客"维持的。增加店铺的常客是提升经营业绩的有效方法。顾客变常客的方法很多，本质上都是使顾客获得额外的利益。首先要重视店铺营业员的作用，如果营业员的记忆力足够好，能够认出店铺的顾客，并给予常客的待遇，例如称呼姓名、聊聊家常、提供更加贴切的购物建议等，顾客的满意程度将会提高，甚至介绍自己的亲朋好友来店铺消费。

另外VIP卡也是一种有效的措施，就是给予特定顾客的优惠卡，顾客可以凭借VIP卡获得优惠，例如打折。实务中VIP卡应当制作精美，不能过滥。当然积分奖励也可达到同样的效果，根据顾客采购的金额累计积分，达到一定程度就可以获得各种优惠待遇，可以是赠送购物券、奖品，或者是参与抽奖。

提升待客与服务品质

在实际的经营活动中，很多店铺总是针对日常工作中的种种事项制定出一套服务规范，让营业员生搬硬套这些程式化的步骤接待顾客。这种程序化的方式看似很有条理，实质上却让顾客感觉不到诚意。

某家小吃店规定营业时间是上午10点到晚上10点，服务员总是在9点40分就开始打扫卫生，为下班做准备。完全不顾是不是有顾客还在用餐，甚至有的服务员在临打烊前会对顾客说："我们要下班了，你们得快点吃。"这句话的言下之意是顾客如果不抓紧时间用餐，就耽误了他们下班。试想，这样的待客之道，顾客怎么会喜欢呢？

相反，一家火锅店的做法与那个小吃店的做法完全不同，在店铺门口营业时间的牌子上，写着这样几个醒目的大字：早上九点至最后一桌客人离店。这句话读来就让人感觉到有一丝温情。人性化的待客之道不是硬邦邦的数字，到点儿就给我走人。而是温情地告诉你，在这里你可以和你的朋友尽兴，无论是做客还是待客。另外，当客人等待上菜的时候，服务员从不让顾客干坐着，而是送上一杯茶水、一盘西瓜，东西虽然不多，但体现了店铺的好客与热情。

在中国的传统文化里，最讲究的是好客与待客之道，其中最重要的是一种温情和亲情。如果依照标准作业程序来接待顾客，难免会抹杀了员工的意愿和个性，员工也会有一种被强迫的无奈，势必会给顾客一种冷漠的表情。

因此，服务员在面对不同的顾客时，在规范服务的前提下要灵活运用服务技巧，努力使顾客达到满意的效果，做到准确、及时、迅速而无误地为顾客服务，这就要求服务员要具有娴熟的专业技能和服务技巧。

瑞典的卡隆门公司原本是经营家用电器用品的一家小公司，经过多年的苦心经营，生意仍然惨淡无光，不见起色。这个公司的管理层经过反复思考，最后决定采取与众不同的营销策略。于是，卡隆门在公司门口张贴公告：本公司出售的家用电器质量上乘，保证永久维修。在20世纪50年代至60年代，冰箱和彩电等家用电器在瑞典等西方国家是名贵商品，购置了这些价格不菲的商品，人们总担心会有损坏或故障。而卡隆门公司保证永久免费维修，给顾客消除了顾虑，所以纷纷前来购买。短短几年的时间，卡隆门公司就发展壮大起来，并成为著名的大企业。

卡隆门公司对出售的商品，无论是耐用电器，还是易耗电器，顾客都可拿来免费维修。卡隆门公司是信守承诺的，本着对顾客负责的态度，竭力为顾客提供最优质的服务，以取得顾客的满意，真正做到永久免费维修。

1984年11月，一个家庭主妇拿来一个电熨斗，这件商品是该公司1957年出售的，至今已有27年。这位妇女本来不是执意要卡隆门公司维修的，只是抱着试试看的心理。但没想到，对于这个出了毛病的旧熨斗，卡隆门公司的员工却十分热情地给予了修复。

熨斗修好后，卡隆门公司的员工有礼貌地对那位妇女说："太太，你的熨斗修好了，不用付钱。顺便告诉您，这种熨斗已10多年不生产和出售了，现在流行自动的蒸汽熨斗，希望太太下次关照。"

过了几个月，这位太太又来了，对卡隆门公司说："上次你们修好的熨斗至今尚可以用，你们的信誉真好，但因它太老式了，我还是来你们公司再买一个新式的熨斗。"正是通过这样的服务承诺，顾客对卡隆门公司产生了好感，卡隆门公司有了更多忠诚的消费者。他们认为卡隆门公司的商品"出门认货"，购后使用放心。

事实上，卡隆门公司非常注重经营商品的质量，对各种产品的进货，除了选择有信誉的厂家外，公司还设有严格的质检程序，正因为如此，尽管可以免费维修，却很少有人来维修。

卡隆门公司为顾客提供的"永久免费维修"服务，不但给顾客解除了后顾之忧，更主要的是显示其出售的产品是质量一流的。因为人们会联想，假如它的产品不过硬，怎么敢声明永久免费维修呢？否则，它会因为不断给顾客修理商品而拖垮，正是因为这个道理，众多的顾客就放心地购买卡隆门公司的东西了。

现代营销之父科特勒说："若想使产品表现远胜于竞争者的品质，企业应提出一项竞争者无法跟进的、超乎寻常的保证，来吸引众人的注意。"商家向客户提供超常的服务保证，能够建立起客户的忠诚度，进而展示出了产品的独有风采。

人性化的待客之道与优质的服务水平能够赢得顾客的信任，并吸引其连续消费，进而提高顾客的忠诚度。那么在日常的经营活动中，商家应该如何提升待客之道与服务品质呢？

1.建立完善的培训制度

由于营业人员参差不齐，工作能力和个人素质也各不相同。在这种情况下，要将企业倡导的优质服务通过他们来真实地展现给客户，就要通过系统的、正规化的培训来提高他们的服务意识和服务技能。通过培训让新员工增加对企业文化的认识，不断提升岗位技能，熟练掌握基础操作规程等。

企业还要针对所做培训的内容对员工进行基本素质和业务技能的考核，还可以开展公司内部的明星员工评比，以季度和年度明星员工表彰的形式，鼓励每位员工在本职岗位上尽心尽力为客户服务。如此一来，公司上下便形成了争做贡献、创优质服务的良好氛围。

2.为顾客提供超前服务

超前服务要求服务人员必须对客人的生活习惯、工作环境以及消费能力与癖好有足够的了解与把握，将服务做在客人开口之前，使同样的服务内容收到不同的服务效果。

商家只有在认真收集整理、详细做好客户记录的前提下，才能在客户服务的各个环节、各个程序上做到超前服务。比如，某个客人在饭店第二次消费时，总服务台与餐厅服务员如能说出客人的姓名与称呼，熟悉客人的基本嗜好。

3.把顾客当亲人，提供亲情服务

亲情式的服务主要在于满足客人的潜在需求，它要求服务人员在对顾客服务的过程中要具有"用心、贴心、关心、爱心"的服务意识与技能。要想客人之所想，急客人之所急。只有如此，才能既充分体现饭店的服务风格，又能有效地缩短客人与商家的心理距离。

服务人员只有把自己的情感投入到工作中，设身处地地为客户考虑，真诚待客，才能使自己的服务更具人情味，让客人倍感亲切，从而体会商家的服务水准。

信誉是一块金字招牌

古人曰，"言必信""人无信而不立""信誉是金，信者令人推心置腹"。对于开店做生意的人来说，信誉是经商之本。只有讲诚信才能为自己赢得赞誉和认同，以诚待人，以诚经营，终究会得到长久的利益。那些靠欺诈、欺骗等手段赚取不义之财的商人，虽然会得到眼前的小利益，但会因失信于人而造成更大的损失。

"誉"指名誉、声誉，即一方在社会活动尤其在经济活动中因忠实遵守约定而得到另一方的信任和赞誉，是长期诚实、公平、履行诺言的结果。讲求信誉是商业道德的基本规范之一。信誉带有双重含义：一是要以诚信经营，卖的是信得过的商品；二是要以诚信待人，优质服务。

信誉是经商成功之道的通行证，尽管人们看不见摸不着它，但它却像影子一样时时刻刻在顾客和商家交易之间存在着并发挥着作用。可以说，良好的信誉对商家来说，是一种无形的资产，是一块金字招牌。

李嘉诚这个名字在华人心目中简直就是一个神话，他的成功之路犹如一段传奇，令世人叹服。他名噪一时，不仅因为他亚洲首富的身份，还在于在经商之路上书写"信誉"两个大字。

李嘉诚善于做人，精于经商。谈到做生意的秘诀，李嘉诚最看重的就是一个"信"字。他曾反复强调，"要令别人对你信任。不只是一个商人，一个国家亦是无信不立。"李嘉诚认为，商人最重要的素质就是"信"。他曾经说："一个企业的开始意味着一个良好信誉的开始，有了信誉，自然就会有财路，这是必须具备的商业道德。就像做人一样，忠诚、有义气，对于自己说出的每一句话、做出的每一个承诺，一定要牢牢记在心里，并且一定要能够做到。"

李嘉诚不仅把这个"信"字体现在生意场上，还把它贯穿于在生活的方方面面，我们这里以一件小事为例，来说明他的不失信于人。

在20世纪50年代，李嘉诚初做塑料行业工作时，香港皇后大道中有间公爵行，他常去那里接洽生意。在那里，他总是会看到一个四五十岁很斯文的外省妇女，虽是个乞丐，但她从不伸手要钱。李嘉诚每次都会主动拿钱给她。

有一次，天很冷，行色匆匆的人们都着急回家，快步从这个妇女身边走过，没有人理睬她。这时，李嘉诚便涌起帮助这位妇女的想法，他走过去和她交谈，询问她会不会卖报纸？这个妇女说说，她有同乡也干这行。于是，李嘉诚便和她约定，让她带同乡一起来见个面，然后帮她做份小生意。

时间约在后天的同一地点，而不巧的是，当天，一位客户偏偏来到李嘉诚的工厂参观，客户至上，他也没有办法，只得接待。但在与这位客户交谈时，他突然说了声"对不起"，便匆匆跑开。客人以为他上洗手间。

事实上，李嘉诚跑出工厂，赶到约定的地点，好在没有失约，见到那妇人和卖报纸的同乡，问了一些问题后，就把钱交给那个妇女。事毕，他又回到工厂，客户正在着急等待着，便问道："为什么在洗手间找不到你？"而李嘉诚只是笑一笑，没有说话。

李嘉诚在繁忙的工作中为了不失信于那位妇女，竟然不惜怠慢客户。可见，他把信誉放在最重要的位置。做人如此，同样对于一个店铺来说，信誉的作用比商品的硬实力更加重要，它是一种不可超越的软实力。

良好的信誉是持久的竞争优势。店铺若想在市场中持久经营，拥有忠实的客户群，就必须以信誉作为市场通行证，而不能追求短期利益，通过欺骗手段坑害消费者使其利益受损，虽能获得一些短期利益，但其效果与杀鸡取卵无异。不讲诚信，等于自动放弃软实力，店铺也必将在以后的经济活动中遭到市场的报复，消费者可用手中的货币作为选票，将不讲诚信的店铺选出市场。

20年前的海尔集团只是一家600人的小工厂，资不抵债、濒临倒闭。总裁张瑞敏用一把大锤，硬是在600名职工面前，将76台不合格的冰箱砸成了废铁，正是这一举动催生出了海尔人的质量意识。海尔集团经过不懈努力，在以后的市场竞争中逐渐形成了"真诚到永远"的企业核心价值，并最终赢得了消费者的青睐。

如今，海尔集团被美国科尔尼管理顾问公司《财富》杂志等评为"全球最佳营运公司"，入选世界最具影响力的100个品牌，其冰箱、洗衣机分别是全球市场占有率的第二位和第三位。在2005年中国最有价值品牌的年度研究报告中，海尔以702亿元的品牌价值连续4年问鼎桂冠。海尔的成功范例，就是诚信建设塑造企业核心竞争力的一个鲜活样本。

在现代商业活动中，由于信息公开和传播速度加快，店铺的信誉状况很快就会得到市场的反馈。如果店铺信誉良好，就可以得到更多的信任，收获消费者的口碑，在市场竞争中赢得主动权。

信誉是一切中外企业走向成功的通行证。英国谚语说："信用乃成功之伴侣。"日本的谚语说："信用是无形的资产。"中国人也常说："信用是最大的资本。"古人千金买马骨，以此取信于天下。如今，我们为店铺树立良好的形象，同样需要严格做到"言必信，行必果"。

经营者都必须明确这样一个观念，那就是信誉将是你成功路上最重要的财富，因为与资金、人脉等资源比起来，良好的信誉更加难以获得，同时，也更难以维持。要让顾客有信任感和安全感，我们就要增强信誉意识。"诚招天下客，誉从信中来"，这虽是一句古语，但时至今日，仍不过时，不少商家还将它作为搞好经营的信条。因为在激烈的市场竞争中，讲信誉、守信用是赢得胜利的保证。

从某种意义上来说，现代市场经济就是信誉经济。诚信是市场经济领域中一项基础性的行为规范，也是市场良性发展的内在动力。而锻造诚信这一软实力，也是商家适应市场竞争的必要前提。商家只有切实把"信誉高于一切"作为营销宗旨，并按照这一宗旨行事，一定能得到新老客户的信赖和支持，使店铺不断发展。

第二篇

掌握店面经营状况

——小店铺就是把自己推销给顾客

小店铺应该采取商品导向

经营者是出谋划策的高手

把自己推销给顾客

第一章

小店铺应该采取商品导向

与大企业正面冲突没有胜算

与大型商场相比，小店铺的实力较弱，很难与其一争高低，为了在夹缝中求得生存和发展，而不与同行业的大商场竞争。这种战略往往使得小店铺成功地扮演了市场补缺者的角色而赢得竞争优势。大企业拥有雄厚的资金，他们的经营方式是"市场导向"型，就是根据市场的需求，先去调查顾客需要的是什么样的商品或服务，再提供这些商品或服务的思考方式。而对于资金有限的小店铺来说，"商品导向"是最明智的，就是不针对市场的需求，首先以制造者的想法或方便来提供商品或服务，面对的不是所有的顾客，只向需要这项商品或服务的顾客做贩售。

有一家点心店最拿手的是西式甜品，现在将要在某个住宅区开店，然而向附近邻居打听的结果是这个地区的人不怎么爱吃西式甜品，而比较喜欢吃中式点心。现在这个点心店面临两个选择：第一是遵循市场导向，既然这个地区中式点心比较好卖，那就放弃西式甜点，改做中式点心好了；第二个选择是商品导向，看来这个地区的居民没有吃过真正好吃的西式甜品，那么就发挥自己最擅长的，打开西式甜品的市场。

如果你是这家点心店的老板，你会怎么选择。其实答案很清楚，应该选择第二种商品导向，让该地区的居民知道你做的西式甜品有多好吃。市场导向是大企业才有能力展开的战略。如果改做中式点心，当有大企业进入这个地区，开设宽敞的店面、大范围地进行宣传以及降价促销，你的小店铺很容易被击垮。而且做自己并不擅长的中式点心，质量和口味也不见得能得到顾客的青睐。

所以绕开与大企业的正面冲突才是小店铺最明智的选择。大卖场和小店铺对垒，各有所长。小店铺难敌大型商场、连锁超市的两面夹击，生意越做越难。原本还有价格的优势，可是有市场需求的地方大企业也会一拥而上，大商场、超市大做"特价""优惠"文章，以非常低的特惠商品将购物的人群吸引了过去，基本消除了他们在价格上的优势，所以，打价格战，对于小店铺来说不是优势。小店铺想要战胜大企业，囊括市场上九成的顾客本来就是不可能的。

然而，与大型商场相比，小店铺的灵活性也让其自身增加了盈利的砝码。现在越来越多的连锁店、自选超市"进驻"居民区，开到了小店铺的对面或隔壁，为居民的购物提供了地利优势，同时以更齐全的商品、更可靠的质量、更到位的服务博得居民的青睐，抢夺了小店铺在地域上的优势。

尽管这样，小店铺仍有其生存之道，有些小店铺开始改善购物环境，演变成单体超市，以迎合顾客的需要，而低运营成本也是小店铺得以在夹缝中生存的原因。小店铺还有更多的灵活性，可以延长服务时间，更可以送货上门，有较多的熟客。小店铺坚持的道理是无论何时，油盐酱醋等日常生活离不了的东西你总不会舍近求远吧？

特色服务可以使小店铺在激烈市场竞争的中拥有一块立足之地。特色服务已成为很多小店铺所成功的因素，一些小店铺的管理者非常了解顾客的期望，但是却认为只有大店铺才能满足顾客的期望，对于自己的小店铺来说不敢期冀会有收益。

服务方案和服务水平是受客观条件限制的，任何企业不可能满足顾客的所有要求，有的顾客要求太高，即使以服务为标榜的大牌企业同样达不到。这样的话，小店铺是否就不能以服务为优势来定位呢？答案是否定的，小店铺在这方面千万不要和大型商场形成对垒，小店铺完全可以拥有自己独特的服务优势，主要是如何去做。只要小店铺在某一方面服务创出了特色，即使规模再小，同样也能在这方面位于服务领先地位，引人注目，给消费者留下深刻的印象。小店铺要赢得服务优势，不能正面挑战大型商场，要取自己所长，避自己所短，寻找服务空隙，从人性化角度创新服务，与顾客亲密联系，以情感人，同样可以在市场竞争中占领一席之地。

综上所述，虽然大企业有实力，但小店铺也有自己的优势：机动灵活，可以根据市场的变动随时调整经营策略。这是大店没法比的。

小店铺实施市场补缺战略应从以下几个方面着手：

（1）创造补缺市场。这是指小店铺应积极地适应特定的市场环境和市场需求，利用自己最拿手的服务，努力争取以商品导向来吸引顾客。

（2）扩大补缺市场。这是指小店铺在赢得特定市场的竞争优势后，还应进一步提高产品组合的深度，增加新的能够盈利的项目，例如独特的服务方式等，迎合更多具有特殊需求的市场购买者的偏好，以提高市场的忠诚度和占有率。

（3）保护补缺市场。这是指小店铺时刻要关注竞争者的动向，及时采取相应对策，未雨绸缪，防患于未然，从而保住在特定市场的持久领先地位。

小店铺虽小，但是如果做到小而近乎完美，那么，在市场竞争中一定不用畏惧大型商场带来的所谓的威胁。社会的元素——人，是形形色色的，各个阶层，不是所有的社会人只有一种需求。因此，小店铺不必非要与大型商场相抗衡，胜算就掌握在自己的手中。

货品要敢于推陈出新

船小好掉头，小店经营可以利用这个优势，经常推陈出新、出奇，迅速反映时尚、流行趋势，给顾客展示一些特别商品，让顾客产生一种"这次不买，就买不到了"的抢手感觉，尽量抓住每一位上门顾客。怎样以

"新"来吸引顾客，并使其成为本店的长久光顾者呢？这就要店主根据自己小店经营的商品的特点来进行对货品的有效的推陈出新。比如你卖的是百年老字号面条，就可以专门搞个王牌、招牌，像一根很长很长的面条中间不断就是一碗面这类的，把这类有制作难度的产品当作你的招牌，如此等等。小店经营不同的商品，都可以做到推陈出新，因为新鲜、个性往往是大多消费者追求的目标。

小梅毕业后的两年内筹够了资金，便开始到处寻找店面和合适的项目，餐饮业、娱乐业不是自己喜欢的，而且前期投入比较大；服装店和精品店是她比较有信心和感兴趣的，后来选择了一所大学附近的店面，问了一些学生，他们都说不愿意在学校附近买衣服，怕跟身边的人撞衫。最后范围一点点地缩小到了精品店，但是各类精品店已经开了不少，如何在众多同类店铺中脱颖而出呢？

首先小梅调查了目标消费者：你会在什么情况下到就近的精品店买东西？很多学生说：同学生日，过节，还有情侣之间还蛮需要有这么一个场所来提供一些有新意的礼物的。选礼物当然要用心，如果是亲手做的就更能表达情意。她豁然开朗，自己一直都钟爱的十字绣不就是开店的好项目嘛。

就这样，小梅的"绣材铺"开张了，门面设计是夺人眼球的第一步，她特意请了几个艺术系的同学，自己带上染料和画笔在门口画了一些流线形的不规则图案，在门上挂了一些十字绣成品，这样一经过这条街，最醒目的就是她的"绣材铺"了。店内粉红色的墙壁，黄色卡通的门帘，还有黑白色酷炫的桌子，把各式图案的成品十字绣挂在墙上，整个屋子氛围变得复古与时尚兼具，店内都是年轻人喜欢的元素。

十字绣的种类很多：有钱包、卡套、鞋垫、抱枕、壁画一类的平面绣；还有收纳盒、纸巾盒、笔筒等立体绣。前来购买的消费者可以根据自己的需要来选择：送长者"福、寿"字样的字画；送男女朋友情侣手机吊饰或者抱枕；还可以送有喜事的朋友新郎新娘样式的壁画。有很多回头客反映，自己花了心血和时间绣出来的宝贝不舍得送人，所以决定自己留着，再多买一件绣给朋友。看到大家对手工艺品有如此高的热情，小梅决定趁热打铁，搜罗更多的手工艺品：木雕、泥塑、草编和竹编的一些小东西，还有云南很有特色的成品装饰。店内不断更新丰富的商品也吸引了更多的新旧客户的光顾。为了回馈大家，小店也制订了一些优惠方案，比如办会员卡、积分卡，会员生日有礼物相送等的答谢活动。如此多的"新"的举措，果然使小梅的十字绣小店在众多的精品店中脱颖而出。

小梅的"绣材铺"经营得有声有色也给了我们这样的启示：要长时间立住脚跟，就要不断推陈出新，根据消费市场的需求，及时地调整自己的经营方案。一直坚持下去，逐步不断地拓宽市场，有朝一日一定可以从一家小小的门店发展成为大店或者是连锁店形式。

生活不是一味地墨守成规，无论是考虑事情，还是做事，都需要学会变通，如果一味地墨守成规，只会使我们不能前进，反而会成为我们走向成功的绊脚石。因此，我们不能拘泥于一格，要敢于打破潜规则。推陈出新是一个永恒的课题，求新就要与时俱进，就要引领时代潮流，这样经营者就可以用新的理念为自己创造更多的价值。《周易》上说："穷则变，变则通。"又说："刚健笃实辉光，日新其德。"由此可见，每天都要推陈出新，只有求新才能成功。

应当有自己的"拳头"商品

很多小店开起来，因为业绩平平让店主"弃之不舍，食而无味"。大多时候，人们会埋怨地理位置不好，或是选择的商品有问题等，其实这其中的奥妙是，只要店主为自己的小店打造出主打的"拳头"商品，就能够救小店于水深火热之中。因为顾客虽然冲着"拳头"商品来光顾小店，但是难免其他商品不入他眼，所以，人们也会顺带着消费一些不是"拳头商品"的商品。久而久之，小店不但"拳头"商品更加"拳头"，就连那些看似面临滞销的商品也会慢慢被售出，也说不定又会被创造出另一样"拳头"商品。这样的良性循环，定会让店主获利丰富。对于小店来说，尤其在特色店，无论经营何种商品，都应该寻找拳头产品，同样，经营特色店越有特色就越有生命力，为顾客光顾小店创造理由。

汪先生几年前在印度旅行时，无意间发现了民族味儿浓郁的女式服装。当时还沉迷于欧洲简约风格的人们，完全没有想到民族风将成为近几年的市场大热，汪先生也只是感觉这些商品很漂亮，将它们陆陆续续带回了上海。

汪先生这家小店的布置完全走的是大众路线，但伸手在衣架上翻一翻，就会发现不少来自印度、巴基斯坦的"绝品"，如用一颗颗小珠子绑成的发卡、手工刺绣的印巴长裙和吊带衫等。这些印巴风格的服饰成了该小店的"拳头"产品，正好抓住了今年民族时尚的契机。

这些颜色鲜艳、风格鲜明的服装也成了汪先生的"镇店之宝"，吸引了许多时尚女性的光顾。汪先生的这些"拳头"商品让他在小店经营中既抓住了时代的流行趋势，又让自己的腰包鼓了起来。

小店的"拳头"商品会让小店更上一层楼，锦上添花，更有甚者，选对了"拳头"商品，就能挽救一个小店的命运。因此，店主在打理小店生意的时候，切记要明白自己的拳头商品是什么，怎样用拳头商品去带动其他商品的销售？同时，还要根据不同时期更换自己小店的"拳头"商品，灵活经营，让小店活跃起来，财源就会滚滚来了。有时，小店在摸索出自己的主打品牌的同时，也是在向顾客展示自己的"拳头"商品。我们来看看杭州街头的几家创出自己品牌的小店是如何打造自己的"拳头"商品的。

位于狮虎桥的"拉图纳"是在城西颇有顾客缘的"粉红女郎"衍生的自有品牌。店里主要经营棉质亲子服，由于服装从设计、加工到销售都是"粉红女郎"自己一手包办，省去了很多中间环节，与同类小店相比，价格显得比较低，长袖T恤78元/件，短袖T恤68元/件，一家三口只要花200元左右就能把"亲情"穿在身上。推出"拉图纳"这个自有品牌也是经过了一段时间的酝酿，产品首先要有特色，而且可以在价格上占据主动，由于成本降低了，零售价相应下调，但盈利却比代理品牌要高。

位于武林路的"环佩叮当"可谓拥有自有品牌的个性小店的"先驱"，"奇妙水精灵"是他们经营了已有两年的拳头品牌，两条真鱼在密封的玻璃瓶里游来游去，不需喂食，不用换水。"水精灵"是他们自己设计款式，然后联系有关厂家定做的，由于价格实惠，因此很受顾客欢迎，每天销售额的三成都是"水精灵"贡献的。

和一些服装品牌的专卖店或一般设计师品牌服装店不同，小店铺自有品牌是指一些小店做过一段时间的统货或代理，转而自己设计、生产或销售，打造成为自己的拳头商品。拥有自有品牌的个性小店，由于省去了很多中间环节，因此营销成本大大降低，在价格上自然有先发优势。一位拥有自有品牌的店主还表示，服装时间做长了，有时候的确对别人设计制作的产品不太满意，觉得款式或者颜色如果调整一下可能会更好，自己做品牌可以解决这个问题，而有些服装如果根据杂志上的款式、面料和颜色去加工，销路一般都不错。作为小店的店主不要以为这些与我们相隔万里，其实，开店就是为了盈利，而依据市场需求来提高自身是一种行之有效的途径。

现在的零售市场，产品同质化越来越激烈，推出自有品牌可以满足消费者对商品的个性化需求。虽然拥有自有品牌的个性小店没有形成规模销售，产品只限在T恤、饰品等一些设计制作技术含量偏低的产品上。但这种趋势将势不可当，而且这种趋势会让小店慢慢走上科技化、人文化、知识化的道路。

依照顾客的想法提供商品和服务

无论大商场还是小店铺，在对一些客观数据、必要的反馈和竞争对手有充分的了解之后，就该考虑顾客需要的产品和服务。

很多小店铺因为店面小，商品有限，没有注意到顾客的真实需要，只是一味地将自己的商品努力推销给顾客，没有及时更新商品和服务；或者是了解到市场的需要，但没有及时采取措施满足顾客的实时需要。

要满足顾客的需要，就要了解顾客是谁，他们需要什么，要做到这一点，就要对顾客进行研究，而结果表明："一次购齐，一次观赏齐"是大多数消费者所需要的。为了有效地满足这种需要，小店铺就得在有限的面积内，既要尽可能地摆足旺销的品种，又要照顾到需求量不大但总有人需要的连带品种。没有连带品种就会影响到顾客对店铺的印象，感觉品种不齐全，影响客流量，从而影响到各类商品的销售。

商场竞争激烈的今天，"两元"概念让消费者喜不自胜，"超市"模式更让投资商不战而胜。随着小商品市场的快速发展，两元店也逐渐步入广大市民的生活之中，并在商家的热炒之下，成为了国内小商品市场中新的关注点。

两元超市集家居日用品、个人用品、礼品、玩具等为一体，以其卓越的经营理念、良好的服务态度、低廉的价格，质量考究的产品在各地享有盛誉，深受消费者的好评。凭借丰富的经营经验，很多小店主通过一流的服务质量，在电子、饰品、礼品、家居、日用百货等领域成功经营，为中小投资者开创了致富路。

"花不鲜艳不美，店无特色不活"，这是经营界的至理名言，差不多每一位经营者都深知其理。两元店正是因为它的"两元"特色，在一些大商场、大公司呈现萧条现象的时候，它仍能保持生意红火的原因。

为什么两元店能够快速地成长起来呢？顾客的购买行为，首先是从产生需要开始的。当顾客感到自己的某种需要必须通过市场满足时，就会集中精力到市场上去寻求该种商品，这时购买行为便开始了。两元连锁超市商品琳琅满目，近千个品种，产品涵盖小饰品、日用百货、文化用品、儿童玩具、小化妆品等。虽然所售的都是一些体积不大的日常生活用品，看上去十分精致可爱。有各式各样的酒杯、茶杯、碟子等，还有烟灰缸、相夹、笔记本等品种繁多，引人注目。在这里，小店主抓住了顾客的心理，对于一般的日常生活用品，老百姓还是比较青睐于低价位的商品。每件两元，远远低于一般人的心理价位，老百姓对两元的价格相当敏感，从价格上直接吸引了这类消费者。

世界上的消费者成千上万，各有各的特点，各有各的习惯，各有各的具体情况，他们的购买心理就可能各不一样。男性的消费心理同女性不一样；年老的同年少的购买心理不一样；讲究实惠的同讲究时髦的购买心理不一样；热衷于大众化的同讲究个性的购买心理也不一样。因此，要想使消费者买你的东西，还得仔仔细细分析顾客的购买心理。

小店经营者要想在商业竞争如此激烈的今天取得骄人成绩，一定要注意以下几点：

（1）具有强烈的满足顾客需求的意识。顾客导向是商家成功的第一要素。因此，在商品交换的过程中，顾客掌握着绝对的控制权；销售者只有在获得顾客偏好的情况下，才能真正地完成交换。

（2）特别注重对顾客需求的研究。满足顾客需求的起始点是了解顾客的需求，然后根据顾客需求来提供商品和服务，由此才能做到想顾客之所想，供顾客之所需。

（3）具有有效满足顾客需求的战略与策略。小店商家要将顾客的需求转化为自己的行动，小店的发展都要围着如何来满足顾客的需求来规划。

除了根据顾客的需求提供商品之外，小店还要学会卖服务。

小店老板一般都是只会卖产品，不会卖服务，这是小店经营的主要盲区。随着社会的发展，人类的进步，小店的服务也要与时俱进，发展到一个新的高度。店虽小，但要一样不缺，包括服务，逐渐使小店的服务也走上精品路线。

时常，一说到小店，闪入脑海里的往往是这样一幅图景：讨价还价淘便宜货，买来买去多仿名牌。我们却不知道，如今很多小店早已发生了质的变化，放弃了低价低质，而是走起了一条服务升级的精品路线。某日，也许您的手机上会收到一条短信："您定做的真丝连衣裙已做好，请抽空前来试衣。"试穿满意后，一刷卡，就能轻松付款。这一幕不是发生在哪家高级定制店，也不是商场名牌专柜，正是一家小服装店为客户提供的便民服务。

越来越多的消费者习惯刷卡，因此小店主选择安装了刷卡装置，方便客人的刷卡消费。除了刷卡消费，小店的贴身服务还进一步升级。对于经常光顾的老客户，小店会在征得客户同意后，记下客户的手机号码，留意客人的偏好和特点。小店进一批货，在新货中如果有适合某一位客人穿衣风格或个人喜好的，就会发出短信提醒。一位购物者表示，这种针对个人的温馨服务，类似一些著名品牌的营销方式，在短信频率不高、推荐货品合适的前提下，这种短信不但不会带来困扰，反而提高了客户的回头率。如今，很多服装店，只要顾客选定照片、杂志上的某一款服装，或者自带图片前来，提出自己的要求，小店就可以为客户进行定制，从选面料到裁剪制作，提供"一条龙"服务。

经营一家小店，要有效益，顾客服务是关键。一般来说，经营生意，顾客服务，成本控制以及市场走向是成败的关键。但由于你只是小店经营，只要在搞好顾客服务上下功夫即可。我们所说的顾客服务，在于如何让顾客花钱而感到物有所值甚至是物超所值，顾客进店消费，买的不单单只是商品，售前、售中、售后的服务都很重要，以优质服务抓住每一位上门顾客。记得老顾客的喜好，并主动介绍他们可能会喜欢的商品。小店铺不能正面挑战大店铺，要与顾客建立亲密联系，通过感情因素同样能在市场竞争中占领一席之地。小店店主一定要懂得店铺的服务有多好，那么我们的经营就有多广，好的服务能够给我们带来意想不到的收益。

第二章

经营者是出谋划策的高手

行家好赚钱，专家易致富

在这个世界上，开店的老板不可详尽，如果我们以最简单的方式来划分就只有两类人，即成功者与失败者。这两类人最大的区别就是他们是否选择了做自己最拿手的事！一个人做自己不熟悉的事，意味着把自己引入到冒险的道路上去，这是开店做生意的一大忌讳；相反，只有做自己最擅长的事，才可以发挥自己的强项，把自己的生意经念得有滋有味。这就是我们常说的"行家好赚钱，卖家易致富"的道理。

但凡成功的老板无不是在做自己最拿手的事情，这一点是不能轻视的。开店做生意不能追风，更不能盲目地跟从别人，要善于取长补短，发挥自己的特长，找到属于你的黄金行业，做自己最拿手的事，只有这样，你的店铺才能做强做大。

也许很多店铺经营者本身并无一技之长，但你总有自己熟悉的行业或者最擅长的兴趣爱好吧！这一点对初开店的人来说也很关键。兴趣是最好的老师。哈佛大学曾对美国1500名学生做过一项关于他们选择自己的专业是出于爱好还是因为赚钱的调查。1255名学生回答是因为赚钱，245名学生表示是出于爱好。10年后，调查结果却出乎意料地显示：在245名学生中，因为爱好而奋斗的人有100人成了富翁，而在1255名学生中，为了金钱而工作的人，只有1人成了富翁。

这是一项通过10年调查而得到的发人深省的事实，其中包含着许多人的人生体验。在现实生活中，许多孜孜不倦地为爱好而奋斗的人，往往心想事成，及时登陆成功的彼岸，热爱改变了他的生活。热爱往往和事业成功紧密联系在一起，而事业的成功则能在经济上得到相应的报偿。245名学生中有100人成了富翁，比例之高，则是一个很有说服力的证据。它说明为人在世，为爱好而工作是多么重要！

美国惠普公司总裁卡尔顿·菲奥里纳说过：“热爱你所做的事，成功是需要一点热情的。”目的伟大，活动才可以说是伟大的。热爱你所做的事，是一种人生的追求目标，是一种人的欲望的载体，是一种对期待中的事物的证明，当然也是成功的一个重要前提。

从囊空如洗到百万富翁，转眼间又负债累累，再到如今资产过千万元，广州丹奇日化的创始人杨广群的创业经历了“三起三落”。他就是在发现经营思路不对时调整思路，重新找回了自己的老本行。

杨广群是20世纪80年代的大学毕业生，后被分配到一家国营机械企业。但他不能安心朝九晚五地工作，总想做“大事”。于是，他抱着出来闯闯的念头辞职了。他最初是做医疗、美容器械的代理和营销的，确实赚到了不少钱。适逢当时酒店建设的高潮，杨广群用自己辛苦赚来的50万元投资建立了一间生产日化用品的工厂，专门生产酒店配套用品，尤其是一次性洗护用品。这样一来，生意几乎是源源不断，初次出来创业的他几乎是轻而易举就赚到了自己的第一桶金。

然而，到了1995年，有关政策开始限制一些三星级以上酒店的投建，杨广群便失去了订单来源。就在这时，杨广群发现当时的日化类产品非常缺乏，只要有好的产品、好的包装就有销售量。于是他就全心投入到打造自己的品牌上面，主要生产洗发水、沐浴露、洗面奶、润肤霜等洗护系列。

在那个化妆品高速膨胀的年代，杨广群小有积累。然而，由于他们本来是加工厂，对市场不了解，代理商、商场的铺货需要的资金量又大，还遇上业务员卷款潜逃的事，公司在1999年进入了全面收缩状态，亏损了近400万元。杨广群一度陷入了困境。

杨广群经过反思后发现，自己起步创业本来就是从加工厂做起的，对整个市场运作不熟，这不是趋短避长吗？他看到有很多客户想要建立自己的品牌却不知如何入手，不但建工厂、研发、批文、注册等过程烦琐，而且价格差距太大，于是他决定专门做化妆品OEM（贴牌生产），既发挥了自己的强项，又可以为客户节省研发成本。

当时专业的OEM公司还很少，于是他在专业媒体上打出一则广告："4万元打造一个品牌！"即从产品到包装，仅需4万元，且保证安全性。于是，他的订单逐渐多起来了，虽然额度不大，但数量也不少。后来，他又通过规模经营节约了成本，他的生意渐渐火了起来。

2002年，他提出要做"化妆品投资经纪人"，现在，他的公司除了自行研发，还与国外企业及国内一些研究机构合作开发，把一些新技术应用到产品中。

我们固然不能以获得财富的多寡，作为衡量一个人成就大小的唯一标准，但成功往往是通过物质的丰富来体现的，这一点对店铺经营者来说，尤其明显。杨广群的创业经历告诉我们这样一个事实，只在从事自己最擅长的行业，做自己最拿手的事情，才更容易成功。

身为店铺经营者，切记一点：做生意要做熟不做生。换句话说，尽量不要涉足你不熟悉的行业，如果你擅长手工，热爱十字绣，喜爱手绘，不妨开个相关的DIY店铺，特色店铺到哪里都是受欢迎的。如果你对摄影非常内行，喜欢数码类产品，你可以在这方面尝试一下。

总之，每个人都有自己的特长的，最重要的是努力成为这个领域的专家。主动学习相关行业的种种知识，为顾客提供售卖商品的专业知识和优质服务，时间一长，你的口碑效应就好了，大家一想到这方面的购物，就会首先想到你。因此，任何时候，学会淋漓尽致地发挥自己的特长很重要，不要拿自己的短处去拼别人的长处。

站在他人的角度去考虑

一个下雪的傍晚，美国著名作家爱默生发现农场里的一头小牛仍然在外面逗留。爱默生担心小牛会冻死，于是叫儿子把它拉进牛棚，两人一前一后使尽所有力气，那头牛总是固执地留在原地，动都不肯动。

就在这时，家中女佣见他们父子满头大汗，徒劳无功，于是便前去帮忙。只见她拿了一些草让牛悠闲地嚼食，并一路牵引，很顺利就将牛引进了栏里，爱默生和他的儿子站在那里目瞪口呆。

女佣之所以能够把牛引到栏内，就在于她从牛的角度考虑，牛需要的就是吃草。同样，在日常销售活动中，店铺人员要经常与各种各样的人打交道，如果我们都能站在他人的角度考虑问题，设身处地地帮助别人谋划，也达到了自己的目的，那么你就是一名成功的商人！

对于店铺经营来说，站在客户的角度去考虑，正是每一个渴望成功的销售人员应该养成的起码的工作习惯，也是所有店员最基本的工作方式。我们先来假设一个销售场景：

如果你是某服装店的售货员，现在有一个顾客，走到你的货架前，拿起一件上衣端详，你走过去，准备开始进行推销，你采用什么样的开场白介入呢？有以下几种方式：

（1）"先生，欢迎光临。您需要些什么？"或者"先生，我能为您做些什么？"

（2）"先生，您好。我们店有20年经销服装的历史，以中高档服装为主。我们店的经营宗旨是：总有一款适合您。我们公司对员工的要求是：热情周到地为顾客服务。先生，您要买哪一件？"

（3）"先生，您好，我是本店的售货员。能占用您3分钟时间，向您介绍一下我们最新款式的衣服吗？"

（4）"先生，您真有眼光，您拿的这件上衣是这个店内唯一一件用毛纺面料制作的，款式也非常讲究。不过您来得正巧，我们刚进了几件款式新颖的上衣，或许会有更适合您的，您是否需要看看？"

从以上例子可以看出，第四种方式是最佳选择，面对这样的销售技巧，顾客觉得自己受到了专门的关照，不仅感觉舒服，而且无论他怎么反应，店员都会知道，他注重的是款式新颖还是做工讲究？下一步就可以进行有针对性的推销了。这样，顾客在售货员的帮助下，也进行了一次心情愉快的消费，而且买到了称心如意的衣服。

第四种方式与其他几种方式的区别就在于：只有这个售货员是设身处地地为顾客着想，只有这个售货员是从服务顾客的角度展开了推销活动。尽管这个售货员在自己的生活中，最关心的可能是销售量、销售奖金、利润提成或者其他别的事情，但是在向顾客推销商品时，他是站在顾客角度看待问题的。

汽车大王福特说过一句话，假如有什么成功秘诀的话，就是设身处地替别人想想，了解别人的态度和观点。聪明的店员在与顾客交流时，总是把聪明用到对别人"好"上，当你对消费者好了就会发现销售商品也会得心应手；反之，当你只站在自己的角度出发，只顾考虑自己的利益，对自己越"好"生意越发变得步履维艰！

销售中多些换位思考，站在对方的立场上考虑他们真正的需求，说些他们想听的建议，而不是一相情愿地硬向顾客塞产品。如果你只是考虑自己的口袋，而不是站在顾客的立场去为顾客着想的话，生意一定做不长久！

可口可乐的新总裁上任后，曾带领公司所有高层主管坐在飞机上，从蓝天上俯瞰大地，他说这么做是要让管理者能够学会"换一个角度看待事物"。从客户的角度看待问题，是目前很多企业最需要培养的习惯。一些企业负责人、企业经营者在向下属描绘公司前景时，不是要成为行业第一，就是要突破旧格局，领导新潮流。这种思维方式只能用来表表决心，对于实际的工作指导没有任何可操作性。与其这样以自我为中心、心血来潮不着边际地盲干乱来，不如客观地衡量自我，胸有成竹、脚踏实地地落实些工作。

所有的店铺经营者都明白，店铺的生存发展每一天都离不开利润。撇开利润的东西，都是无关紧要的表面文章，但是利润也要通过服务来获得。因此，就算从店铺生存的层面上来说，从客户的角度看待、考虑、解决问题也是每一个销售人员起码应该养成的工作习惯，它是一个企业为了适应新的市场环境必须引入的一套新思维。

当然，如果能够从思维方式、工作习惯升华成为价值观就更好。对商家而言，无疑是一桩大幸事，将对店铺以后的健康发展产生不可估量的作用。事实上，只有当别人有需求时，我们才会有机会站在别人的角度做自己的事业！所以，作为店铺经营人员，我们应养成从客顾客的角度出发，多为他人考虑，从而赢得自己的长期利益。

为顾客着想，就要全方位地了解顾客需求。在不同阶段和不同时期内，顾客的消费需求是不同的，商家要及时把握顾客的购物需求，了解顾客消费动向，销售时才有针对性和有效性。

为顾客考虑。不能为了自己的利益给顾客带来任何困扰。要让你的客户每多花一分钱，都能获得多一分的价值。销售人员，要多站在顾客的角度看问题，帮助顾客找到解决问题的办法。

一个店铺如果想存活并发展，就一定要有超越产品的让顾客愿意为之捧场的理由。只有乐于把方便给予他人，把利益给予他人，把温暖给予他人，把服务给予他人，才能塑造出店铺独特的魅力，赢得顾客的心。

如果你是一个店铺的经营者，不妨从现在开始，就试着从客户的角度去看待、考虑、解决一个具体问题，看看效果如何？认真实践一次，相信你会有意想不到的收获！

不要受制于别人的想法

心理学研究表明，在一个群体中，如果一个人发现自己的行为和意见与群体不一致，或与群体中大多数人有分歧时，会感受到一种压力，这会促使他趋向于与群体一致。这就是我们常说的从众心理。也可以说，从众源于群体对自己的无形压力，迫使自己违心地产生与自己意愿相反的行为。

这种心理对于开店做生意的人来说是最不能有的。店铺经营者要真正寻找出一条有发展前途的道路，就不能盲目跟风，受制于别人的想法。这就要求我们不要照搬他人的思想，被他人的成功迷住双眼。要想真正提升自己的思想，我们还是要吸取日月之精华，不能让别人左右自己的思想，我们要主动，要敢想，要丰富自己的经验，提升自己的创新能力。

诸葛亮在舌辩东吴时，他讽刺东吴英杰只会"子曰"，照搬他人思想，在想法上受制于先人，就像数学计算一样只有一个答案。诸葛亮却将古人的思想与自己的想法结合起来，加以提炼，使自己的观点更为灵活，更加适应当时环境的需要，高出一筹，自然赢得主动。这个故事也说明了有自己的思想就有可能更为主动，别人的观点永远只有他自己用时才会得心应手。

我们之所以不要受制于别人的想法，是因为别人的想法很可能是一种最普通、而且也最具破坏性的心理状态，盲目从众的心理会伤害你的创造力与人格，把你原有的能力破坏殆尽。现实生活中，大多数人往往被"别人怎么想"所奴役，会去倾听一些毫无意义的忠告。

尽管别人的思想，对自己有一定的参考价值，完全照搬也不可取，不能发挥其最大的能量。任何一种思想都有它的局限性，受地理、文化、主观等多种因素限制，或大或小，在一个群体中，人与人也是存在或多或少的差异的，这种差异导致了我们在处理事务时将会采取不同的手段或方法。因此，我们要有独立思考的能力。

马克·吐温说："一般人缺乏独立思考的能力，不喜欢通过学习和自省来构建自己的观点，然而却迫不及待地想知道自己的邻居在想什么，接着盲目从众。"一个独立性强、思维清晰、有主见的人是绝不会盲目从众的。尤其是一些年轻人，由于缺乏对自身的认识，或对前途很迷茫，或碍于虚荣，宁愿跟着别人走也不愿意倾听内心的声音，不问自己想要什么，不问别人的选择是否是自己真正需要的，就像下面案例中的房妍，效仿别人，结果给自己带来不必要的麻烦。

房妍毕业时开了个小服装店，由于她热情的服务吸引了不少顾客，一时间小店生意比较兴隆，初次创业就取得开门红，她很是得意。朋友们也都为她高兴，几位开店的朋友更是高谈自己的成功经历，同时劝她不如趁机扩大规模，增加服装款式与数量，可以更快地挣大钱。

房妍感觉有道理，她想反正自己的最终目的就是开一家属于自己的品牌店，既然这是一个机会，为什么不可以把梦想提前实现呢？可是她的这一想法却遭到了家人的反对。爸爸告诉她说："你经验还不足，刚取得一点成绩，急于扩大规模，势必会出现经营和管理上的问题。"可她怎么也听不进家人的反对意见。

于是，房妍向朋友们东拼西凑了几万元，加上自己手里的两万元，开始重新选址装修新店铺。新店铺开业不久，果然被爸爸言中了，服装店的生意一天比一天惨淡。由于她经营的服装档次并不具备竞争优势，顾客看着装潢高档的店铺里却挂着平价的衣服，消费层次高的只看不买，消费层次低的根本不进店。加之资金短缺，商品一时无法调整，还要负担几个店员的工资，而店里每天却冷冷清清，房妍情急之下，索性把店铺盘了，重新找了个街角开了个小店。

房妍折腾了一圈又回到了原点，就是因为她盲目从众心理，过于听从别人的意见，而不从自己的实际情况出发，主动思考自己的状况。由此可见，从众心理会让人缺乏分析，降低了人们独立思考的能力，况且别人的经验是否适合你，也许根本就是错误的。不顾是非曲直地盲目服从多数，随大流，是不可取的，是消极的"盲目从众心理"。

当然，我们不是不听他人的意见，但别人的意见对你来说，只能作为参考，最终的决策还是要结合你的实际情况来做出。因此，我们要清醒地认识现状，知道自己需要什么，知道哪些东西是自己不需要、不能跟随的。年轻人要避免盲目地从众，就要注意下面3点：

1.独立思考，做你自己

我们需要明白一点：当你的思想、观点、行动偏离或违背了大多数人的思想、观点或行动时，便会受到指责、批评或孤立，从而使自己感到精神和心理上的压力。我们随时要认清其消极影响，你判断的标准毕竟不能仅仅依赖于大多数，它更需要你自己进行思考。不要管别人怎么说，如何做，要知道自己应该怎么说，如何做。

2.只追求自己需要的

任何时候，一定要根据自己的客观情况去做决定。最好的不一定是适合自己的，别人拥有的不一定是你所需要的。比如，在选择工作上，很多20多岁的年轻人，对热门职位盲目追逐，选择大城市、大企业，而不考虑自身的状况与条件，没有对自己进行认真而综合的分析，对于自己要从事哪种职业、去哪里就业，完全随大流。结果当然很难在工作中找准自己的位置，对自己将来的发展极为不利。

3.发挥出自己的优势

如果说一个人的个性决定了他的命运，或者说性格注定了一个人的人生轨迹，那么塑造自己的个性，做自己，对于你走向成功无疑是极为重要的。过度地从众，会导致盲从与怯懦，不敢冒风险、逃避困难。结果会发现自己很累，在你生命中有周围的一切，唯独没有你自己。

如果不主动地表现自我，别人可能很难发现你身上的闪光点，你会因此失去成功的机会。同时，也要注意挖掘自己的特长和潜力，塑造出一个优秀的自己，避免一味跟别人走，否则，你丧失的将会是良机，而收获的只有平庸。

培养敢于冒险的精神

在商场中，有人成功亦有人失败，但有的人在失败后总结经验教训，再度搏击竟然取得了更大的成功；但有的人循规蹈矩，生意做得不温不火，却屡遭不顺。截然相反的结局，其原因究竟何在？客观的原因当然可以找出许多，店铺经营者是否具有冒险精神就是其中关键的因素之一。

开店做生意需要胆量，需要冒险。冒险精神是创业者素质的一个重要组成部分，但创业毕竟不是赌博。创业家的冒险，完全不同于冒进。创业者一定要分清冒险与冒进的关系，要区分清楚什么是勇敢，什么是无知。无知的冒进只会使事情变得更糟，你的行为将变得毫无意义，并且遭人耻笑！

有人问一个哲学家，什么叫冒险，什么叫冒进？哲学家说，比如有一个山洞，山洞里有一桶金子，你进去把金子拿了出来。假如那山洞是一个狼洞，你这就是冒险；假如那山洞是一个老虎洞，你这就是冒进。这个人表示懂了。哲学家又说，假如那山洞里的只是一捆劈柴，那么，即使那是一个狗洞，你也是冒进。

这个故事意思是在说，冒险是我们经过努力，有可能得到，而且我们为此付出的风险是值得你得到的。否则，你只是冒进。商家应该培养敢于冒险的精神，但一定要拒绝冒进。那么在实际的生活中，如何做才算是具有冒险精神呢？

成功心理学指出，当一个人能够控制住恐惧时，即能控制自己的思想与行动。也就是说，当他的自控力能让其在纷乱的环境下，仍然处变不惊，并能无惧于后果的不确定性，而做出该做的决定。尽管结果并不如他所愿，他随时准备承担失败的后果。而这表明他具备了临危不乱的勇气与冒险的精神，也是成功者所必备的素质。

在机遇与风险的挑战面前，勇敢的人从不放弃搏击的机会。在商场上，机遇是挑战，更是一种决定成败的关键因素，善于抓住商机的人才能不断走向新的征途。很多创业者都有过惊险一跳的经历，这一跳成功了，功成名就；跳不成，就粉身碎骨了。大凡成功人士都有一种赌徒一样的冒险精神，企业界人士尤为明显，史玉柱就是敢于冒险的典范。

史玉柱的经历，想必大家都相当熟悉。还是创业初期阶段，当时在深圳开发M—6401桌面排版印刷系统时，史玉柱的身上只剩下了4000元钱，可他却向《计算机世界》杂志订下了一个8400元的广告版面，而他的唯一要求就是先刊广告后付钱，而期限只有15天，前面12天过去了，他却分文未进，而到第13天他竟然收到了3笔汇款，总共是15820元。

让人意想不到是，两个月以后，他赚到了10万元。史玉柱却再次冒险将10万元又全部投入做广告，4个月后，他成了百万富翁。

这段故事如今经常被创业者拿来当作案例来学习，但是仔细想一想，如果当时15天的期限过去后，史玉柱收来的钱不够付广告费呢？要是之后《计算机世界》在报纸上发一个向史玉柱的讨债声明呢？我们大概永远也不会看到一个轰轰烈烈的史玉柱。

大量的事实证明，世界上任何领域的一流好手，都是靠着勇敢面对他们所畏惧的事物，只有敢于冒险才能出人头地的。对很多白手起家的人而言，要想尽快获得原始积累，就必须靠"拼""搏"，因为任何利润，必然伴随着风险。

一个想成功的人，一定要先摒除规避风险的习惯，重新拾回退化的冒险本能，进而培养一种健康的冒险精神。勇于冒险的人，并非不怕风险，只是因为他们能认清风险，进而克服对风险的恐惧。比尔·盖茨就是凭借敢于冒险的精神建立了他的微软帝国，以至于让微软在竞争激烈的现代经济中独占鳌头而历久不衰。

在比尔·盖茨的一生当中，他持续一贯的特性就是强烈的冒险天性。在他看来，成功的首要因素就是冒险。他说，在任何事业中，如果把所有的冒险都消除掉的话，自然也就失去了所有成功的机会。他甚至认为，如果一个机会没有伴随着风险，这种机会通常就不值得花费精力去尝试。他坚持认为，有冒险才有机会，正是有风险才使得事业更加充满跌宕起伏的趣味。

比尔·盖茨确实是一个具有极高天分、争强好胜、喜欢冒险的人。事实上，对冒险精神的培养，比尔·盖茨从学生时代就开始了。他初进哈佛大学就故意给自己制定了一个策略：多数的课程都逃课，然后在临近期末考试的时候再拼命地学习，进行恶补。他想通过这种冒险，检验自己怎么花尽可能少的时间，而又能够得到最高的分数。结果他做得很成功，而且通过这个冒险的举动，他培养了自己身为一个企业家应当具备的素质：如何用最少的时间和成本得到最快最高的回报。

比尔·盖茨最喜欢速度快的汽车和游艇，他私人拥有两部保时捷汽车和两艘快速游艇，毫无疑问这是他不断锤炼自己的冒险性格的工具，他因而经常接到超速的罚单。一个人驾驶汽车到沙漠旅行，一个人驾驶飞机飞越崇山峻岭，一个人驾驶游艇遨游大海，这都是比尔·盖茨常做的。

比尔·盖茨还总是在培养自己好斗的性格，由于人在紧张时肾上腺素冲进眼睛，导致眼睛通红。因为他经常与人争斗，因而被人骂作"红眼"。时间一长，他成为令所有对手都胆怯的人物，因为他绝对不服输，绝对不会退缩，绝对不会忍让，更不会妥协，直到他自己取得了胜利。这种个性成为他创业时期的最明显的特征，令一个个对手都败在了他的手下。

同时，他又是一个最不满足的人。20世纪90年代，此时，他已经成了世界首富，但是不满足的心理依然驱使着他继续自己的冒险事业。在一次接受记者的采访时，他这样说："我最害怕的是满足，所以每一天我走进这间办公室时都自问：我们是否仍然在辛勤工作？有人将要超过我们吗？我们的产品真的是目前世界上最好的吗？我们能不能再加点油，让我们的产品变得更好呢？"

比尔·盖茨的成功从一定程度说，取决于他早期进行自我培养的冒险精神，以及后来在管理企业时敢于冒险的可贵品质。

勇气源自于控制恐惧，而培养冒险精神始自于了解风险。一个成功的人，要有面对风险的勇气，重新拾回失去的冒险本能。而一些利用投资致富，实现梦想的人，也都是以冒险的精神作为后盾。处处小心谨慎，则难以有成，缺乏冒险精神，梦想将永远都只是梦想。

身为店铺经营者要明白，既然冒险是成功致富不可或缺的要素，是走向成功的第一要务。我们就必须努力使自己克服恐惧，强迫自己冒险。一个成功的商人应该勇于突破现实的障碍，运用自己的智慧，寻找发展的机遇，再加上超人的勇气就必定能步上成功路。

老板应是出谋划策的高手

商场上的人们常说："没有做不成的生意，只有不会做生意的老板！"话虽是这么说，但开店做生意确实是一门难念的经，不是人人所能为的。一名优秀的老板必定是个出谋划策的高手，他应该拥有超过一般人的思维力、判断力、决策力，这样才能反应迅速、攻守兼备立足于激烈的商场之中，才可能在困境中绝处逢生，从而让自己的店铺生意就像流水一样不会枯竭。

一名出色的商人总是具备较高的财商，也就是做生意的头脑。但这种财商是看不见、摸不着的，只能体现在老板经营生意的一举一动中。因此，要想成为一个出谋划策的高手，必须时时强化自己的财商，绝不能输于人，这样才可能成为最终的赢家。

柳阳在望月路开了一家百货店。这条街道虽不是繁华大街，但在其半公里的商圈内紧邻两个大型居民区，和一个办公楼，人流量比较大，在这样的地方开百货店，生意自然不错。可是好景不长，从去年开始，这里陆续又新开了好几家便利店，柳阳的生意从此越来越差。

让柳阳的生意雪上加霜的是，一家大型超市也在此开了一个分店。有几家像他这样的小店因为没有生意而关门，柳阳为此很是发愁。他意识到，如果不想出计策来应对的话，自己的店早晚得关门。可怎么吸引顾客到自己的店铺呢？

经过观察，柳阳发现大超市之所以顾客盈门，原因是总在接连不断地搞促销活动，很多商品都以特价出售。他们之所以卖特价商品，并不是为了盈利，而是在靠低价吸引顾客。少数的特价商品会让顾客产生一种错觉：这里所有的商品都比其他地方便宜，从而对其他商品也产生购买的欲望。

柳阳想明白了其中的道理，他也拿出了20余种小商品来做特价促销品搞特价促销。为了让消费者觉得商品的特价促销是货真价实的。在选择特价商品时，他尽量选用人们常用的、价格比较透明的商品。所以，当顾客走进小店时，竟然发现这里的特价商品果真比别家的价格低二至三成。虽然卖出去的许多东西是零利润，但顺带着卖出去的其他商品也是平时的几倍。也就是说，他那几天的利润也是平时的几倍。

接下来，柳阳又使出第二招，他抓住附近小区小孩子多，新学期要开学的情况，推出"新学期开学送大礼促销活动"，活动时间7天，活动期内，所有的孩子凭学生证在生日当天都可以到百货店里领取一个书包。不用说，学生开学需要的不仅是书包，家长都会顺便购买一些别的学习用品。

小店的人气自然旺了不少。更让柳阳想不到的是，由于他的商品销得快，进货也多，批发商在价格上也给予了较大的优惠。这下，店铺的运作成本就变低了，利润当然又提高了。

百货店虽然走出了困境，但柳阳深知面对的竞争将会更残酷，他又思考着寻找更多吸引顾客和留住顾客的点子。百货店门前有一个公交站点，随时都有不少人站在那儿候车。柳阳又从中发现了商机，他自己的店铺外面安置了一长排塑料坐椅，专供候车的人坐。这样，有些人在坐着候车的过程中，常会到店内买烟买水或小吃，有的人原本打算到超市购物，见这里候车方便，商品价格也和超市差不多，就干脆在这儿买了。

店铺生意越来越好，但柳阳深知不能安于现状，如果跟不上变化，小店随时都可能面临就再次惨淡的情况。于是，他又加强了店铺的管理。首先他决定提高营业员的素质，为此找来专职的礼仪服务教练，对营业员进行全面培训。内容从仪表仪态、销售礼仪、动作语言、促销艺术到消费心理学等，对几个营业员进行了系统的培训。培训后员工们态度落落大方，举手投足有礼有节，给顾客留下了很好的印象。

　　除了提高店员的素质外，柳阳还十分重视营造好的购物环境，由于店铺在公路边，灰尘多，每天开门经营前，必须对店内外进行全面清洁，做到一尘不染。百货店最重要的就是货要全。在他的店铺里，除了备齐大件的日用百货，连蚊香、针线包、手电灯泡等小商品，也随时保证货源充足，因为这些不起眼的小东西往往能为顾客解燃眉之急。货全了，顾客的选择余地大了，他们才能满意。

　　在日常经营中，柳阳还学会了让自己"吃亏"，收款时他不和顾客斤斤计较。一些不起眼的小零头干脆就舍去，让顾客心理上产生一种得了便宜的快感。但他总是让顾客知道你欠了他一个人情，从而产生一种感激的心理，培养回头客。就是这样，柳阳通过一个个的营销策略，把一个巴掌大的小店做得风生水起。

　　柳阳成功的原因就在于他是一个出谋划策的高手，他总是在不停地琢磨生意，积极从别的商家身上借鉴成功的经验，再根据自己店里的实际情况，推出独到的经营招数，并时时求新求变，从而获得了较大的成功。因此，要想成功经营好自己的店铺，经营者必须要学习独立思考，通过学习成为一个做生意的高手。

第三章

把自己推销给顾客

优秀的营业员可以提高经营业绩

在销售活动中，营业员是与顾客打交道最多、接触最为频繁的人。在顾客眼中，营业员就是店铺形象的代表，其一言一行对商家的销售状况起着关键性的作用。因此，营业员的言谈举止、工作态度影响着产品的品牌形象、宣传效果以及顾客忠诚度等诸多因素，而这些因素与商家的经营业绩有着直接的关系。

有经验的店铺经营者通过店铺营业员的销售统计表可以看出，优秀的营业员可以有效地提高店铺的经营业绩。掌握一套成功的销售技巧，顾客就能心甘情愿地购买商品，而良好的店面设计与装修，以及各种促销活动，只能吸引消费者进入店铺浏览，而真正促使顾客决定购买商品的因素，很大程度上取决于营业员的个人因素。一个店铺的业务成长额，通常都是通过营业额来衡量，因此要想扩大店铺营业额，就必须提高营业员的整体素质。

营业员的服务水平既影响到店铺在消费者眼中的形象，又影响和制约着店铺的整个管理水平和绩效。因为他们与顾客接触得最多，碰到的问题也最多，这对营业员的业务能力和个人素质也就提出了更高的要求。要做到让店铺和消费者都喜欢的营业员是不容易的，做一名优秀的营业员并不是件简单的事情。那么优秀的营业员是怎样练成的呢？

一个优秀营业员的导购过程就是运用自己的智慧和技巧为顾客带来满意的服务的过程。这个过程并不简单，需要营业员运用一定的技巧使顾客满意以达到导购的目的。这里介绍关于优秀营业员日常工作中必须要注意的要点：

1.适度接近顾客

接触顾客的方式不当或是时机不对可能会将顾客吓跑；如果处理得好，给顾客留下良好的印象，这对于接下来进一步了解顾客需求，拉近彼此的心理距离和完成销售大有帮助。接近顾客是需要技巧的，营业员不能在顾客全神贯注欣赏某件商品时突然出现在顾客身后，那样有可能会吓到顾客。在接触顾客时要坚持"3米原则"，意思是说在顾客离自己还有3米远的时候就可以和顾客打招呼了。

2.热情待客要适当

我们经常看到一些营业员对顾客热情过度，当顾客走近时，更是寸步不离，并且喋喋不休地介绍某件产品如何好。事实上，顾客更喜欢一种宽松自由的购物环境，可以自己随意挑选商品，而不是被动地接受营业员的介绍或劝导。营业员的过分热情会给顾客带来一种压力，不免想逃之夭夭，摆脱你的纠缠。因此营业员的热情系数不要太高，在顾客需要帮助的时候，你能够及时出现，热情帮助就足够了。

3.站在顾客角度出发

优秀的营业员不会把自己的观点强加于顾客，总是以顾客的需要为出发点，让顾客买到自己真正所需要的东西。毕竟，身为营业员，自己的价值观及消费观念与顾客并不一定相同，何况顾客还有很多种。作为营业员必须把自己当作是替顾客采购商品，这样才能设法去了解顾客的需要，然后去满足他。

4.适度介绍产品信息

营业员在与顾客沟通时，要尽可能多地了解顾客的消费需求，进行针对性介绍。这就要求营业员在介绍产品信息时要注意顾客的反应，要给顾客说话和提问的机会，切忌一股脑地介绍。介绍产品不是要你展示脱口秀，而是从中了解到顾客的真正需求。

如开始顾客想买A商品，通过介绍客户了解到A的替代商品B商品独有的特点，客户可能会对B商品感兴趣了。此时，营业员要将介绍的重点转到B商品上来。另外，在向顾客询问时要谨慎，不要问一些顾客不好回答的问题或是过于复杂的问题。

5.掌握良机，建议购买

生意的成功与否，系于是否能够掌握良机。营业员的成功还要把握适当的时机，例如适当时机调查顾客预定购买的物品，把握顾客良好的购买时机，这样的销售就方便多了。介绍完产品的信息后，再问一问顾客还有没有其他要求，当客户基本满意时，应积极主动地建议购买，并主动大胆地简述购买的好处。但是不要催促，只建议一次；如果建议购买的次数太多可能会引起顾客的反感，反而起不到效果。

若确认顾客无购买意愿时，要真诚地感谢其光临，不要纠缠顾客，保持积极的态度，不能让顾客感到你内心的失望，感谢顾客的光临和再次光临。

6.冷静处理疑难问题

营业员在销售商品的过程中，经常会遇到一些难题，这时要谨慎处理，不可冲动。比如遇到一些蛮不讲理、故意找碴儿的顾客，无论顾客如何发火，也要耐心热情地向顾客解释，尽量沟通，记住客人永远都是对的。若处理不了，及时向上级反映，切忌与顾客争吵。

如果不幸遇到顾客想要的商品正好缺货时，建议顾客换用其他可替代的商品，并介绍它们之间的合理替代性；如果客人坚持要缺货的商品，要留下顾客的联系电话和定金，货一到就及时通知顾客。

7.送别顾客

销售成交后，不要以为目的达到了，对顾客摆出一副冷漠的表情。相反，这时更要热情地感谢顾客对你的信任和支持，目送顾客离开，如果商品太多太重，要主动帮忙或叫来送货员。另外，对有疑虑的顾客要补充一些话以增强他的自信心，例如："您的眼光真是独到""您若不放心，可以随时和我联系""如果您需要任何帮助，请随时来找我，这是我的电话号码"等。

导购是一门大学问，一名优秀的营业员可以提升店家的形象，留住大批忠诚的顾客。优秀的营业员要在工作中不断地学习，总结经验，多阅读市场营销和心理学方面的书籍，不断追求成长，向更高的目标挑战，只有这样，才能有助于自己能力的提升和店铺的长期发展。

人气很重要，散客也是客

开店做生意，聚集人气是关键，没有了人气，新开的店面很容易陷入门庭冷落的地步，更不用提发家致富，没有人气，店铺的发展更是成了奢望。一些店主喜欢做一些促销活动，但这种方式只能是解决一时的问题，时间一长，人气还是不见增长。其实对于一些小店铺来说，通过优质的服务抓住散客，培养成自己的忠诚客户，这样不失为一个明智的办法。

散客通常是分散的，散到你不可能一个一个地去拜访他们。通常情况下，他们走到哪儿看到哪儿，没有目的性，一般会关注最好看最好玩的产品或者演示，看到促销员主动上前一般会自动退让，对产品的功能不多过问，常常会对不同的产品指指点点，更关注产品的外形或者新奇的产品。

对散客的营销是最难做的，也是最考验营业员水平的关键。这些散客一般显得很轻松，对产品既不挑剔，也不会对价格的提示十分敏感，偶尔对高价产品发出惊叹，但是不专注于某件产品。他们虽然是闲逛，但是偶尔也会产生消费欲望，所以营业员还是要保持距离的热情，用适当的方式吸引他们到自己的店内，获得消费的机会。

王丹是一个下岗职工，她决定自己开家小店铺做生意。而她没有足够资金租昂贵的房子，于是就在所在的小区开了一个小卖铺。小卖铺一开业，并不如事先想象的乐观。一些年轻人总是喜欢到品种齐全的超市里购买日常用品，而一些老年人早已是别的店铺的老主顾了。因此，她店铺的生意可谓是开业不顺。王丹急在心里，决心把生意搞活。

而当时适逢夏天，王丹看到小区内的一些中老年人没事的时候都会聚集到小区门口聊天解闷儿，看到这一情况后，她决定利用店铺旁边一个闲置的小屋开办休闲吧，包括麻将、象棋、军棋3种，专门供中老年人消费娱乐，既不收取任何费用，也不进行赌博等违法活动。

自从休闲吧开办后，王丹的生意竟然比以前好了很多。由于是免费提供场地和娱乐器材，居民区的一些老年人和年轻人没事的时候就跑来消遣娱乐，特别是一些年轻人在下班后，就会三五成群地到休闲吧玩麻将、下象棋。由于王丹的店铺与休闲吧只有一墙之隔，这些人在娱乐中不时地会到店铺购买卷烟、饮料、矿泉水、面包等物品，营业额提升了不少。

为了更好地聚集人气，留住这些顾客，王丹还逐步完善了休闲室里一些服务设施，如免费供应茶水、安装冷暖空调等。这样一来，王丹不仅在本小区内有了一批固定客户，而且也吸引了一些远距离的顾客。附近小区的顾客也会跑来消费。虽然休闲室每个月支出的费用如电费、水费等基本都在400元左右，但是这个休闲室所带来的收益远远超过了所需费用。几个月过去了，王丹的小店生意也变得异常地红火。

王丹巧用散客聚拢人气，扭转了小店的困境。她之所以开休闲屋目的就是让消费者玩得更开心一点，通过它给店铺聚集更多的人气、带来更多的生意。对于一些小店铺来说，抓住散客就抓住了生意。事实上散客营销的核心是，俘虏每一位客人的"心"，只要来一次，就要让他一辈子记住你的好。让他的第一次偶然光临或误打误撞变成今后的必然光顾。这就需要店员掌握一定的销售技巧来把握散客的心理。

事实上，许多人逛街并没有确定的购物目标，只是逛逛或询问一些事情，但营业员不能让他们有受到冷落的感觉，不因顾客不消费就另眼看待，要做到"来者都是客，进门三分亲"，要用同样的热情招待顾客。

1.以礼待人

优秀的店员，应慧眼识人，从客人步入店门的一刻起，在简单的接待过程中，要迅速判断顾客的类型，并根据其可能接受的消费水平打开突破口，因人而异，运用不同的推销策略、价格水平，尽量达到吸引更多客人的效果。如果对所有进来的客人都采用相同的接待方法，势必丧失了针对性。但店员绝不能因分别对待而令客人受冷遇，继而拂袖而去，带来经济损失。只有做到对所有来客一视同仁，以礼仪、礼貌、热情、周到的服务赢得好评，换取信誉，促使成功。

2.提供人性化服务

对一般的小店铺而言，可以尽可能地为顾客提供人性化服务，创造轻松悠闲的购物环境，如放一些轻缓的音乐，放置一张椅子，为顾客倒上一杯开水，摆放几本杂志等，来供顾客休息轻松。一些大型商场，在购物区的一楼设立专门的场地并设专职人员，搞起了"宝宝托管所"和"男士休息厅"等活动。前者免费为购物者照顾儿童，后者则为具有购物爱好的女士照顾她们的陪同者，如此用心的服务姿态怎么可能不吸引消费者。

3.明确商品标价

相信很多人逛商场的时候都会因为商品的标价不明而遇到麻烦的经历，所以店铺的每一件商品一定要明码标价，最好是标在商品的左上方，让顾客一目了然，做好"预算"。

4.合理摆放商品

要布置出让人舒适的购物环境，大到整个店铺的整体格调和布局，小到每样商品如何摆放，都要契合顾客的购物心理。例如一些常用的消费品如洗发水、肥皂、饮料等，要放在人们伸手可及的货架中部，而一些小朋友喜欢的饼干、果冻、玩具等则宜放在货架底部，以便于小朋友选取。

5.促销宣传要有针对性

"酒香也怕巷子深"，再好的促销方式消费者不知晓，也只能"胎死腹中"。做好促销前的宣传工作是促销达到目的的前提。但做好促销宣传并非要全面撒网，而是要有针对性。一般而言，一个店面的辐射力因其自身实力的强弱也有大小之分，在店面辐射范围之外的宣传工作只能是浪费钱财，并起不到什么实质性的作用。促销宣传要在店面的辐射范围之内，针对目标消费者进行，这样才可能有效地吸引范围内的散客。

旺季一定要热卖

对商家来说，一年之际在旺季。店铺经营者都喜欢旺季，旺季往往代表着"卖方"市场，意味着销售量以及利润额的大幅提升；代表着阴霾淡季的日子终于熬到头了，终于可以重见天日。几乎所有的店铺生意都有特定的销售周期，并不是每一天都能销售旺盛。因此，经营店铺必须做到旺季要"热卖"。

但一些商家每到销售旺季，总是习惯坐以待"币"，他们认为旺季到了，市场复苏了，终于可以松一口气，轻松一下了。市场瞬息万变，稍一疏忽，便有可能酿成大错，因此，坐以待"币"的事最好不要做。其实，旺季的到来往往意味着更加激烈的竞争，这种类似坐以待"币"的方式，极有可能真的导致"坐以待毙"。商家只有看清形势，抓住销售时机，做好旺季的销售工作，店铺才能得到长足发展。

销售旺季是每个代理商最盼望的季节，就如同农民盼望秋天快点到来一样。如果商家在销售旺季动动脑筋，抓住销售商机，完全可以把销售量做到最大化。那么如何在旺季来临之际，把生意做到红红火火呢？

1.备足货源

旺季来临的第一阶段，商家必须保证"渠上水满"，即要提前准备好销售商品的数量与品种，以确保货源充足，并且及时发掘当季的"当家"商品，重点管理，尤其是货源更要充足。旺季来临时，各个层面消费者的需求在旺季时都会扩大。无论是铺货率，还是铺货量都要达到最高峰。同时注意多品种有效组合，有效对接不同层面的消费需求，兼顾渠道对销量及利润的需要。

2.确保产品质量

很多商家一到旺季，便认为"捞钱"的机会到了，于是，他们在无法降低销售成本、管理成本的前提下，便在产品质量上以次充好、数量上"缺斤短两"等，这样做的结果往往是搬起石头砸自己的脚。

消费者的眼睛是雪亮的，是最不易被欺骗的。产品是商家在商场上冲锋陷阵的武器，没有过硬的质量再怎么样花俏的促销手段也无法长期吸引顾客。因此在旺季到来时，作为商家需要考虑的是自己的产品质量如何，产品是否适应市场，产品价格是否合理。这时就需要企业对自己产品的质量、定位、价格、包装等一系列问题在旺季到来的时候做好准备。

3.做好销售计划

做任何事都要有计划。有了计划，做起事来就不会显得盲目，就能取得事半功倍的效果。节日旺季不同往常，经营起来更需要有规划、有计划。一个专业的销售公司或者销售人员，都不得不承认销售计划的重要性。

销售计划要越详细越好。在这个销售计划里面，你要有个旺季的销售目标金额，销售目标数量，同时你也要针对你现有的客户群，给每个客户做一个销售你的产品的销售目标，并且带有实现这个销售目标的销售方案。

因此，商家要在每个旺季到来之前，通过对市场竞争态势以及自身状况的综合分析，拟定出一个可行、完善的旺季策略，并在执行的过程中善假于物，灵活应变，以实现旺季销量最大化。

4.宣传的策略

针对旺季的到来，商家必须做好宣传工作，一方面可以实现对现阶段的旺季销量最大限度地提升，另一方面也能为后期市场作铺垫，为未来销售打开市场。商家采取什么样的宣传方式、使用什么样的促销政策是整个宣传策略的构成部分。因此，对于旺季的市场宣传策略不同于淡季的宣传策略，要以适应旺季的局面进行调整，以至于在后期的市场能够起到好的影响。

5.产品摆放要抢眼

销售旺季，同行业之间的商家在产品的种类及促销方式上竞争更加激烈，店铺销售的品牌众多，而消费者选择、决策的时间较少，要想成功吸引、激发消费者，店铺产品的陈列，摆放一定要做得好。如果摆放新颖、形象突出，就能使产品脱颖而出，或较为"抢眼"，这就要求商家把产品生动化。

产品的生动化或活化，就是要做到"看得见、摆得好、买得到"，通过绝佳的陈列地点、陈列位置及生动活泼而鲜明的终端宣传品，营造热烈的售卖气氛，使商品在店铺内更加吸引消费者光临，并吸引消费者的注意，刺激消费者的购买欲望，最终实现产品的顺利销售。

除此之外，商家还要考虑店面设计、卖场布局、商品陈列等如何凸显出特色化，比如与一些节日文化结合在一起，通过营造节日氛围达到吸引顾客的目的。

6.加强宣传攻势

1996年伊利推出了"苦咖啡"时，就通过加大宣传攻势达到众所周知的效果。当时，只要有广告时段，伊利就加入苦咖啡广告，以达到"无孔不入，无人不知"的目的。这种高密度全面覆盖广告法，赢得了立竿见影的传播效果。

很快，呼和浩特、包头两个城市满大街都是苦咖啡，大街小巷的男女老少们，很多都举着一根紫雪糕大嚼。很快这种新品种苦咖啡就得到了热卖。

7.营业员的激励要做好

俗话说："兵马未动，粮草先行。"一场战争的胜利取决于多方面的因素，但是"士气"是其中不可或缺的一个条件，在旺季到来企业通过制定激励政策来调动销售人员的"士气"，不仅可以促使市场人员的积极性和主观能动性的发挥，同时可以起到神奇的作用。

在旺季里，营业人员多一份努力，店主便毫无疑问多一份收成。因此，在旺季期间一定要合理地做好营业员的激励政策，同时加强他们的管理与监控，切实抓好你的每一分每一秒。当然，如果你的店铺具有一定的规模，那么，激励就不能仅限于你的销售人员，而是整个销售团队中的每一员，让他们都参与到销售旺季的抢夺战中，并且要打好打胜这场产品旺季热卖大战。

淡季也可以不淡

一年四季并非总是春天，各个行业也是如此，在不同的季节里总会有不同的表象。大部分行业都有市场的淡、旺季之分。到了淡季，店铺营业额收入减少，开支却并没有下降，因而市场风险增大，一些小店铺也多是挨不过淡季的寒冬而倒闭的。其实，商家大可不必为淡季的销售而产生恐惧心理。如果经营得当，一样可以让淡季不淡，甚至还可以达到化"淡"为"浓"的效果。

大多数商家都忽视淡季时的商品营销与管理工作，认为淡季顾客少，收入低，没有必要花费过多的精力。事实上，越是在市场的淡季商家才最需要用心经营，因此，商家要善于"经营淡季"营销、管理工作。我们来看看汪洋是如何让自己的小餐馆安全度过淡季的。

汪洋在一个大学城附近开了一个风味餐馆，由于人流大，平时顾客并不少，生意也算红火。可是每到暑假与春节前后，学生们大都放假回家，店内非常冷清，有时候一天也不见几个客人上门。汪洋明白，暑假和寒假就是自己餐馆的淡季。

这不，暑假又到了。汪洋想与其坐以待毙不如马上行动，既然没有顾客来店内吃饭，我为什么不能开展上门送餐服务呢？于是，汪洋经过精心策划，推出了"免费品尝"服务。刚开始，汪洋亲自带着精心制作的盒饭前去宣传，并有针对性地选择了两个公司，免费送去了十几份盒饭。结果接受了服务的人员纷纷表示汪洋的手艺不错，饭菜的味道正。

这样一来，良好的口碑效应发挥了作用，办公区的几家公司开始在他的餐馆订餐。汪洋又针对这些白领的情况，推出了一系列精致的特色菜，如果顾客点特色菜还免费送米饭。只要顾客需要，无论刮风还是下雨，订餐多少，汪洋送餐的车轮都在不知疲倦地转动着，为顾客送去方便。

如此一来，白领们不用顶着炎炎的烈日出去吃饭，只要坐在自己的办公桌前就可以享用到可口而实惠的饭菜，而对汪洋来说，送餐不过是占用自己的一点时间成本，小店的生意比以前更红火了。

到了春节前后，办公区的白领也少了，附近的居民却放假在家了，总有一两个亲戚朋友来拜访。看到这一情况，汪洋又在小区内开展了订餐业务。由于他的饭菜有特色，风味性强，很快就赢得了附近居民的喜爱，甚至有的居民带着亲戚朋友来店内吃饭。一个寒假过去了，汪洋一算，营业额比平时竟然高了两倍多。

汪洋巧妙经营餐馆，让淡季变为旺季。如此一来，他的餐馆就没了淡季，生意一年四季都红火。我们常说："没有淡季的市场，只有淡季的思想。"身为店铺经营者只有从思想上真正找原因，想办法，没有解决不了的问题。著名的雀巢公司就曾经成功地将淡季变成销售旺季。

一次，雀巢公司的人员前去印度销售巧克力，不巧的是当地气候非常炎热，一年中有9个月都持续高温。销售巧克力的场所又没有空调，条件非常艰苦，很多销售人员只是在路边摆起了地摊，而巧克力就是摆在烈日下销售的。35℃~45℃的高温下，巧克力都化成了液态，因此，一个销售商开玩笑地说："雀巢巧克力都是被当作饮料出售的。"这句话引起了雀巢印度分公司负责人的注意。他想："既然我们的巧克力都是在液体状态下卖出去的，那我们为什么不直接卖液体巧克力呢？"

于是，这位负责人马上向雀巢总公司提出生产液体巧克力的建议。公司高层听取了这个意见，并迅速在印度分公司推出了一款名为"Choco Stick"的液体巧克力产品，受到了空前的欢迎，从此雀巢公司的巧克力产品在印度没有了销售淡季，让原本一年有9个月的销售淡季都成为了巧克力销售的旺季。

雀巢公司的成功经历再次向我们证明，淡季一样可以不淡。当然，店铺出现淡季是很正常的现象，这是市场本身的特征，不是我们哪一个人所能改变的，但我们可以通过一些措施让淡季不再淡。

1.寻找淡季中的热点

要想寻找淡季不淡的热点，就必须想办法拓展业务空间。例如上述案例中的汪洋，当原来的固定顾客不在了，就极力在办公区与居民区发展自己的消费群体。当然，不同的行业，拓展业务的方式也不尽相同，这就需要店主根据自己的情况，采取相应的措施。总之，要想使店铺的生意在淡季不淡，就要寻找新的客源，以拉动店铺的销售活力。

2.推出新产品

新产品往往能引起消费者的兴趣，在淡季恰当地推出新商品可以在如同死水的市场中掀起波澜，提高人气与关注度。如果能推出弥补淡季市场空白的新商品，那么更可能给企业带来无限的商机。例如，服装店在淡季时，可以上一些配衣服裤子的饰品和包包等季节性不太强的商品。

但是，在淡季推出新产品与促销时要考虑损益平衡，毕竟同样的宣传推广费用在淡季所能达到的效果远低于旺季，尽可能避免赔本赚吆喝的情况。

3.进行适度优惠促销

通过推出一些目标消费者关心并且可以为其带来实质利益的活动，由此带动市场气氛，措施得当甚至还可以在淡季掀起一次销售高潮。活动不可以是简单的优惠打折，要从其他的角度切入。以书店为例，3月，随着学生开学，书店的店面营销可以倾向书店教辅产品，通过图书展销、让利促销、举办学习讲座等方式吸引学生、家长进店购买。到了4月，可以抓住春天踏青旅游的好时机，通过购买某类型的书籍举办不同的活动，或者组织读者采风旅游等活动。

4.借势吸引眼球

一般情况下，商品在淡季时都是缺乏消费者关注的，此时可以采取借助一些热点事件或刻意制造热点事件的办法来吸引消费者的眼球，关注的目光多了，自然增加了消费的可能性。借势需要注意的是切不可空穴来风，那样只能适得其反，最好寻找消费者关心的元素打造借势题材，或者借助已经发生的事件来展开营销活动。

第四篇

数字管理教你找出解决方案

——财务与会计管理

财务规划的重点
店铺的财务分析
有效控制成本费用

第一章

财务规划的重点

建立健全的财务系统

财务管理在店铺的实际工作中起着非常大的作用，但其发挥作用的前提是店主必须认识到财务管理在店铺经营中不可忽视的重要性。而财务管理的第一步就是建立健全适合的财务系统，主要包括以下几个部分：

1.缩短资金周转期

要缩短资金的周转期，就需要扎实地管理日常资金开支，实际准确地预测各个阶段的资金应用。要有计划地筹措和使用资金，维护好店铺的形象和信誉。

（1）做好现金和银行存款的管理工作。店主应阶段性地统筹现金剩余和不足的情况，制定资金预算，规划好未来的现金流量。

（2）协调好信贷关系，保证商品流转资金的及时获取。

（3）控制合理库存，扩大销售，增加资金周转次数。

（4）保持收支平衡，研究筹措资金、延长支票和赊购支付物期限的对策。

2.增强对库存的控制度

对库存管理的加强有利于店铺进一步降低运作成本。小店铺的商品具有周转快、流量大、品种多、规格齐的特点，这就更需要店铺加大对存货管理的力度。

3.健全内部管理制度

内部制度主要分为两个方面：岗位责任和操作流程。岗位责任明确规定各个岗位的工作内容和职责范围，以及员工之间的衔接关系。操作流程则进一步规范管理，明确权限。

4.设置分类账目报表

店铺要根据自身的具体情况来设置分类账目报表，比如日志账目、分类账目、试算表、损益表、资产负债表、财务状况分析表、费用分析表、商品毛利分析表等。

适时对财务指标进行系统分析

每个门店均配备有专业的会计记账及财务核算。店主虽然不是专业的财会人员，但是店主需要掌握分析财务指标的方法，通过分析财务指标，了解本店的盈利能力。财务分析的基础工具是门店的资产负债表和损益表。这两张报表概括了门店的财务状况对门店经营业绩的影响。作为店主需要掌握这些财务工具的分析和使用。

1.资产负债表

资产分为流动资产和长期资产，负债分为流动负债和长期负债。资产负债表通过显示资产和负债的比例，可以反映出门店的经营效率。

2.损益表

损益表反映出门店是否赚到利润，它由销售收益、成本、费用3部分组成。

通过对损益表细致的分析，可以得知有许多方法改进一个门店的盈利经营情况：

（1）增加销售额，但是要确保不要同比例增加销售成本或者是营业费用。

（2）降低营业成本。

（3）降低营业费用，但是要确保不要同比例减少销售额或者是同比例增加销售成本。店长要分析不同时期各种费用的增长或减少的原因，不要仅仅简单地靠增加销售额来改善门店经营情况。

3.比率

（1）流动比率。

流动比率=流动资产÷流动负债

流动比率表明门店是否有能力用流动资产偿还流动负债。例如，流动比率为2∶1是被认为安全的比率，表明该门店可以用2元的流动资产偿还每1元的流动负债。如果流动比率小于1，即流动资产小于流动负债，则意味着该门店的现金入不敷出，离破产不远了。

（2）速动比率。

速动比率=速动资产（现金+应收款）÷流动负债

当门店的流动资产被大量的存货所占用时，就需要用速动比率来检测门店的偿还流动负债的能力。速动比率用来说明门店可以马上转化成现金用来偿还流动负债的能力，一般认为1以上的速动比率是合适的比率。对于门店，将大量的现金压在货物上是不明智的行为。

会计是过去，财务是未来

如果店铺财富是一张饼，那么会计就是用来衡量这张饼有多大、该如何分配的，而店铺财务是用来谋划如何将这张饼做大的。

具体地说，会计代表过去，着眼于确认、计量和报告店铺之前所发生的业务。而财务着眼于未来，更需要考虑的是如何投资、筹资，使店铺财富最大化。会计只是实现店铺财务决策的一种技术手段，会计信息的作用是用来签订店铺的投资和筹资等财务和约。所以学习店铺财务的人，也要能看得懂财务报表，进行财务分析。

会计和财务的技术方法不同。会计是一门商业语言，利用借贷记账原理，最后提供3张财务报表。而财务则是应用经济学的基本理论，在约束条件下，利用货币时间价值等概念、折现值等基本方法，风险和收益匹配等原则，实现成本收益的最大化。财务比会计的技术方法要多、要复杂，更有挑战性。

因为要配合报税，所以他们大都会委托会计师处理，会做好账簿管理。但是，一些小的经营者每天被琐碎事务追着跑，可能都会忽略财务，认为一个月后、3个月后，甚至一年后的事谁知道。不得不说这是一种短视，拥有未来计划并确实执行的店铺，和从不思考未来、茫然经营的店铺相比，员工的动力以及实现的成果，简直有天壤之别。

你想带员工出去旅游，却不告诉他们目的地，只是让大家到集合地点会合。也许有人觉得这样很有趣，但是不知道要去哪里而有点不安的人应该更多吧，所以目的地明确，是很重要的事。

对于这种情况，我们可以规划10个重点：

（1）为了什么？（理念）

与员工同乐，从日常繁忙的工作当中喘口气。

（2）目的地？（目的）

迪士尼乐园。

（3）现在位置？（现状、会计内容）

大阪。

（4）目的地与现在位置的差距？（让课题明确化）

东京到大阪的距离。

（5）怎么做？（手段）

租巴士。

（6）所需时间？（期间）

何时出发、何时到达。

（7）到什么时候？（期限）

早10点。

（8）跟谁？（人）

老板跟员工。

（9）所需成本？（成本）

交通费。

（10）途中的重点？（目标）

何时到达休息站。

先决定好这10个重点，达成这份计划以后，对员工有什么好处，要确实考虑进去，然后与员工共同坚守这项营运计划。

财务与会计既有区别，但同时又相互作用、相互影响，有着非常紧密的联系，其区别是：

1.概念区别

财务是在一定的整体目标下，关于资产的购置、投资、融资和管理的决策体系。而会计是以货币为主要计量单位，采用专门方法，对单位经济活动进行完整、连续、系统的核算和监督，通过对交易或事项确认、计量、记录、报告，并提供有关单位财务状况、经营成果和现金流量等信息资料的一种经济管理活动。

2.职能区别

会计基本职能是核算和监督，侧重于对资金的反映和监督。而财务的基本职能是预测、决策、计划和控制，侧重于对资金的组织、运用和管理。

3.面向的时间范围不同

会计是面向过去，必须以过去的交易或事项为依据，是对过去的交易或事项进行确认和记录。而财务是注重未来，是基于一定的假设条件，在对历史资料和现实状况进行分析以及对未来情况预测和判断的基础上，侧重对未来的预测和决策。经济业务或事项应不应该发生、应发生多少，是财务需要考虑的问题。

4.影响其结果的因素不同

会计结论主要受会计政策和会计估计的影响。企业选定的有关会计政策、会计估计，既受到国家统一会计制度的限制，同时受到会计人员专业判断能力的制约。而财务管理目标实现的程度，主要受到企业投资报酬率、风险，以及投资项目、资本结构和股利分配政策的影响。

财务与会计的联系是：

（1）会计是财务的基础，财务离不开会计。会计基础薄弱，财务管理必将缺乏坚实的基础，财务预测、决策、计划和控制将缺乏可靠的依据。新的具体会计准则和新会计制度普遍采用谨慎性和实质重于形式的会计原则，有利于为企业财务管理和决策提供客观、真实、完整的会计信息资料，减少财务决策风险。

（2）财务与会计在机构和岗位设置上有交叉现象，在内容上没有明确的界限。单位在机构、岗位的设置上，除不相容职务以外，财务与会计岗位可以重叠。

（3）会计从业人员必须掌握有关财务知识，熟悉单位的内部财务规定，如差旅费、医药费等报销的规定。每年注册会计师、会计师考试科目，都包括财务成本管理内容。同样，财务人员必须懂会计知识，能熟练分析和运用相关会计信息资料。单位会计机构负责人（会计主管人员），同时也可以是单位财务负责人。有的财务部门或计财部门包括会计机构，同时履行财务、会计的职能。

财务与会计的职能是不同的。在某些情况下，分清财务与会计的概念，明确财务、会计的职责，是非常重要的。如实行代理记账的单位，必须明确会计代理机构与被代理单位的责任，处理好财务与会计的关系。目前正在广泛推行的以代理记账为基础的政府会计集中核算，其基本前提就是单位理财自主权不变。单位实行会计集中核算制后，会计核算从单位独立出来，由核算中心代理会计核算工作，但财务管理职能仍属于单位，单位资金的筹措、分配、使用的财务管理权没有变，单位债权、债务关系没有变，特别需要强调的是单位的一切开支必须经单位同意，核算中心才能处理。按照《会计法》的要求，单位的会计责任主体仍是单位。核算中心是代理记账，履行会计核算和会计监督的责任，会计核算中心不能越权、越位，更不得平调单位资金。

制订一个周全的筹集计划

一个小店需要一笔不小的创办经费和资本，这笔资本越充分越好，以免在创办早期因各种不可预测的缘故造成资金周转不开，落得中途而废。资本越充分越好的原因在于使创业者开店时游刃有余，但并不是要求全部投入。这就需要开店者制订一个周全的资金筹集计划，为日后的发展作准备。一个周全的筹资计划应该包含以下几个方面的内容：

1.计算回收期

投资回收期就是使累计的经济效益等于最初的投资费用所需的时间，可分为静态投资期和动态投资期。投资回收期的计算方法是将初始投资成本除以因投资产生的预计年均节省数或由此增加的年收入。

2.计算现值和终值

现值就是开始的资金，终值就是最终的资金。

3.计算筹资成本

（1）筹资的含义：企业筹资，是指企业根据其生产经营、对外投资以及调整资本结构等需要，通过一定的渠道，采取适当的方式，获取所需资金的一种行为。

（2）筹资成本的含义：企业筹资成本是指企业因获取和使用资金而付出的代价或费用，它包括筹资费用和资金使用费用两部分。

（3）计算公式：企业筹资总成本＝企业筹资费用＋资金使用费用

4.筹资渠道

筹资渠道主要有：国家财政资金、专业银行信贷资金、非银行金融机构资金、其他企业单位资金、企业留存收益、民间资金、境外资金。

5.筹资方式

筹资方式主要有：吸收直接投资、发行股票、利用留存收益、向银行借款、利用商业信用、发行公司债券和融资租赁。

6.筹资数量

（1）筹资数量预测依据：法律依据、规模依据、其他因数。

（2）筹资数量预测方法：因素分析法、销售百分比法、线性回归分析法。

7.筹资可行性分析

（1）筹资合理性：合理确定资金需要量，努力提高筹资效果。

（2）筹资及时性：适时取得所筹资金，保证资金投放需要。

（3）筹资节约性：认真选择筹资来源，力求降低筹资成本。

（4）筹资比例性：合理安排资本结构，保持适当偿债能力。

（5）筹资合法性：遵守国家有关法规，维护各方合法权益

（6）筹资效益性：周密研究投资方向，大力提高筹资效果。

（7）筹资风险性：企业的筹资风险是指企业财务风险，即由于借入资金进行负债经营所产生的风险。其影响因素有：经营风险的存在；借入资金利息率水平；负债与资本比率。

总之，做生意要精打细算，这是再明了不过的事儿，而制订详尽的筹资计划对于开店者而言，不仅可以节省许多不必要的开支，还可以减少开店之初遇到的各种麻烦。若开店者制订筹资计划时将以上各方面的内容考虑在内，会是一个很好的开端。

制定切实的目标利润

目标利润是指店铺在未来一段时间内，经过努力应该达到的最优化控制目标，它是店铺未来经营必须考虑的重要战略目标之一。目标利润一经确定，便成为店铺生产经营活动的行动依据，店铺要根据目标利润来组织销售收入，控制销售成本的资金占用。

如果制定目标的基础是不切实际的臆想或陈年旧历，这种目标就毫无价值。比如，可能是基于最近一次工业萧条期以前的销售数据，或者未能考

虑到该产品已处于其生命周期更成熟的阶段，面临的销售机遇已发生了变化。

在制定利润目标的时候需要考虑如下这些因素：

（1）店铺持续经营的需要。

（2）资本保值的需要。

（3）内外环境适应的要求。

制定目标时的首要问题是标准以多高为宜。目标远大固然可赞，但如果遥不可及就必然大伤士气。目标怎会变得高不可攀呢？通常是在制定的过程中，各级管理者层层加码造成的。销售管理顾问公司总裁卡吉尔解释道："最高层经理说，把A产品的销量提高40%。下一层经理为了在老板面前露一手，把目标提高到50%。接下来再下一层经理也同样想表现自己，又进一步加成60%。结果等目标最后下达到业务员时，已比最初高了130%~140%，这对他们来说根本无法实现。"

要避免这种结果，在预备阶段就要把销售部门提供的实际资料考虑进去，并在制定目标的整个过程中铭记在心。

制定目标利润，具体包括：

（1）制定目标利润。按照下一年度的经营方针，制定店铺下一年度的目标利润。

（2）根据以前年度的实际成本费率以及当年的经营业绩的估计值，根据企业下一年度的经营方针，估计下一年度各项成本费用的增长比例，预估出下一年度的工资、制造成本、销售费用、管理费用等等固定费用。

（3）根据下一年度的经营方针，估计下一年度的店铺整体的利润率。

（4）初步制定下一年度的目标利润和目标成本费用。

（5）制订细分到每个人的利润计划。

①细分销售计划。

②细分各项生产成本计划。

③细分各项费用计划。

④综合制定利润预算。

（6）制订资金计划。

①制订设备投资计划。按照下一年度的生产计划，制订下一年度所需要的设备投资预算和计划。对照企业所掌握的自有资金数额，计算出下一年度设备投资所需要的借款数量，制订设备投资的资金调度预算和计划。

②制订资金周转计划。根据下一年度的生产计划、销售收入计划、经营计划，计算出因此产生的销售收入现金流入、应收账款、进货支出、产品库存的计划和预算，并以此制订出资金周转预算和计划。

③制订投资融资计划。根据经营计划制订下一年度的银行贷款及其偿还计划、借款及其偿还计划、投资计划、融资计划等。

④综合资金运用计划。根据设备投资计划、资金周转计划、投融资计划，加以汇总，制定下一年度的预估资产负债表、预估现金流量表，这两个预估的财务报表可以有助于管理层综合性地掌握资金的运作动向。

目标利润制定的适当与否直接关系到模式的实施效果，目标利润制定得过低，难以激发店铺潜力，容易给店铺带来大量的无效成本，店铺不能创造出最佳的经济效益；而目标利润制定得过高，又会使执行者觉得高不可攀，望而却步，失去实现目标利润的信心。因此，确定合理的目标利润是实施以目标利润为导向的店铺预算管理的一个关键环节。

确定目标利润最常用的方法主要有4种，店铺应根据自身特点，选用与企业经营环境相适合的确定方法：

1.量本利分析法

通过对市场的调查分析，首先对产品的销售量或销售额做出科学预测，然后再分析预测店铺的固定成本、变动成本、贡献毛利率等，最后确定目标利润。

2.相关比率法

与目标利润相关的比率主要有销售利润率、成本利润率、经营杠杆率及资本净利率等，管理者可根据分析，先对这些比率进行预测，根据预测来确定目标利润。

3.简单利润增长比率测算法

根据店铺历史最好利润水平、上年度达到的利润水平及过去连续若干年特别是近两年利润增长率的变动趋势与幅度，结合预测期可能发生的变动情况，来确定预计利润增长率，然后测算出目标利润。此方法主要适用于稳定发展的企业。

4.标杆瞄准法

以最强的竞争店铺或同行业中领先的、最有名望的店铺为基准，将本店铺产品、服务和管理措施等方面的实际状况与基准进行定量化评价和比较，分析基准店铺的绩效达到优秀水平的原因，在此基础上选择改进的最优策略，并在店铺连续不断地反复进行，以改进和提高企业绩效的一种管理方法。

目标利润一旦确立，就要努力将之落实。从事复印机和传真机业务的考姆道克公司的业务主管弗兰克说，20世纪70年代刚加入公司任经理时，"我制订了一个计划交给下属经理去实施，却眼看着他们失败。现在我们所有目标的制定都自下而上进行，然后逐层落实。"

如果业务员认为附加目标太高，店铺就会寻找其背后的真正原因。比如，有位业务员进行销售活动的一个单项目标时说："我没把握一周内能约见这么多客户。"但店铺主管也担心仅靠电话和销售拜访他能否安排这么多约见。经安排，这位业务员得到了店铺直邮和电话营销员工的支持，如此一来，其销售由过去平均每周只有7~8次增加到现在每周17次。

第二章

店铺的财务分析

开店前的投资预算很重要

经过市场调查和市场需求预测之后，店铺创建者对于店铺规模、经营商品类型、市场需求现状及未来发展趋势等方面均已有了一个大致的了解，接下来就应该进行投资预算，以便进行筹资和资金安排。

投资预算的工作必须具体落实，它对于避免创建过程中的资金不足或资金闲置有着十分重要的意义。通常预算要有根有据，且显示在业务表上。通过预算，可以让投资者知道多长时间能收回自己的投资，以及能赚取多大的利润。

一般来说，开店投资需要预算以下几个部分：

1.预算初期费用

初期费用包括用于会计核算、法律事务以及前期市场开发的费用，还有一些电话费、交通费之类的管理费用。

2.预算负现金流量

通常很少有新店能够在一开始就达到营业损益平衡。一般要经过6~8个月才可能有利可图。此间新店就会遇到负现金流量，这就需要用投资来达到收支平衡。

3.预算租赁场地费用

租赁场地费用估算要参照周围出租费用行情，包括公共设施、车位、垃圾台等都要预算清楚。租赁场地费估算最好按每平方米每日多少元计算，不要按月或按年统计算出。

4.预算装修费用、设备设施费用

店铺的装饰包括门面、厅面、库房等方面，若是中小型店铺，门面和厅面装饰应以简洁、明亮、雅致为主。原则上能节省则节省，避免豪华装饰以减少营业前期投入过多的费用。在估算设备、设施费用时，还应包括运输费和安装调试费。设施和设备包括存货设备、运输设备、加工设备、空调通风设备、安全和防火设备等。

5.预算劳动力成本

无论是店家本人或者雇用他人负责经营，都需要付出一定的报酬，这即是劳动力成本。预算劳动力成本时，可按不同人员的工资标准乘以人数来估算。各类人员的工资水平，在各劳动力市场都有平均工资标准可供参考。

6.意外损失基金

在为新店计划资金来源时，难免会有意想不到的开支。为了应付这些意外的费用开支，新店需要有可以动用的准备金。

7.预算运营费用

运营费用包括营销费用、广告费用、培训员工的费用等，还应该考虑不可预见的准备金。

一般来讲，需要准备比上述资金预算更为宽裕的资金，才能在发生意外成本时从容不迫地应付。从资金筹备来说，如果你的资金有限，那么你就必须在资金的限度之内对店铺的规模、档次及从筹建到正常运作的时间进行严格的控制，尽量避免浪费资金和时间。

财务状况说明书包含哪些内容

财务状况说明书，主要说明店铺的生产经营状况、利润实现和分配情况、资金增减和周转情况、税金缴纳情况、各项财产物资变动情况；对本期或者下期财务状况发生重大影响的事项；资产负债表日后至报出财务报告前发生的对店铺财务状况变动有重大影响的事项，以及需要说明的其他事项。

1.店铺生产经营的基本情况

（1）店铺主营业务范围和附属其他业务，纳入年度会计决算报表合并范围内店铺从事业务的行业分布情况；未纳入合并的应明确说明原因；店铺人员、职工数量和专业素质的情况；报表编报口径说明。

（2）本年度生产经营情况，包括主要产品的产量、主营业务量、销售量（出口额、进口额）及同比增减量，在所处行业中的地位，如按销售额排列的名次；经营环境变化对企业生产销售（经营）的影响；营业范围的调整情况；新产品、新技术、新工艺开发及投入情况。

（3）开发、在建项目的预期进度及工程竣工决算情况。

（4）经营中出现的问题与困难，以及需要披露的其他业务情况与事项等。

2.利润实现、分配及店铺亏损情况

（1）主营业务收入的同比增减额及主要影响因素，包括销售量、销售价格、销售结构变动和新产品销售，以及影响销售量的滞销产品种类、库存数量等。

（2）成本费用变动的主要因素，包括原材料费用、能源费用、工资性支出、借款利率调整对利润增减的影响。

（3）其他业务收入、支出的增减变化，若其收入占主营业务收入10%（含10%）以上的，则应按类别披露有关数据。

（4）同比影响其他收益的主要事项，包括投资收益，特别是长期投资损失的金额及原因；补贴收入各款项来源、金额，以及扣除补贴收入的利润情况；影响营业外收支的主要事项、金额。

（5）利润分配情况。

（6）利润表中的项目，如两个期间的数据变动幅度达30%（含30%）以上，且占报告期利润总额10%（含10%）以上的，应明确说明原因。

（7）会计政策变更的原因及其对利润总额的影响数额，会计估计变更对利润总额的影响数额。

3.资金增减和周转情况

（1）各项资产所占比重，应收账款、其他应收款、存货等变化是否正常，增减原因及其他营业单位的情况。

（2）资产损失情况，包括待处理财产损益主要内容及其处理情况，按账龄分析3年以上的应收账款和其他应收款未收回原因及坏账处理办法，长期积压商品物资、不良长期投资等产生的原因及影响。

（3）流动负债与长期负债的比重，长期借款、短期借款、应付账款、其他应付款同比增加金额及原因；偿还债务的能力和财务风险状况；3年以上的应收账款和其他应付款金额、主要债权人及未付原因；逾期借款本金和未还利息情况。

如何进行损益分析

在开店之前，损益分析及损益平衡点的预估，可作为预定地取舍的依据。损益平衡分析法是最为常见的一种方法，它是用于研究成本、销售收入与利润三者关系的一项重要分析方法。一般来说，开店之前，要估算一年或6个月内的损益情况。进行损益分析包含如下内容：

1.营业额预估

一般只根据物价指数及Cohort法来预估人口成长率，并据以推估每年营业额。每年物价将因原料价格上涨，人工薪资上涨，土地、房屋成本上涨而上升，此上升指数即一般所称的通货膨胀，如商圈内因住宅的兴建而搬入一些外来人口，生育率提高或人口移出等。

2.销货成本预估

以半年内计划扩充店数来推估销货成本，举例而言，超市可能因采购数量扩大，销货成本降低几个百分点，另外损耗也会因管理技术的精进而降低，因此店铺应有一个长期毛利率目标，作为努力的基准。

3.管销费用预估

店铺管理销售费用包括租金的多少、开店前的摊销、贷款的利息、保险费用及固定资产折旧费用等。

（1）租金：按照租屋契约规定做调整。

（2）开办费用摊销：包括开店前一切费用的摊销。

（3）开店成本的利息：含押金利息负担。

（4）保险费用：依承保金额，计算每月保费。

（5）折旧费用：依税法规定，固定资产有不同的折旧年限，此亦应列入管销费用。

4.管销费用预估

（1）薪资费用：按调薪幅度调整，但须注意薪资在管销费用中所占的比例有限，超过时生产力将出现危机，故薪资水准的管理和职员、兼职打工的比例须依年度调整，以保持生产力的提高。

（2）促销费用：单店促销费用较高，多店则较低，但促销费用以不超过营业额1.5%为主。

（3）其他费用：如产品折旧、员工培训、差旅、劳保、伙食津贴、员工奖金、电话、交通等费用。

5.损益平衡点销售额预估

损益平衡点销售额是店铺收益与支出相等时的营业额，超过此营业额，店铺即产生盈余，低于此营业额即表示亏损，计算方式如下：

（1）固定费用：将前述每月固定支出项目累加起来，如员工薪资、水费、电话、煤气、房地产成本摊销、固定租金、折旧摊销、押金利息、开店贷款利息、保险费用、会计师签证费用、修缮保养费等。

（2）销货毛利率：即销货毛利占营业收入的百分比。

（3）变动费用：直接营运成本、包装费、广告促销费、计时工资等，会随营业额多寡而变动的项目累加之后占营业额的百分比，称为变动费用率。

（4）损益平衡点销售额=固定费用÷销货毛利率—变动费用率。

估算店铺每月支出的费用

为配合店铺营运的合理化及资金的合理运用，店铺经营者应对每月的支出费用作细致的估算。这部分费用多为固定消耗，无论生意是否收益都得支出。因此，店主要详细估算每月的费用，做到心中有数，在不影响店铺正常营业的情况下，并尽量节约这部分开支。店铺每月的支出费用一般包括以下方面：

1.人员管理费用

管理费用是指企业行政管理部门为组织和管理生产经营活动而支出的各项费用。

管理费用属于期间费用，在发生的当期就计入当期的损益。对店铺来说，一般包括薪金、津贴、加班费、资金、退职准备金、福利金等。

这部分费用可根据当地的收入水平及店铺的人员数量情况来估算。

2.设备维护费用

对有些店铺经营来说，设备是保障店铺正常运营的关键。为防止设备性能劣化或降低设备失效的概率，按事先规定的计划或相应技术条件的规定进行的技术管理措施。设备维护和保养一般包括：如设备的维修费、设备折旧费、店铺修饰费、保险费等。这部分费用根据需要使用时间、损耗量来估算，当然与设备质量也有直接的关系。

3.维持费用

维持费用是为了维持店铺的正常运营所消耗的费用。如进货款、水电费、事务费、杂项费等进货款根据店铺的产品销售情况来估算；水电费一般以店铺当地的收费标准来估算；事务费、杂项费根据店铺的具体情况来估算。

4.变动费用

从店铺的角度考虑，变动费用多指商家为了刺激消费者的购买需求而举办一系列的促销活动所花费的费用。一般包括广告宣传费、包装费、盘损、营业税等。这部分费用根据店铺的经营情况、促销活动的大小及收支情况来估算。

做好店铺财务指标分析

我们可以通过各种财务指标计算公式，来具体了解店铺的盈利水平、费用成本等具体的财务状况，以便根据情况做出对策。

1.营业额达成率与毛利率

营业额达成率是指门店的实际营业额与目标营业额的比率。其计算公式如下：

营业额达成率=实际营业额÷目标营业额×100%

营业额达成率的参考指标在100%~110%之间。

毛利率是指毛利额与营业额的比率，反映的是门店的基本获利能力。其计算公式如下：

毛利率=毛利额÷营业额×100%

毛利率的参考标准是16%~18%以上。

2.营业费用率

营业费用率指门店营业费与营业额的比率，反映的是每一元营业额所包含的营业费用支出。其计算公式如下：

营业费用率=营业费用÷营业额×100%

该项指标越低，说明营业过程中的费用支出越小，门店的管理越高效，获利水平越高。营业费用率的参考指标是14%~16%以下。

3.净利额达成率

净利额达成率是指门店税前实际净利额与税前目标净利额的比率，它反映的是门店的实际获利程度。其计算公式如下：

净利额达成率=税前实际净利额÷税前目标净利额×100%

净利额达成率的参考标准是100%以上。

净利率是指门店税前实际净利与营业额的比率，它反映的是门店的实际获利能力。其计算公式如下：

净利率=税前实际净利÷营业额×100%

净利率的参考标准是2%以上。

4.总资产报酬率

总资产报酬率是指税后净利润与总资产的比率，它反映的是总资产的获利能力。其计算公式为：

总资产报酬率=税后净利润÷总资产×100%

总资产报酬率的参考标准是20%以上。

5.营业额增长率与营业额利润增长率

营业额增长率是指门店的本期营业额同上期相比的变化情况。它反映的是门店的营业发展水平，其计算公式如下：

营业额增长率=（本期营业额－上期营业额）÷上期营业额×100%

一般来说，营业额增长率高于经济增长率，理想的参考标准是高于经济增长率2倍以上。例如，去年的经济增长率为8%，则营业增长率应该达到16%以上才算合格。

营业利润增长率是指门店本期营业利润与上期营业利润相比的情况。它反映的是门店获利能力的变化水平。其计算公式如下：

营业利润增长率=（本期营业利润－上期营业利润）÷上期营业利润×100%

营业利润增长率至少应大于零，最好高于营业额增长率，因为这表示门店本期的获利水平比上期好。

6.盈亏平衡点

盈亏平衡点是指门店的营业额为多少时，其盈亏才能达到平衡。其计算公式如下：

盈亏平衡点时的营业额=固定费用÷（毛利率－变动费用率）×100%

毛利率越高，营业费用越低，则盈亏平衡点越低。一般情况下，盈亏平衡点越低，表示该门店盈利就越高。

7.每平方米销售额

每平方米销售额是指门店单位卖场面积所负担的销售额，它反映的是卖场面积的有效利用程度。其计算公式如下：

每平方米销售额=销售额÷卖场面积

不同类型的商品所占的面积、销售单价、周转率不同，其每平方米销售额也不同。

8.人均劳效

人均劳效是指门店的销售额与员工人数的比值，它反映的是门店的劳动效率。其计算公式如下：

人均劳效=销售额÷员工人数

如果门店的人员越少，销售额越高，则人均劳效也越高，劳动效率就越高。

9.总资产周转率

总资产周转率是指门店的年销售额与总资产的比值，它反映的是门店的总资产利用程度，其计算公式如下：

总资产周转率=年销售额÷总资产×100%

该项指标越高，说明总资产的利用程度越好。一般情况下，总资产周转率的参考标准是每年两次以上。

如何检查店铺的财务隐患

1.现金短少纸上富贵

一些店铺存在的一个相当普遍的问题是，经营业绩上去了，但现金流量却捉襟见肘甚至入不敷出。有的店铺净利润虽然很高，经营现金流量却为负值，说明店铺虚盈实亏，其净利润实际上是一种存在财务隐患的纸上富贵。

2.会计手段偏激超前

有的店铺少计费用和损失，不恰当地提前确认或制造收入和收益，利用销售调整增加本期利润。为了突击达到一定的利润总额，有的店铺在报告日前做一笔假销售，再于报告日后退货，从而虚增本期利润；将费用挂在"待摊费用"科目，采用推迟费用入账时间的办法降低本期费用，凡此种种。

3.利润资产泡沫成堆

某些店铺不仅利润是虚假的，甚至资产也是虚假的，虽然负债累累，财务报表却相当好看。

编制相关财务报表

在店铺的财务管理中，不可避免地要使用大量的报表来统计数据，并通过这些真实可靠的信息充分反映店铺的销售状况，因此，便需要科学地编制财务报表。财务报表亦称对外会计报表，是会计主体对外提供的反映会计主体财务状况和经营的会计报表，包括资产负债表、损益表、现金流量表或财务状况变动表、附表和附注。

财务报表主要是反映企业一定期间的经营成果和财务状况变动，这就要求报表在编制过程中遵循清晰明了、编报及时等基本原则：

1.真实可靠

为了保证报表所提供的信息真实可靠、数据准确，在编制报表前店主必须核对账簿记录，使账物相符、账账相符、物物相符。

2.清晰明了

报表信息是店主决策的依据，因此，每一条信息都应清晰明了，便于店主理解其含义，并正确使用。

3.反映充分

编制的报表，应使店主充分了解店铺的经营状况，从而做出正确的判断和决策。

4.编报及时

时效性是信息的重要特征，只有讲究时效，信息才具备使用的价值。

预算要对投资项目进行详细的分析

想开店的朋友一定都在想同一个问题：开什么店最赚钱？这是创业过程中一定会经过的心理过程。谁都想开个能赚钱的店，但是什么样的店面能赚钱呢？相信这也是大家普遍关注的一件事情。

投资的项目一定要有良好的消费者基础，有需求才可能赚钱；要有个性，有特点，与其他店有区别，能给顾客留下鲜明独特的印象；赚钱的项目一定要投资不多，容易经营。如果一个开店项目投入很多，无形中就增加了经营的压力，增加了成本回收的时间成本；小本生意最怕的就是太烦琐。凡事都要自己做，起早贪黑，比上班还累。

确定好投资项目之后，还要对开店的经营成本进行分析预算，它包括商品采购费、工资福利费、修理费、其他费用等多个方面。

1.商品采购费

它包括生产经营过程中通过多种渠道采购商品的费用，它在店铺创建初期的经营成本中占有很大的比重。估算中，可以事先列出需购商品的清单，将每种商品的单价乘以预算时间段内的采购量，从而得出需投资的金额。其中，还应包括大致估算出的运输费用。

2.工资福利费

工资包括采购、财务、管理人员和营业员等所有相关人员的工资、奖金、津贴和补贴。按店铺定员工人数乘以各类人员年工资标准得到估算数。员工福利费可按工资总额乘以一定的比例进行估算，主要用于医药费或医疗保险、员工困难补助以及其他福利性开支。

3.修理费

它包括店铺所属范围内一切财务所发生的修理费用。一般按照同等规模店铺同类费用的支出数目进行估算，也可以根据个人经验进行大致的判断。

4.其他费用

此类费用一般包括管理费用和销售费用中的办公费、差旅费、运输费、保险费、员工教育经费、土地使用费、咨询费、业务招待费、坏账损失和在成本费用中列支的税金、租赁费（非融资租赁）、广告费、销售服务费用等。

列入成本费用的税金有房产税、车船使用税、土地使用税、印花税等。

由以上各项费用累计计算出的费用总和，即可估算出计划期限内的经营成本。这里的计划期限一般可设定为一年，如果以采购费用为主进行估算，则可再短一些，如半年、一个季度等。

估算固定设备的投入费用

决定开店发展自己的事业之后，就需要估算开店时在固定设备上所需投入的资金数目。毕竟开创事业中最为重要的是了解和解决财务费用上的需求，它是决定日后成败的关键。

估算固定设备的投入费用，一般包括以下几个方面：

1.店铺装潢

店面装潢直接决定着店铺的风格，以及经营的产品的档次，潜在表明了消费群体。因此，在店铺的装潢设计方面，店主最先考虑的是定位及主要客户群。目前店内营业面积至少达到30平方米才能满足消费者购买商品的需求，由此，在装潢上，店内色调必须满足顾客的心理需求。

2.店内环境设施

店铺要为顾客提供一个舒适的购物环境，保证冬暖夏凉。这就需要购置冷暖气设备。以促使顾客在店内停留较长的时间并购买较多的商品。目前店内多使用空调来调节温度，空调有悬吊式和直立式两种。悬吊式空调的优点是不占空间的，使店内货架增加，可陈列的商品增多，营业额随之会提升；缺点是冷度较差，价格偏高。直立式空调优点为冷度较强、价格较便宜；缺点是占空间，如果店内面积不大就会影响商品陈列，以及营业额的提升。

3.水电装备

在店内的所有工程中，最为复杂、工程品质要求最高的就是水电。在施工期间，从配线、拉管到装开关箱，从送电照明、给水与排水到消防安全，所有过程和材料的品质皆须严格要求，这样整个店才能达到安全、美观、实用的标准。

4.陈列商品的货架

货架的功能是陈列商品，让消费者在店内很容易找到所需的商品。货架的构成有单面架、双面架、棚板、前护网、侧护、背网、挂钩等。

5.招牌制作

招牌的亮度与色调是促使顾客入店的主要原因。因此，在设计与装置招牌时，要做到色泽让消费者接受、位置明显、亮度明亮等。

6.购置收银机

一般一家店需要购买两台，以备其中一台有故障时，另一台还可以运作。

以上是硬件及设备的投资项目。另外，还有一些项目并未包括在内，例如贴地砖、拆除墙壁、装落地门窗等。除了上述涉及的设备外，店主另外增加其他设备，则费用要列入再计算。

第三章

有效控制成本费用

小店经不起大手大脚

小店经不起大手大脚，首先应培养对金钱的态度，一分钱都要珍惜。对金钱的态度是经营者必须培养的一种经营态度。经营者对店铺的金钱必须严格把关。店铺的金钱不仅限于现金、原材料、商品、设备，必须把这所有的一切都反映为金钱。店铺主动用的金钱数目越大，人对金钱的感觉就会变得越麻痹。

店铺的规模越大，必然其金额就会增大。日常动用巨额金钱时，小额钞票常常显得像垃圾一样不予重视。如果每天操纵着10万、100万那样巨额的现金，那么对一两万变得无所谓，则并不足以为奇。

有一位经营者在店铺资金紧张时，却每天将1000~2000元的钞票扔在酒馆里。一边说着还差二三百万，一边却花钱如流水。的确，对于100万元来说，1000元算不得什么。一天即使节省了1000元，对于筹措的100万元而言根本算不了什么，但是如果人们探究其资金筹措紧迫的原因之后，必然会考虑借钱或贷款的风险，而断绝借其款项的念头。

俗话说，"一分钱憋死英雄汉"，不会珍惜小钱的人干不了大事的。不是说要吝啬，也不是说对金钱就总是作精细打算。对自己囊中的金钱稍微大方一点没有什么关系，但是，对店铺的金钱一分也不能浪费。

一分也不能浪费并不仅限于现金。不用说商品，就连原材料、燃料、劳动力都不能浪费。它们虽然没有露着金钱的面孔，但在店铺的经营活动中与金钱相同。对金钱以外的东西，不少人都不具备以金钱的眼光去看待的感觉。因此，不少人看重金钱，却在不断地浪费商品和原材料。这些人也属于金钱感觉薄弱型。

一个店主借给了邻居1万美元，到了约定的日子邻居却没有还，店主心怀不满，可是又过了很长时间，邻居仍没有还的意思，店主于是怒上心头，从此不再理那邻居。而另一方面，店主的店铺向邻家赊了1万美元的商品。买东西的一方因为听到"什么时候付钱都可以"，不久就把这事完全忘记了，没去付钱。邻家的店铺不久也忘记了，到决算的时候才想起。但是，已经是好几个月前的事了，碍于面子难索取。于是，店主便说："唉，算了吧！"不了了之。前者对现金得不到偿还怒上心头，后者因为不是现金是商品而变得慷慨大方。

可以说这完全是感觉的问题。实际上两者都遭受1万美元的损失，后者由于不是从金库支出的1万美元，没有感到那么心痛。店主在计算损失时，不是1万美元，而是进价的6000美元吧！从金钱感觉来说，太过于迟钝。把商品看作与要标注的价格相等的现金，才是敏锐的金钱感觉。退货也一样。如果有100万元的商品退货了，那么就等于是从店铺的金库支出了100万元现金。这样的感觉往往使店铺有一种深刻的危机意识，将会更为谨慎地面对自己店铺的经营活动。

对于水电费用、杂费等，采用节约原则，例如减少不该有的照明，或者办公用品集中采购等，节约部分的杂费。而对于一些不需要经常使用的大宗设备，可以采用租赁的方式。还有一些在很多店面司空见惯的浪费行为，要求店主能够细心观察。例如，在夏天，一些店面的空调开到十几摄氏度，不仅顾客进门会感到冷，还浪费电费，店员在这样的环境待久了，一旦进入室外炎热的场地，极易感冒，影响工作与健康，建议适合的温度要调到25℃。还有些店面，夏天开着空调，大门洞开，一方面冷气向外涌，一方面外面的热气往里灌。建议店主多观察一下，可以将门口挂上透明的帘子，一方面可以阻挡室内外的空气对流，另一方面也方便顾客的出入。

有效控制人员费用

人员费用简而言之，是指关系到人的经费，合计为工资、奖金、福利保险费等。

1.人事费与销售额之比，即人事费比率

人事费在各个行业的平均值：制造业17%~18%，建设业12%~13%，批发业超过6%，零售业超过13%。人事费过大时，由于不能降低工资，只有削减人员或在现有人员的基础上努力提高销售额。也就是提高劳动生产率，必须关注每一个人提高了多少成果。

以上3个数字是经营者应该看到的最为重要的数字。另外，更细的是支付利息比率（金融成本）和广告宣传费比率、福利保健费比率等。通过各种成本，可以看到各种指标。

经营者的成本感觉，还有一个不可缺少的视点，那就是单位小时成本和成果，即公司每小时花费多少成本，获得多少成果。时间是人平等拥有的资产，要从这个资产如何有效地利用的视点去看待成本和成果。

具体来说，就是将销售额和毛利润及有关成本的数字除以实际工作时间。重要的是从其视点上经常检查整个公司和每个职工的动向。以这样的感觉环视公司内部的情况，会意外地发现浪费时间的现象。例如，5点钟为下班时间，经常在4点半左右工作效率就已经开始下降。其实毫不夸张地说几乎所有企业的实际情况都是如此。

如果5点钟为下班时间，那么在到5点钟之前的时间以内，全体员工对工作全力以赴才是本来的姿态。但事实上在大约30分钟之前就已经在开始整理，在与同事聊天，这30分钟几乎没有什么成果可言。

加班时又怎么样呢？当然，也有人在继续全力以赴，但也有些人一到加班便拖拖拉拉。这种人一般是没有必要加班却在加班，即不外乎为了挣加班费的"生活加班"。

仔细检查的话，会发现成果只有白天的1/2或1/3左右的情况不少。这样

一来，加班费使人事费猛涨，大大压制利润，导致所谓的人事费破产。

2.单位小时成本

比起人事费比率，严格地关注单位小时成本和成果更为重要。一个立志成功的店主为了养成这种感觉，不妨首先计算一下自己单位小时的人事费是多少，可能的话以10分钟，不，以1分钟为单位来计算看看。而且，也算算单位小时产生了多少成果。再者，经常检查一下，到终点的下班时间为止员工是否在全力冲刺，是否在拖拖拉拉地加班。

（1）潜在过剩人员。许多店铺都不同程度地存在潜在的过剩人员，从而增加生产成本。比如，两个人能做的工作却由3个人来承担，就会发生1/3的过剩人员的损失。同理，拥有100%能力的人，仅发挥50%的能力，则该人的50%能力就浪费了，这样，便发生了人事费的损失。因此，为降低生产成本，必须发现潜在的过剩人员并尽可能另行安排。

（2）间接人员。不要大量增加间接人员，所谓间接人员，即事务人员、技术人员、销售人员或监督人员之类的人。在人事费用的损失之中，特别需要重视间接人员的大量增加。在店铺的效益趋好时，店铺即喜欢大幅增加间接人员，而且间接人员开支增加的比例会超过生产增长的比例，从而导致店铺运营成本上升，经济效益相对下降。店铺的间接人员之所以呈大幅度增加的趋势，除了店铺运营扩大需要相应增加间接人员的原因外，还因为间接人员的工作没有客观的标准，多点人少点人都可以。另外的两个原因是，管理者想增加部下的人数，提高自己的身价；间接人员比直接作业员在店铺里地位较高。店铺要想降低经营成本，就必须克服间接人员大量增加的趋势，尽可能控制间接人员增加的幅度和比例，使其低于经营本身的增长。

（3）除去那些对店铺无益或益处不大的工作。只有这样，才可能真正减少过剩。

3.员工的薪酬

店铺在任用员工后，当然需要对员工的工作以货币收入、商品和服务等作为回报，这就构成了员工的薪酬。薪酬如何计算，薪酬多少受哪些因素影响，等等，都是店主必须考虑的问题。薪酬是把双刃剑，一方面，它能够激励员工高效工作，更好地完成营业目标；另一方面，薪酬也是店铺运作的主要成本之一，一旦运用不当，可能造成较大的损失。因此，在聘用员工前，就需要制定好各项激励措施与规章制度，合理分配薪酬。在分配薪酬前，首先需要认识什么是薪酬，许多店主或许认为，薪酬就是我们所说的"工资"。其实不然，一般而言，根据薪酬构成各部分的性质、作用和目的的不同，可以把薪酬分为以下几个部分：

（1）工资。工资也称基本薪资，是薪酬中相对固定和稳定的成分，它主要根据店铺员工的工作性质、工作级别、工作责任等因素而确定。在不同店铺中，工资所占的比重也不同。工资是薪酬中的主要部分和计算其他薪资的基础，因此，较受员工重视。

（2）奖金。奖金也称奖励薪资，是店铺根据员工超额完成任务或业绩的优良程度而计付的薪资。奖金可与员工个人绩效挂钩，也可与群体乃至店铺效益结合，鼓励员工提高劳动生产率和工作质量。

（3）津贴。津贴又称附加薪资，是店铺为了补偿和鼓励员工在特殊岗位和特殊工作环境下工作的薪资。例如，店铺高层管理者的通信津贴等。

（4）福利。福利是店铺为了吸引员工到店铺工作或维持店铺骨干人员的稳定而支付的作为工资补充的项目，如各类保险金、退休金、午餐费等。福利本质上是一种保障性质的薪资。

以上4个部分就是薪酬的基本组成部分。在实际情况中，薪酬的各个部分也会因各自性质及在薪酬总额中所占比重的不同而起到不同的作用。

有经验的店主都知道，店铺员工的薪酬体系与店铺内部条件及外部环境之间具有一种依存关系。薪酬体系应该对店铺的发展战略予以支持，通过薪酬政策向员工发出店铺期望的信息，并对那些与店铺的期望相一致的行为进行奖励。因此，店铺在设计薪酬前，需要首先确定店铺的经营目标，使薪酬体系能够与经营目标更好地结合起来。

第一，以对业绩突出的员工进行鼓励为目标。

在店铺薪酬设计的实践中，如果店铺以对业绩突出的员工进行鼓励为目标，那么薪酬政策就将按员工的绩效支付。在这种情况下，店铺应该调整薪酬支付政策，力求使薪酬更多地与刺激性奖励联系起来，而不是采取固定工资的形式。这时，店铺不应提升所有员工的工资，而应对工作绩效优秀的员工给予奖励，目的是提高利润和生产率，使直接对生产做出贡献的员工能够得到更多的报酬。通过这些措施，店铺能够建立一个真正由绩效决定薪酬的支付体系。

第二，以控制运营成本为目标。

如果店铺以控制运营成本为目标，那么店铺就可以通过控制员工的数量、工资总额和福利开销来调整员工报酬。临时的措施可以是工资冻结，或是雇用一些高级管理人员或让他们提前退休，要求员工延长工作时间、缩短假期，严格控制打长途电话的次数和时间，调整差旅费支出标准，控制各种公费娱乐活动，缩小医疗保险范围或要求员工自己负担一部分医药费用等。

促销费用要精打细算

店铺经营费用大幅度上升，尤其是营销费用，更成为让店主大感头痛的难题。那么，有没有好的控制营销费用的方法或技巧呢？

1.广告促销费用的预算

促销费用日益增长，这就给我们提出这样一个问题——促销要花多少钱。

制定促销预算时应先搞清以下几个问题：

（1）促销活动怎样才能达到开拓市场的目标？

（2）需要投入多少？

（3）此项促销计划是希望取得速效、产生短期效应，还是希望持久以取得一个长期的市场效应。

2.促销用品要反复利用

有些广告促销用品要反复利用，或者亲手制作，以节约费用。例如一些促销海报。可以采用亲手绘制的方法节约费用。有些精明的店主会通过组织手绘海报大赛的活动来发现店员中的人才，并在以后安排重用。在确定广告宣传计划时，要根据媒体的读者定位、发行量等因素来精心挑选合适的广告载体。社区内如果作广告宣传，适宜采取的形式为由店员亲自去附近社区做直投，即将广告宣传页直接塞到居民的邮筒。

3.加量促销要精打细算

例如，采用加量促销方法时，加量多了，会收不回成本，而加量少了，对顾客没有吸引力。所以，店主应该联合财务部门一起计算出一个最合适的加量比例，否则多了少了都是浪费。有一些促销活动，利用第三方资源整合提升促销效果（共同宣传），节约资源。例如，某保健器材店铺为重阳节促销，特意与区老年协会合作，由老年协会组织老年人"重阳登高，更健身"活动。由保健器材店铺出资赞助，一、二、三等奖分别获得不同的优惠券。得到优惠券的老年人一半以上都凭券购买了产品。保健器材店铺将平常用在媒体、印刷资料上的促销费用反馈给了消费者，做到了名利双收。

促销费用的精打细算更要严格。每次活动前详细预算投入情况，销售预测如何，同时可以不断地发展和改善。

广告投放前认真思量，对媒体形式进行组合，充分利用公司现有资源，综合考虑受众群体数量、辐射半径、投入产出情况，关注理解消费者，从而降低广告促销费用。

有效降低采购成本

控制采购成本对一个店铺的经营业绩至关重要。采购成本下降不仅体现在店铺现金流出的减少，而且直接体现在产品成本的下降、利润的增加。

在采购过程中，如何才能做到以尽量低的成本引进商品至关重要。首先，应该杜绝采购人员的暗箱操作，这对完善采购管理、提高效率、控制采购成本有较大的成效。为此，店铺要制定严格的采购制度和程序，完善采购制度要注意以下几个方面：

（1）核实价格。不管采购任何一种物料，在采购前要熟悉它的价格组成，了解你的供应商所生产成品的原料源头价格，为自己的准确核价打下基础。要由专门的负责人员来管理，经过多方渠道搜集产品信息。

（2）信息来源要广。现今社会是一个信息化的社会，作为采购人员要从不同的方面收集物料的采购信息、地域差别等。

（3）选择合适的供应商。一个好的供应商能跟随着你共同发展，为你的发展出谋划策，节约成本，不好的供应商则为你的供应管理带来很多的麻烦。供应商的筛选，要从供应商的产品质量、交货时间、付款方式、供货能力、生产能力等以及供应商的财务状况及距离等多方面考虑。

（4）采购人员的谈判技巧也是控制采购成本的一个重要环节（一个好的谈判高手至少会给你的采购带来5%的利润空间），这也要建立在采购员的职业技巧和职业道德上。

（5）批量采购的重要性。任何人都懂得批量愈大，所摊销的费用愈低。采购计划人员需把好此关。销售量的大小直接影响商品的采购量，在与供应商进行价格谈判时，小批量采购易处于不利的地位。因此，在判断好市场销售前景的前提下，以提高采购存储量来得到供货方的低价优惠和返利政策，对于单品种大批量与多品种大批量产品可直接与生产厂家联系采购，尽量采用集团采购的方式，降低成本。多品种小批量可使用中间供应商，争取以连续的不同的订单形成对供应商的吸引力，利用中间供应商的信息优势从而提高采购效率，降低供应商的开发风险，同时减少供应商的数量以降低管理成本。

（6）建立店铺的采购信誉。一经确定供应商，必须签订供货合同。经过相关人员审核，但是要严禁集权现象的发生，不能由一个人说了算。条款必须按合同执行，失去诚信，别说控制成本，可能贷款都不会有人供给你了。

（7）要严格避免权力集中的现象。绝对的权力产生绝对的腐败。采购工作的特殊性决定了采购最终决定权分散到不同部门中为宜。采购要与合同分开与核价分开，增加采购前审部门，即价格预算部门。忌采购、合同、库存、财务集中在一个部门。从日常管理细节入手进行管理，尽量做到信息共享（采用采购管理软件等）。

（8）建立月度供应商评分制度（从质量、价格、服务3方面入手），实行供应商管理制度，你会收到意想不到的效果。

（9）建立采购人员的月度绩效评估制度。不但可以激励采购人员的工作积极性，同时也是防止采购员贿赂的一个有效手段。

（10）有效地控制采购库存。避免停产的风险及积压物资的风险，无形中控制自己店铺的采购费用。

（11）如果企业资金充裕，可采用现金交易或货到付款的方式，这样往往能带来较大的价格折扣。

（12）把握价格变动的时机。价格会经常随着季节、市场供求情况而变动，因此，采购人员应注意价格变动的规律，把握好采购时机。

（13）电子化采购。建立电子化采购制度可以降低采购行政管理费用，缩短采购周期，提高存货运营效率。不仅可以降低企业的采购成本，简化了传统的采购过程，更使繁杂的订单管理、合同管理变得轻松简单，使企业的采购环节井然有序，与供应商的交流更加多样化，提高采购效率与效益。

打造一支梦幻团队

—— 培训员工

第一章

梦幻团队的几个共识

拥有相同的危机意识

"安而不忘危，治而不忘乱，存而不忘亡。"这是古代关于治国安邦的策略，是说要有居安思危的意识，直至今日，在店铺的经营中它同样适用。当今，很多著名的企业都强调危机意识的重要性，甚至通过"人为"地制造"危机"，使企业树立忧患意识，产生危机感，居安思危，不断进取。美国国防部前部长麦克纳马拉也说："今后的战略可能不复存在，取而代之的将是危机管理。"这正是说明了危机意识对于现代社会各个方面所起的作用是不可轻视的。

那么"危机"到底是什么呢？目前的说法众说纷纭。"危机"来源于医学用语，一般指人濒临死亡，生死难料的状态下，有生的可能，又有死的威胁，后被演绎成人们不可预期、难以控制的局面。美国危机学家罗森塔尔提出，危机通常是指决策者的核心价值观念受到严重威胁或挑战，还有些信息很不充分、事态发展具有高度不确定性和需要迅速决策等，与此同时，还有其他不利情境的汇聚。这一说法被认为是较为权威的。

危机意识在店铺的经营过程中是必不可少的，很多管理者虽然能够意识到危机的重要性，但是在面对危机时却仅仅把它当成是决策层、管理层的事情，继而忽略了对员工危机意识的强化与培养，造成不少员工在危机来临时反应迟钝，延误了"转危为安"的好时机。所以说要打造一支梦幻的团队，首要的是团队中的成员需拥有相同的危机意识。

员工是组成团队的基本单位，是店铺价值的创造者，也是最关心衣食住行等与自己息息相关的实际利益者。员工必须要明白店铺生存与发展的危机与其个人根本利益是紧密联系的。假若员工不努力，不创造业绩，没有危机的意识就必定遭到淘汰。

在没有危机意识就会面临"杀机"的现实中，员工必须时刻保持危机意识才能迎来"生机"。除了要具备员工自身在店铺内面临的各种危机外，还要意识到店铺和企业存在的危机。

一个团队如果满足于过去的种种成就之中，那么环境背后的变化便会很容易地被忽略掉，团队应对环境变化的行动力会变弱，同时还会影响团队的成长与创新，也就容易在竞争的洪流中遭受挫败。如果员工不塑造紧迫的危机意识，员工就不会感受到改革的压力，团队就没有前进的动力。所以说，员工危机意识的培养实质是对店铺内力的一种凝聚。

一个团队是否活跃，人始终是关键。员工拥有了相同的危机意识，即使是到了团队最困难的时候，这种意识也能使员工合力共渡难关。同时，还能强化员工的忠诚度。一个员工如果时刻拥有团队存在的危机意识，做到同团队荣辱与共、同舟共济，那么他便是不折不扣的忠诚，而"忠诚"是一个团队精神的本质和精髓。当然，要想员工拥有这样的意识，团队对员工的投入又是必不可少的。

培养和强化员工的危机意识是必要的，但是，事物是具有两面性的，我们在强调员工危机意识的时候不能过度依赖和夸大危机意识的作用。

凡事都讲究一个"度"的原则，团队经营，管理，甚至是培养员工的危机意识都是如此。当强调危机意识超过了一定的度，事态就会向相反的方向发展。因为人的承受力是有限的，当员工的危机意识超过了一定的承受力时，危机意识本身的性质就发生了质的变化，有可能直接导致危机的发生。"狼来了"的故事就间接地告诉我们，过度地叫喊可能会导致真正的"狼来了"却手足无措。

总而言之，在面对危机时，我们不要害怕，而是要辩证地去看待、处理危机，才能使团队走上可持续发展的道路。同样，员工的危机意识，是团队快速发展、防患于未然的动力。正所谓"生于忧患，死于安乐"。

拥有共同的价值观

通用电气公司前CEO杰克·韦尔奇有一句名言："如果你想让列车时速再快10公里，只需要加一加马力;若想使车速增加一倍，你就必须要更换铁轨了。资产重组可以一时提高公司的生产力，但若没有文化上的改变，就无法维持高生产力的发展。"

团队文化往往是一个团队的标志，正如张瑞敏所说："海尔的什么东西别人都可以复制，唯独海尔文化无法复制。"团队文化是团队成员在认同团队发展战略的前提下，形成的一种积极、易沟通学习的精神状态。团队文化之所以能够推进团队的协作与发展，关键在于它是在团队成员共同遵守的价值观念上形成的，是所有团队成员都心悦诚服接受的行事准则。人的行为无不受观念和感情的驱使，只有员工群体协调一致的努力，团队才会赢得成功。协调一致的群体行为依赖于共同信守的价值观的培养。因此，培养团队的共同价值观，是登上文化台阶的基本标志。所以，要打造一支梦幻的团队，良好的团队文化是其必备的，而团队文化的核心便是要有共同的价值观。

团队全体成员做人做事的基本态度便是这个团队共同的价值观，它是团队成员关于目标或信仰的共同观念和看法，也是解决团队中矛盾、争论和冲突的关键。任何团队都必须有一颗"北极星"，有一条大家所信奉的价值观或宗旨，有一些能够激励组织成员、使他们尽心竭力的东西。共同的价值观不仅能够体现一个团队的传统，体现过去的成就，能稳定团队，成为一个团队的基础和存在的依托，还能够帮助成员集中精力、缓解压力，为他们提供工作上的目标，告诉他们团队的发展方向和前进指南。

一个成功的团队不仅要十分注重价值观的建设，还需要员工自觉推崇与传播价值观。所以为了使得团队成员能够把团队的价值观了解到位，在价值观建设之初，就应该用具体的语言表示出来，而不是用抽象难懂、或过于一般化的语言来表示。如IBM提出"最佳服务精神"，它是把对顾客的服务作为企业最高的价值理念。同时，为了同别的同行团队区别开来，价值观最好是要能够反映一个团队的基本特征。

价值观是团队生存与发展的精神支柱，是团队成员据以判断事物的标准，一旦得以确立和认同，便会产生长期的稳定性，成为大家共同信奉的信念。团队的价值观最好是能够和个体的价值观相符，那样的话，员工便会把对团队的工作看成是自己的理想而进行奋斗。当然，每个人的教育、家庭成长背景等都是不同的，要想使得团队的价值观同每个个体的价值观一致，是不可能的，但是即使不可以做到此种地步，也要使价值观为全体员工接受，并以之自豪，这样，团队才有了最为强大的精神支柱。

树立共同的价值观时，团队领导人的统领作用是十分重要的，首先，他要以言传身教的方式来为大家呈现价值观。人对于价值观的认同并不是与生俱来的，而是要有灌输和宣传的途径，所以，只有经过不断的潜移默化后，员工才能逐渐接受并内化为共同的价值观。

要想拥有共同的价值观，必须把其内涵渗透到团队日常经营管理过程的每一个环节中去，让员工时时刻刻感受到价值观的存在。

在塑造共有价值观的时候，当然，不能只看到它会带来的好处，还要看到它的另一面，价值观的持久性可能会赶不上时代发展的脚步，会有过时的危险性。在快速发展变化的经济环境下，持久的共有价值观会牢固地支配着员工的行为，这样就有碍于团队适应新的环境和变化。

总之，拥有共同价值观，就决定了团队的基本特征，使得它与众不同，同样也使得团队的成员感受到了与众不同。这种价值观在团队的所有成员看来，是一种实实在在的东西，它是团队文化的核心，甚至是整个团队运营的内核、生存的基础和追求成功的精神动力。

拥有信任的团队

在当今纷繁的社会中，任何人都需要大家的帮助、合作，而信任是前提，没有了信任，就不可能有良好的合作和真正的团结。美国管理学者波特也认为，人的感觉是非常重要的，信任在任何时候都是最重要的东西。当一个团队或组织超过一个人时，信任就变得尤其重要。所以，对于一个团队来说，信任是不可避免的且老生常谈的问题。

团队的经营除了通过投资资本、设备等硬件设施来获得更多的利润之外，对员工的信任、尊重和关怀等软性的投资也是非常必要的，这些因素甚至是影响整个团队运行的关键。我们每个人都希望得到别人特别是领导对自己工作能力的肯定。所以，作为团队的领导，要明白你既然委派他做某件事情，就要绝对相信他能干好它。所谓"用人不疑，疑人不用"。你给员工足够的信任，才能让其产生"士为知己者死"的豪迈情绪。这样不仅能够提高团队的向心力，做事情也会事半功倍。

松下电器在创业初期，凭借着产品物美价廉而名扬四方，而这正是要归功于松下幸之助，这个方法是他汲取众家的长处加以创新思考而成。在发明之初，他十分坦率地将方法背后的技术秘密毫无保留地教给了有培养前途的下属。有人告诫他："把这么重要的秘密技术都捅出去了，当心砸了自己的锅。"但他却满不在乎地回答："用人的关键在于信赖，这种事无关紧要。如果对同僚处处设防、半心半意，反而会损害事业的发展。"在这个过程中，当然，职工"倒戈"事件也时有发生，但是松下并没有因此而丧气，而是更加坚持地认为：要得心应手地用人，促使事业的发展，就必须信任到底，委以全权，使其尽量施展才能。

当然，信任不等于放任。信任是领导对下属品质、能力的充分肯定，让他按照自己的原则行事，但是这绝不意味着让那些不具备良好品质和突出能力的下属任意行事，以至于破坏团队的形象。因此，信任是一种理解和依赖，而放任则是一种散漫和纵容，作为领导应当记住这一点，切忌混淆了两者的关系。因此，信任下属是必要的，但不要过了分，走上另一个极端——放任。

梦幻的团队，不仅需要领导信任员工，团队成员之间还要有高度的信任感。员工和员工之间要相信彼此的为人、能力，只有这样才能营造出好的团队合作。在赢得他人信任的同时还要信任他人，因此，一个豁达的胸襟是建立信任的基础，即使他人在某些方面确实不如你，但你不应该只看到缺陷，而是更应该看到他人的强项和优点，并对其寄予希望。

要达成团队成员间的高度信任感，首先需要一种敢于承认自己缺点，且不担心别人因此而攻击自己的勇气，要明白，自己的弱点一定是别人的弱点，当自身无法独立完成或是遭遇到了困扰而无法解决时，我们需要的是别人的帮助。只有伸出双手，信任帮助你的人，你才有可能走出困境，解决问题。

一天，约翰从宾西法尼亚州的哈里斯堡前往本州80里外的莱韦斯堡。天色已晚，约翰急着赶路，不料有好几次约翰开的车被迫跟在缓缓行驶的大卡车后面，约翰紧握着方向盘，焦急不安。

车子总算驶在了空旷的高速公路上。当约翰即将通过一个十字路口时，红灯亮了，约翰急忙把车刹住。他四下看了看，路上没有一辆车，至少1里之内没有第二个人，而约翰却坐着，等着红灯变成绿灯。

约翰开始对自己为什么没有闯红灯而感到懊悔。约翰当时并不担心被拘留，因为那儿根本就没有警察，他的车开过去一点事也不会有。

当晚，约翰来到了莱韦斯堡。晚上12点钟上床睡觉时，这个问题又一次在约翰的脑子里出现。约翰想他之所以停住了车，不但因为这是大家彼此遵守的条约，而且也是大家彼此遵守的合约：大家都彼此信任，决不闯红灯。

那么，怎样才能增强团队成员之间的信任呢？加深彼此间的了解是最为有效的方法之一。了解不仅包括成员之间彼此性格的了解，还包括行事方法、做事特征等的了解，只有互相理解了，才能够进一步地增强信任、深化合作。

总的来说，一个不能相互信任的团队，是一支没有凝聚力的团队，是一支没有战斗力的团队，也是注定要失败的团队。

第二章

打造梦幻团队的方法

优秀员工要具备的素质

店铺员工是最直接接触顾客的，一个优秀的员工能够为店铺带来丰厚的利润。因此招聘员工是店铺经营重要的一环，那么优秀员工要具备哪些素质呢？

每一位顾客在选购商品时各有各的特性。如何在接待过程中洞察顾客的反应与需求，并立即做出判断，进而采取有效的应对措施，这是优秀员工所必备的要素，具体来说，可有下列20项：做事的干劲、充沛的体力、工作的热忱、开朗的个性、勤勉、谦虚、责任感、创造性、易于亲近、敏捷性、忍耐性、自信心、上进心、诚实、亲切感、冷静、洞察力、不屈的精神、积极性、具有爱心。这些都是优秀店铺员工必备的要素，因为一个人不可能同时具备上述所有要素，以上所列仅仅是作为参考。但最基本的，必须具备前3项要素：

（1）做事的干劲。这样才能切实地投入工作，并在工作中寻找乐趣。

（2）充沛的体力。要有良好的健康条件，在工作时要能充满活力。

（3）工作的热忱。这对于所处理的工作、接待的顾客乃至接触的商品，才能用心地投入，也就是我们所说的"入行"。

店铺员工在具备前面所述要素之后，至少还必须具备下列条件，才能够称为优秀员工。

1.待客真诚

在销售商品的时候提供良好的服务已成为现代零售业必不可少的一环，

这就要求店铺员工亲切有礼，真诚待客。在销售的过程中，店铺员工除了将商品卖出外，更应让顾客觉得钱花得有价值，心理上有满足感。

2.充满活力

店铺营运的灵魂就是店铺员工，所以店铺员工必须表现出活泼、有朝气，使人乐于亲近，不能垂头丧气、无精打采，令人望而却步。纵使没顾客上门，也要随时对卖场进行整理、维持整洁，保持有活力的样子。

3.良好记忆力

良好记忆力主要体现在对顾客的记忆和针对商品的记忆两个方面。店铺员工应能通过对顾客体型、特征、服饰进行辨识，进而掌握其消费特性，这样就可以在顾客第二次上门时，给予适当的服务并提供良好的建议，让顾客有宾至如归的感受。同时，对店铺库存量、商品的具体存放位置、补货及退货情形有清楚的认识，才能对商品做系统的管理，为顾客提供更好的服务。

4.仪表得体

店铺员工的仪表是店铺的"门脸"，他们的穿着、谈吐、举止，直接影响顾客对店铺的第一印象，所以千万不能着奇装异服、浓妆艳抹，更不能有不雅举止在顾客面前呈现。店铺可以采用统一的制服形式，这时员工不可太强调"个性化"，而要尽量与其他员工保持协调一致。此外，制服的衣领、袖口要特别注意清洁，不要忽视小节。

在进行招聘的时候，要审视一个员工是否是优秀的，可以从以下几个方面进行观察，看看这个员工是否具备成为优秀员工的能力或潜质。

1.是否有强烈的成功欲望

店铺员工每天所接触的顾客对他来说都是陌生的，他要应对各种各样的现象，甚至是毫不客气的拒绝，他能坚持下来全在于有成功的欲望。

2.是否有良好的口才

店铺员工良好的口才主要体现在积极、自信和清晰流畅方面，要想在顾客中发挥自己的影响，良好的口才是优秀店铺员工必有的特质。

3.是否有紧急的观念

对于店铺员工来说，他们没有工作上限，成功没有尽头，销售多多益善，这些全凭自己的主动性。有了紧急的观念，才会努力工作，争取各种机会。

4.是否有良好的判断

如果店铺员工想具备良好的判断力，有两点是非常重要的，没有它们，就无法达成良好的判断。它们就是诚实与果断，可靠与言行一致。

5.是否富有亲和力

店铺员工要对人热情，喜欢与人交往，容易发现他人优点，富有同情心，待人真诚。

6.是否有聪明的头脑

聪明是这种人最大的特点，但绝不可被聪明所误，同时不要对成功与失败过于执着。这类人应将聪明才智完全用到工作中，并且乐于在他的创造性思维当中工作，才能使他的业绩骄人。

以上6种气质，对于店铺招聘优秀的员工十分重要，在招聘过程中如发现具有这些气质的人，千万不要错过，因为他们会给店铺创造出超常的财富。

让全体员工拥有燃烧的斗志

一个优秀的店铺经营者要懂得激发全体员工的斗志，只有员工同经营者一起，为了店铺更好地发展，才会真正地付出努力。激发员工的斗志需要从多个方面进行，单纯从物质方面给予员工奖励是不够的。给员工多发工资、奖金固然重要，但是店主如果能够施展更细微的手段，以精神奖励激发员工的热情与干劲，对提高员工的斗志，促进店铺的工作效率会有更大的作用。例如，可以通过以下几个方面对员工进行激励：

1.向他们描绘愿景

店主要让员工了解工作计划的全貌及看到他们自己努力的成果，员工愈了解店铺目标，对店铺的向心力愈高，也会更愿意充实自己，以配合店铺的发展需要。所以店主应给予员工清晰准确的店铺信息，建立共同的奋斗目标。

2.明确员工的权力

店主在向员工下达任务时，也要授予他们权力，要让被授权者有"独挑大梁"的心理自豪感，激发他们的工作干劲，还要充分尊重员工的自主权。

3.不吝惜对员工的称赞

有些员工总是会抱怨"领导只有在员工出错的时候，才会注意到他们的存在"。这就要求店主要尽量给予员工正面的回馈，对员工的努力要多公开赞美，至于负面批评可以私下再提出。对于表现不佳的员工，有时候店主必须做的是帮助他们建立信心，给予他们较小、较容易的任务，让他们尝到成功的滋味，并给予他们正面的回馈，再给予较重要的任务，以逐渐引导出好表现。

4.从员工的角度思考

从员工的角度思考，是尊重员工最基本也是最重要的原则，比如不要打断员工的汇报、不要急于下结论、不要随便诊断，除非对方提出这样的要求，否则不要随便提供建议，以免流于"瞎指挥"。就算员工真的找店主商量工作，店主的职责也是协助发掘他的问题，而不是以自己的角度提出片面的解决方案。店主还要注意满足一些员工的私人需求，使员工在工作时间，无须为日常生活的琐事烦心。

5.增加员工培训活动

市场竞争越来越激烈，店铺不仅要对当前的收支做好规划，还要预测店铺未来的发展状况，预先筹备。对员工进行多方位的职业培训，就是其中一项重要的筹备内容。比如参加学习班或店铺付费的各种研讨会等，不但可提升员工士气，而且可提供其必要的训练。教育训练可有助于减轻自卑的情绪，降低工作压力，提高员工的创造力。

6.赋予工作使命感

让员工了解他们的工作贡献，可以让从事最平常工作的员工也充满活力。例如，一个清洁工，如果你告诉他，他的工作是"拯救日益污染的环境"时，他的工作士气便会提高许多。缺乏工作使命感的人，即使工资再高，也常常提不起干劲。

参与管理是激励员工士气的另一种好方法，通过参与管理，让员工感受到"我不光是一个执行者，更是一个决策者"的成就感，更把店铺当成自己的事业，他就会比一般人更用心，效率自然会高起来。

激励永远是有效的，尤其精神激励只是以小小的付出就能收获很大的回报。只要领导者不"吝啬"或不忽略精神激励的作用，就不至于使激励失去效应。当全体员工都拥有十足的激情，燃烧的斗志，店铺一定会取得成功。

给他们确立店铺的愿景

一支梦幻团队有着共同的目标，这个目标就是店铺的发展愿景。而店铺经营者要做的就是明确告知员工店铺的愿景，使员工和经营者一起，朝着一个目标共同努力。

给员工确立的店铺愿景关键要做到以下3点：

（1）把店铺愿景与个人目标相结合，并转化为个人目标。这就使员工自觉地从关心自身利益变为关心店铺的利益，从而提高影响个人激励水平的效价。

（2）要使目标具有可行性，能为员工所感觉。这样就能增强员工实现目标的自信心，提高员工实现目标的期望值。

（3）要使目标有一定期限。人们总是会关注有明确期限要求的事情，而对没有确切期限的事情会无限期地拖下去，甚至遗忘。作为管理者，在给定一个具体目标时，必须同时给出明确的期限。

制定店铺愿景时，应将店铺外部与内部各方面很好地结合起来，尽早考虑到店铺外部的需要和利益，以及店铺目标的实现将给他们带来什么好处。在店铺内部，则要考虑店铺内部的环境和条件。总之，尽量使各方面关系协调、平衡。另外，在制定目标时，除了注意照顾员工在目标面前的种种心态之外，还应使激励目标具有一定的挑战性。这对员工是一种鼓舞，但同时也是一种压力。他们也许会产生矛盾心理：一方面希望获得成功而受到奖励，另一方面又怕失败受到惩罚而想维持原状。人们在现状之下产生的安全感，会由于激励目标的提出而受到威胁，所以，为了使激励目标能够产生积极效果，应邀请员工参加目标的制定。

员工参与店铺管理已经成为一个包含一系列方法的、内容广泛的管理方式。员工参与是店铺为了发挥员工所有的潜能，为了激励员工对组织成功做出更多努力而设计的一种参与过程。现代的员工都有强烈的参与管理的要求和愿望。店铺管理者创造和提供一切机会让员工参与管理，既能体现对员工的重视与尊重，又能调动他们的工作积极性。员工通过参与店铺管理，发挥聪明才智，得到了比较高的经济报酬，改善了人际关系，实现了自我价值；而店铺则由于员工的参与，改进了工作，提高了效率，从而达到更高的效益目标。在实施参与管理时，要注意以下几个方面：

1.注意引导

实施参与管理要特别注意引导，要反复把店铺当前的工作重点、市场形势和努力的主要方向传达给员工，使员工的参与具有明确的方向性。

2.保持耐心

保持耐心主要是在实施参与管理的初始阶段。在此阶段，由于管理者和员工都没有经验，参与管理会显得有些杂乱无章，店铺没有得到明显的效益，甚至出现效益下降。管理者应及时总结经验，交流沟通，获得员工的理解，尽快提高参与管理的效率。

3.采取适宜的参与方式

店铺实施参与管理还要根据员工知识化程度和参与管理的经验程度采取不同的方式进行。具体来说，主要有3种情况：

（1）在员工知识化程度较低和参与管理经验不足的情况下，通常采用以控制为主的参与管理。

（2）当员工知识化程度较高且有相当参与管理经验时，则主要以授权的方式让员工参与到管理中来，实施一种授权型参与管理。

（3）全方位型参与管理。这种参与不限于员工目前所从事的工作，员工可以根据自己的兴趣、爱好，对自己工作范围以外的其他工作提出建议和意见，店铺则提供一定的条件，帮助员工从事自己喜爱的工作并发挥创造力。

4.制定标准与制度

标准和方法是店铺实施参与管理所必需的，依据它们对工作进行考核评估，使每一项改革结果都有具体的量化指标，并根据量化结果制定奖励标准，使参与管理有"看得见，摸得着"的结果。参与管理的量化标准和方法主要是运筹方法，同时使参与管理以制度的形式确定下来。

5.确立相应组织结构

参与管理需要建立与之相适应的组织结构，团队就是其中最重要的，也是最佳的组织形式。良好的团队会为参与式管理提供和谐的人际关系和有益的文化氛围，这是店铺实行参与管理的组织和文化的保证。团队主要是通过两方面的活动达到这一点的。首先，团队通过工作后的聚餐、交流等形式来增进同事之间的私人感情，使同事间的关系之外加上朋友的关系。其次，店铺通过奖励团队而不是奖励个人的办法来鼓励创造力和凝聚力的结合，可以消除个人竞争带来的不利影响。

第三章

新员工的培训

经营理念

所谓经营理念，就是经营者追求店铺效益的依据，并让其经营行为得到竞争者、客户、员工的认可。在此基础上形成店铺基本设想与经营优势，发展方向、共同信念和店铺追求的经营目标。这些都可以称之为店铺的"经营理念"。

换句话说，经营理念是一个店铺在经营活动中所遵循的价值观、信念和行为准则。随着时代的进步，经营理念逐渐发展为店铺文化的核心部分，成了店铺维系员工精神力量的纽带，几乎所有成功的店铺都在经营理念塑造上倾注了大量的心血。

经营理念到底包括哪些具体的内容和规定呢？由于各种不同的文化、思想、历史等因素，每个店铺的经营理念都有不同的表现与内容。不过不管背景怎样不同，所有的店铺都有一个概括性的共同目标，那就是利益的追求。这种利益的追求或许会因为地域、社会文化、风俗、传统观念的不同，而有所差异。但店铺经营理念有一定核心的要素，比如市场、竞争、创新和人本观念等，一个店铺在表述自己经营理念时有多种多样、生动活泼的提法。经营理念的表示方法，措辞用语，并没有一定的模式或式样。

一种好的经营理念是一个店铺内部经营总结、外部经验导入、经营者大力推动和不断改进完善的过程。有很多国内店铺也制定了自己的经营理念，但更多偏向于形式化，在制定的过程中没有明确的目标和方向，使得员工对店铺没有认同感，店铺无法形成合力，员工的士气和店铺的运作效率都难以有效提高。

店铺理念要得到员工的认同，必须在店铺的各个沟通渠道进行宣传和阐释，要让员工深刻理解店铺的文化是什么，怎么做才符合公司的文化。

店铺要建立一套自己的有效经营理念，就要做好店铺文化的长期建设工作。如一些先进人物的评选和宣传要以理念为核心，注重从理念方面对先进的人物和事迹进行提炼，对符合店铺文化的人物和事迹进行宣传报道。一套有效的经营理念要具备以下基本要求：

1.让员工理解经营理念

要让全体职工理解经营理念。经营理念创建初期，店铺员工比较重视，也很理解。等到店铺发展壮大了，新员工对经营理念认识不深，老员工们把经营理念视为理所当然，而逐渐淡忘，组织松懈、停止思考。切记经营理念不能取代训练，经营理念本质上就是训练。

2.不断修正

随着店铺发展方面与经营目标的改变，经营理念也必须进行完善和修正，并在接受检验中进行修改，因为经营理念不是永久不变的，任何永久不变的东西都将被历史所淘汰。

商品知识

一个新员工要想尽快熟悉工作，做好商品的销售工作，就必须接受有关商品知识的培训，以达到深度了解所卖产品的相关知识，及对其广告宣传语、包装等情况都了如指掌。这样，面对消费者的提问或者向消费者推荐时，就能信手拈来，不至于一问三不知、答非所问。

所谓商品知识是指在销售服务介绍时的基本销售要点，所以员工要将商品名称、种类、价格、特征、产地、品牌、制造流程、原料、颜色、规格、功能、先进性、推广要点、使用方法、储藏方法等基础知识牢记在心。

从实际的工作情况来看，现在的顾客对其要买的商品的相关功能越来越信息，要求也越来越高。一方面是由于科技的发展，使得商品的种类更加繁多；另一方面人们的生活节奏越来越快，他们了解商品的时间越来越少了。因此，新员工在正式接触顾客前，应该尽可能多地了解其要卖的商品或要提供的服务。

一个商品知识全面的员工可以为顾客提供详细的商品详情，甚至为客户适当做出购买倾向的决策。面对市场上种类繁多、结构复杂的商品，许多顾客仅仅依靠从杂志上获得的一些知识做出决策。多数顾客都希望能够找到对其所卖的商品非常了解的销售人员，因为他们能很好地解释商品的用途。出于这个原因，如果你是一名可以为顾客提供丰富商品知识的销售人员，就会给店铺创造很大的价值。

例如，如果一个汽车推销员根本就不知道汽车的基本知识，如后备箱是多大，闸阀是由皮带带动还是由链子带动，闸阀是否需要调整，保修包括哪些项目等。这对顾客来说，从一个对商品知识一无所知的人那里花几十万元买一辆车是不可能的。那么新员工应该如何学习关于其所卖商品的必要知识呢？下面提出了一些建议：

1.罗列学习内容

列一张需要学习的内容清单，并从促销材料、贸易刊物、消费者杂志等方面，尽可能多地掌握商品相关知识。

2.主动提问

积极向一些老员工提问题。通常，老员工有一定的工作经验，对其所卖商品的详细情况都很了解。

3.亲身操作或使用商品

通过实际操作掌握商品的具体优势与卖点，在条件允许的情况下，进行试用这些商品。通过这种方法，销售人员可以获得有关商品使用的第一手资料，然后再向顾客更详细地解释商品的用途。

4.商品陈列与展示

为了吸引消费者，员工还要掌握一定的商品陈列与展示的常识，便于合理摆放商品，引导客户购买倾向。可以根据商品的色彩与展示特征，采取条例式或对比式的陈列方式来加强商品的美感和质感，以达到刺激顾客购买欲望的目的。因此，员工还要懂得如何运用色彩、构图、灯光来配合商品的体积、造型、外观，做出最吸引人的陈列展示。

5.了解工作程序和操作方法

新员工了解商品的相关知识后，就可以开始学习工作程序和操作方法。尤其是对那些没有从业经验的新员工来说，每一个店铺都有其特定的工作流程和规定，需要从头开始系统地了解。而有从业经验的，往往因在原来的工作环境中形成了一定的工作习惯和操作方法，就更需要让其了解清楚新环境的各项要求及与原工作流程有何区别。

对工作程序和操作方法的了解应着重于以下几个方面：

（1）日常工作步骤。

（2）报表的填写和报传程序，包括报传单位、报传时间。

（3）要货、返货及调货程序。

（4）产品包装方法。

（5）店面货品陈列方法。

（6）对店员做商品知识方面的培训。

以上这些只是新员工培训的一些必须了解的商品知识内容，随着店铺经营商品种类的增加，新商品不断更换，员工要想尽一切办法学习相关商品知识，使自己在最短时间内上手。

销售技能

销售技能对于一个销售人员来说，就如语言之于莎士比亚，因为你所选择的工作领域，销售技能可以成就你，也能毁了你。

销售分为技巧销售和情感销售，想要提高这部分的能力，就要学习如何让消费者对推销的产品感兴趣，如何先和消费者成为朋友再向其介绍产品，如何透析顾客购买心理等方面技巧。

提升销售业绩的第一步就是要激发顾客的购买欲望，促其购买，而顾客的购买行为是受其购买心理支配的。因此，要想提升销售业绩，就不能不研究顾客的购买心理。这些心理主要包括：

1.求实心理

这是一种具有代表性的购买心理，是顾客在购买商品时追求商品的使用价值而形成的，也是消费者中最具普遍性的。具有这种购买心理的顾客在选购商品时，特别重视商品的内在质量、实际效用，而对商品的款式是否新颖、造型是否美观则不太强调。

在这种心理支配下，消费对象多是低收入者和一些家庭主妇，在选购商品时，不过分强调商品的美观，而以实惠耐用为主。他们所选购的商品往往是日常生活用品，因为这类商品是周期性购买、重复性消费，商品使用寿命的长短、使用方便与否成为主要影响因素。

2.从众心理

从众购买心理是指顾客在购买商品时，不自觉地模仿他人的购买或消费行为而形成的动机。由于模仿是一种非常普遍的社会心理，因此，这种购买心理也具有普遍性。社会不同时期的流行商品，往往是由模仿购买动机推动而形成的。

现实生活中，有的顾客看到朋友或同事购置了新的商品，用起来很方便，或者穿上去很好看，感到自己也有必要买一个，尤其是听到当事人对商品的称赞时，便产生了购买欲望。一般说来，模仿有重复性模仿和创造性模仿，就模仿动机形成来讲，购买商品的榜样、模型越具有代表性、权威性，人们的模仿心理越强烈，模仿动机越能支配人们的购买行为。

3.求美心理

这种心理是顾客在选购商品时不以使用价值为购买原则，而是注重商品的品格和个性，强调商品的艺术美。不仅仅关注商品的价格、质量、服务，同时也关注商品的包装、款式、颜色等形体价值。存在这类心理的顾客主要是年轻女性。

4.求速心理

这种购买心理是顾客在购买商品时，希望得到快速方便的服务而形成，具有这种购买心理的顾客大多是知识分子、公务员和大学生。因为这类顾客对时间、效率特别重视，而对商品本身则不太挑剔。

他们更关心能否快速方便地买到商品，购买的商品携带、使用、维修是否方便。他们讨厌烦琐的购买程序、过长的候购时间和低售货效率。

5.求名心理

这种心理是顾客在选购商品时，特别重视商品的名气。商品要名贵，牌子要响亮，以此来显示自己的特殊地位，或炫耀自己的非凡能力。该类顾客大部分是城市青年男女。

针对以上对消费者购买行为的几种具体的购买心理进行的分析，销售人员可根据顾客种类，把握顾客的购买心理，从而有针对地向其介绍商品，以达到成交的目的。

在研究如何应对顾客购买商品之际，除了要掌握顾客的购买心理，还必须充分了解顾客在购物时的心理转换过程。因为不能了解顾客心理，便无法满足顾客的需求。

来到店内的顾客究竟在怎样的心态下购物？其购物时的心情变化是这样一个过程：注意→兴趣→联想→欲望→比较→信念→行动→满足。销售人员可依此过程研究顾客购物时的心理变化。

（1）注意。顾客走进店会有意或无意地被店内的广告、陈列的商品所吸引，或者有目的地寻找购买目标。一旦看到喜欢的某种商品，眼睛便注视它，然后要求店员出示这种商品，再反复观看。

（2）兴趣。在观看的过程中，顾客在对这种商品产生了较浓厚的兴趣后，还会向营业员进一步咨询了解。

（3）联想。一旦顾客对某种商品产生较浓厚的兴趣，就会通过进一步观察了解，获得对目标商品的主观感受，同时还会联想到使用这种商品时的情景。通常表现为自我欣赏的神态、愉快的心情等。

（4）欲望。随着顾客对商品信息了解的逐步深入，顾客心理可能激起拥有目标商品的购买欲望。由于大多数顾客普遍存在着选择心理，一般不会在此阶段做出购买决定。

（5）比较。当顾客对目标商品的期待感提高，在与周围其他并列的许多商品比较，这时，顾客总是对挑选商品产生困惑，如果销售人员能及时给予引导，那么顾客一般都会买下商品。否则，顾客将困惑于"和家人研究看看""会再来"而掉头离去。

（6）信念。经过比较之后，终于发现自己所需要的、相当适合自己喜好的商品而决定购买。此时顾客的信念通常因为对营业员的信赖或者是信赖店铺和制造商的情况下，进行购买。

（7）行动。一旦形成信念，顾客就会下定决心购买，具体言之，即把钱交给营业员，"请把它包起来""就这个吧"此一购买行动对卖方而言，是期盼的重要时机。

（8）满足。买卖完成之后，即使收取了顾客的钱，销售行为还不能算完全终了，必须将所购物品加以包装、找回零钱、送到手边等，使顾客在购物后有满足感。

当顾客带着这么高的满足感走出店铺，必折服于营业员高明的销售技巧和诚意，日后必将是店里的老主顾了。

培养团队精神

一日，嘴对鼻子说："尔有何能，而位居吾上？"鼻子说："吾能别香臭，然后子方可食，故吾位居汝上。"鼻子对眼睛说："子有何能而在吾上也？"眼睛说："吾能观美丑，望东西，其功不小，宜居汝上也。"鼻子又说："若然，则眉有何能，亦居吾上？"眉毛说："吾也不愿与诸君相争，吾若居眼鼻之下，不知尔个面皮，安放哪里？"

这是一个叫作"五官论战"的故事，意在说明五官之间总是搞个人主义，处处抬高个人、贬低他人、钩心斗角、争占上风、个个想当主角、内耗不断，就会造成角色易位。同样在一个组织内部也是一样，如果成员之间互相拆台，无休止地搞内耗，那就会弄得像一盘散沙。只有大家形成一个共同奋斗的共识和目标，才能具有威力。因此管理者要在店铺内部培养团队精神，千万不能去做"五官论战"之类的蠢事。

在这个个性张扬、共性奇缺的时代，很多经营者都在大声疾呼："我们迫切需要更有效的团队精神来提高我们的志气。"究竟团队是什么，什么是团队精神呢？

团队是由两个或两个以上、相互依赖的、承诺共同的规则、具有共同愿望、愿意为共同的目标而努力的互补技能成员组成的群体。团队精神是在原则的基础上产生的，以团结协作、优势互补为核心，以奉献精神为境界，由忠诚和民主意识组成，以团结向上的精神风貌为表现形式，和谐的人际关系和良好的心理素质为基础。

社会学实验表明，两个人以团队的方式相互协作、优势互补，其工作绩效明显优于两个人单干时绩效的总和。辩论赛在这点上与其他的团体比赛一样，比的就是整体配合，讲究的就是团结协作和优势互补。

团队精神的核心就是团结协作、优势互补。要发挥团队的优势，其核心在于大家在工作上加强沟通，利用个性和能力差异，在团结协作中实现优势互补，发挥积极协同的系统效应，带来"1+1>2"的绩效。

要想充分发挥团队精神，就必须激发员工的参与热情。企业的精神有赖于员工的参与，只有员工全方位地参与企业的经营管理，把个人的命运与企业未来的发展捆绑在一起，员工才会真心真意地关心企业，才会与企业结成利益共同体，共同承担风险。

经营者要想对新员工进行团队精神的培养，就必须注重团队的每一个成员素质和能力方面的培养。通常包括以下几个方面：

1.良好表达与沟通的能力

不管是经营者、员工，只有注重各团队之间的交流与沟通，才能使诸多的意见达成共识。因此，表达与沟通能力是非常重要的，不论你做出了多么优秀的工作，不会表达，不能让更多的人去理解和分享，那就几乎等于白做。作为团队的一员，良好的表达与沟通能力是培养团队精神的基础。

2.培养敬业精神

各团队的成员都要具有敬业的品质。有敬业精神，才能把团队的事情当成自己的事情，有责任心，才能发挥自己的聪明才智。

3.端正主动做事的态度

任何一个团队的成员，都不能被动地等待别人告诉你应该做什么，而应该主动去了解在这个共同的目标活动中应该做什么，自己想要做什么，然后进行周密规划，并全力以赴地去完成。每一个成员都要明白，任何一件事的成功都不是等来的，而是靠努力做出来的。

4.培养团队成员之间的亲和力

一个具有团队精神的团队，能使每个团队成员显示出高涨的士气，有利于激发成员工作的主动性，能形成很强的集体意识。他们具有共同的价值观、高涨的士气，他们团结友爱，自愿地将自己的聪明才智贡献给团队，同时也使自己得到更全面的发展。

5.培养宽容的胸怀

有的团队成员谈到自己的同事时，对同事很挑剔，看待事情缺乏宽容的胸怀。实际上，团队中的每个人各有长处和不足，关键是成员之间以怎样的态度去看待，能够在平常之中发现对方的美，而不是挑他的毛病，培养自己求同存异的素质，对培养团队精神尤其重要。

6.培养协作的品质

一个人的价值只有在集体中才能得到体现，成功的潜在危机是忽视了与人合作或不会与人合作。有些人的动手能力强，点子也不错，但当他的想法与别人的不一致时，就固执己见。今天的事业是集体的事业，要想充分发挥出团队的优势与对手进行竞争，合作的精神是必不可少的。

7.培养全局意识

在工作中，有意识地培养全局观念极为重要。任何放弃原则，迁就个别人的利益需要，都必然导致人心涣散，失去了团队的凝聚力，还谈什么团队精神？团队精神不反对个性张扬，但个性必须与团队的行动一致，要有整体意识、全局观念，考虑团队的需要。

因此，只有团队成员互相帮助、互相照顾、互相配合、为集体的目标而共同努力，团队精神才能推动团队运作和发展。并在团队精神的作用下，团队成员显示出关心团队的主人翁责任感，并努力自觉地维护团队的集体荣誉，自觉地以团队的整体声誉为重来约束自己的行为，从而使团队精神成为公司自由而全面发展的动力。

第四章

员工的激励与管理

提供合适的工作舞台

任何一个店铺的不断发展成长都依赖于其内部所有员工的共同努力和不断进步。员工的每一点进步都会推动店铺的发展。因此，经营者只有为员工提供良好地成长平台，提升员工价值，才能创造"双赢"成长。

正如海尔集团所说的那样，"小河有水，大河满"。店铺和员工"双赢"，这是店铺人力资源管理的目标，也是店铺文化建设的价值所在。要想让员工更有效地成长，给予员工自由发挥的空间，鼓励员工用自己喜欢的方式实现预期目标。

员工成长将是店铺未来生存的基础，在店铺发展的同时，要使员工各方面也获得发展。经营者就要为他们设计出一条成长的道路，帮助他们成长，以实现他们的使命和目标。同时为他们提供施展才华的舞台，让员工从起步到成长，进一步成才，直至成功，既实现员工个人的理想，又为店铺未来生存添砖加瓦，为店铺发展注入了不竭的动力。

阿里巴巴公司尤其重视员工的成长。公司对新进的员工都给予他们3样东西，一是良好的工作环境，即人际关系；二是丰富的薪酬，今天是工资，明天是资金，后天是每个人手中的股票；三是个人成长。第三点是非常重要的，为了帮助新员工快速成长，尽快地融入阿里巴巴这个团队，阿里巴巴在员工培训、干部培训上面投入很大。阿里巴巴成立了"阿里学院"，由阿里巴巴与杭州电子科技大学、英国亨利商学院联合组成。"阿里学院"的主要目的一是培训客户，强化他们的电子商务知识，包括做出口贸易的政策法规的培训；二是培养阿里巴巴内部员工，提升其业务能力。

阿里巴巴认为，与其把钱放在银行，不如把钱放在员工身上。一个公司要成长，主要取决于两样东西的成长：一是员工的成长；一是客户的成长。阿里巴巴还实行轮岗制度。业务经理定期在全国城市之间大调动。让他们调换眼光，这是培育拥抱变化能力的措施之一。

正是因为阿里巴巴为员工提供合适的发展舞台，很多人在这里获得了新知，得到快速成长，才有了阿里巴巴今天在网络营销的重要地位。关注员工的持续成长，帮员工实现个人价值，是阿里巴巴培养和留下人才的重要手段之一。

要长久地留住人才，店铺就必须为员工制定个人发展规划，提供机会帮助他们不断成长。尤其是对那些具有上进心的优秀的员工，更应为他们争取晋升机会，不断向上攀升，获取更大的发展空间。麦当劳公司在这方面做得很好，公司总是设法满足员工实现自我价值的要求。

麦当劳公司认为，优秀的员工是公司最宝贵的财富。的确，麦当劳的员工表现出来的主动性和积极性是令人惊讶的。许多服务员往往会提前上班，推后下班，连节假日也要特地到餐厅去走一走。而按照公司的规定，除非是加班工作，这种活动都是不付给工薪的。

在麦当劳公司里，员工有一个普遍的信念：只要付出了努力，必有保障获得相应的地位和报酬。麦当劳的用人方法就是让所有的员工相信他们能够得到相应的地位和报酬。而其中最吸引员工的就是公司制定的公开化职位与酬劳和不受限制的晋升制度。

在麦当劳餐厅办公室的墙上有一个大布告板，这个布告板经常成为计时工作人员的话题。因为上面写着餐厅所有的工作人员的姓名和职位。职位分为A级组长（ASW）、组长（SW）、接待员（STAR）、接待员（TR）、见习员（TN）等，还用英文字母的A、B、C代表计时工作人员的等级。

在工资栏上，通常用的记载方法是以C级为基准。组长的工资是C级的1.25倍，A级组长是C级的1.5倍，而且一年可以分得两次红利。这种把地位和工资公开化和透明化的做法能够让每个计时工作人员逐步体会到，只要努力工作，必然可以获得相应的地位和报酬。

麦当劳工作人员的帽子颜色、制服形式、名牌的用途和形状、参加会议的名单、营业时分配的位置等，都代表着服务人员在餐厅中的身份和地位。所有这一切，时刻在提醒工作人员，在麦当劳这个世界里，只要你努力向上，在技术和服务能力上取得了进步，必定能够获得相当的满足和成就感。

更为重要的是，麦当劳的计时员工也有可能会当上经理。一般企业虽然也用职位提升的方法来刺激计时工作人员的积极性，但到了某个职位便"到此为止"了。但是，麦当劳餐厅没有这个限制。麦当劳规定计时工作人员"凡有3个月以上工作经验者皆可为经理级的组长，不受年龄和性别的限制"。

正是因为有了这种信念，每一个麦当劳人哪怕是从炸土豆烤牛排，每天两次擦洗门窗诸如此类的小事情做起，依然有着强烈的工作热情。无论他具有什么样的文凭，都有必要从最基本的烤汉堡做起，虽然这是一个很枯燥的成长过程，但是仍然有许多年轻人愿意进入麦当劳。能获得不断提升的机会，而这正是麦当劳最吸引他们的地方。

一个能够使员工利用所学知识，能力尽情发挥，智慧彰显的舞台，可以使员工产生一种成就感。而经营者如果能满足员工的这一需求，为其提供成长空间、展现舞台的机会，无疑为促进店铺的长期发展奠定了良好的基础。

当员工感到在自己的知识、能力上不足时，还会更加积极地学习新知识、提高自己的能力、增进自己的智慧，这样才会感觉到自己在成长。许多店铺之所以有不少骨干会纷纷跳槽，其原因就是店铺不能满足这些员工的成长需要。身为经营者，请你给你的员工提供合适的发展舞台，从而激发员工的工作动力，达到双方的"共赢"。

表彰优秀员工要及时、公开

当员工出色完成工作任务时，管理者应对员工的表现及时给予肯定，并当面表示祝贺、鼓励。这种鼓励要及时，要说得具体。如果不能亲自表示祝贺，管理者可以通过写便条赞扬员工的良好表现，这样的方式更能起到激发员工工作积极性的作用。书面形式的祝贺能使员工看得见管理者的赏识，被认可的感受更会持久一些。

有人做过这样一项调查，让2000名员工身处不同工作环境，以求找出有效的激励因素。研究结果表明，最有效的激励因素之一就是当员工完成工作时，当面表示祝贺。美国一家公司专门设立了"金香蕉奖"来奖励为公司做出贡献的员工。

在美国，有一家专门生产精密仪器制造设备等高技术产品的公司。刚开始经营的时候，面对许多技术上的难题无法攻克，曾一度陷入困境。一次，公司进行技术革新时，又碰到了一个关键性的难题，若不及时解决就会影响企业生存的危机。

当天晚上，正当公司总裁坐在办公室为此冥思苦想时，一位技术人员闯进办公室告诉总裁自己找到解决问题的方法了，接下来并阐述了他的解决办法。总裁听完，觉得其构思确实非同一般，便想马上奖励这个技术人员。

可是总裁在抽屉中翻找了好一阵，最后拿着一件东西躬身递给这个技术人员说："这个给你！"这虽然只是一根香蕉，却是总裁当时所能找到的唯一奖品了。这个技术人员为此很受感动，这表示他所取得的成果已得到了领导的认可和重视。从此以后，这个技术人员的工作热情高涨，总是很努力地工作，取得了多项技术上的突破。而该公司也从此为攻克重大技术难题的技术人员授予一只金制香蕉形别针。

表彰优秀员工就要做到"赏不逾时"的及时性，如果当事人在渴望得到肯定的时候，管理者及时地肯定并奖励了他，他今后会继续加倍努力，以达到并超过你的期望。当其他人看到或听到这样的事情后，会立即效仿，大家就会争相努力，以获得肯定性的奖赏。这样，大家就会认为制度和领导是可以信赖的，从而形成一个争先恐后、干事创业的良好团队氛围。

有些店铺的管理者总是等到发年终奖金时，才打算犒赏员工。这时，员工的心理期待已经不那么强烈，延时表彰得不到激励的最佳效果。因此，在员工有良好的表现时，就应该尽快给予奖励。等待的时间越长，奖励的效果越可能打折扣。

店铺的及时表彰能激发员工渴求成功的欲望，管理者如果能当众表扬员工。这就等于告诉他，他的业绩值得所有人关注和赞许。

根据《美国传统英语大词典》的解释，"庆祝"（celebrate）一词的定义为：用荣誉、节日或欢乐的庆典庆贺一天或一个事件，举行宗教仪式或庆典，歌颂或赞扬，公布，展示以及参与节日庆典。著名的联想公司通过"荣誉墙"来表彰优秀员工，不仅是对表现优秀的员工给予肯定，也激发了其他员工的工作热情。

在联想公司里，专门设立了表彰优秀员工的"荣誉墙"，上面张贴着月度绩效最佳员工与年度绩效最佳员工的照片。通过这种方式鼓励员工积极投入工作，赞扬那些工作最出色的员工，公司对他们的业绩引以为傲。

联想公司还经常举办庆祝活动，例如员工的重要纪念日、生日、个人业绩表彰日，工程竣工日及团队成绩庆祝日。在公司召开全体大会时，管理者总是在主席台上公开表扬那些做出突出成绩的员工。联想公司认为，那些职位虽然低微，但是也像螺丝钉一样每天都在工作的员工同样值得公司的认可与表扬。

在认可员工的成绩与贡献时，联想公司往往把过多的精力放在那些表现非常突出、身居重要岗位的员工身上。公司采用张榜公布"荣誉墙"，举办"荣誉庆祝会"的方式来认可与表彰这些员工。正是有这些激励措施，联想公司员工的荣誉感非常强烈，他们也都把能受公开表彰视为一种无上光荣的自豪感，从而极大地调动了工作热情。员工在任何时候、任何地点都会自觉地把企业的荣誉放在最重要的位置。

由此来看，公开地表彰优秀员工的效果更显著。身为经营者，在日常的工作中，你可以以自己独到的荣誉庆祝会方式认可那些表现优秀，做出突破成绩的员工，如果你忽视了这些员工，他们就会失去工作的热情与动力。

在现代店铺管理活动中，经营管理者不再像过去那样扮演权威角色，而是要设法以更有效的方法，激发员工士气，间接引爆员工潜力，提高工作效率，创造最高效益。要想激发员工士气，还需要注意以下几点。

1.寻找联系员工的"契机"

例如，管理者可以每周或者每月与员工共进一次午餐，或者在工作间隙与员工一起喝10分钟的咖啡。此时，管理不需要长篇大论对员工表示感激，只要亲切地与员工聊天，询问工作进展，生活现状，目的就是关注员工的需要，了解他们的渴望，让员工感受到你的关怀。

2.表扬要明确

模糊的称赞如"你做得不错！"对员工的意义较小，管理者应该明确指出，员工哪些工作做得很好，好在哪里，让他们知道，店铺希望他们能重复良好的表现。

3.激励要因人而异

每位员工由于个体差异及内心需求不同，所以被激励的方式也不应相同。店铺应该模仿自助餐的做法，提供多元奖励，供员工选择。店铺提供的奖励必须对员工具有意义，也就是说表彰要为个别员工的需求量身定做，否则效果不大。例如，对上有老、下有小的职业妇女而言，给予她们一天在家工作的奖励，比大幅加薪更有吸引力。

用理解和关爱接纳人

当下，为追求利益最大化，一些店铺不顾员工体力严重透支、身心俱疲的现状，甚至听不进员工的反对意见。从而导致员工怨声载道，消极怠工，给店铺和员工之间带来了障碍。

员工是店铺发展的原动力，店铺的成长壮大是建立在员工的努力工作的基础之上的。因此，管理者要从员工的角度出来，理解他们的难处，关爱他们的生活。只有用心地关注员工的内心需求，用以人为本的温情打动和感化员工，才能提高员工的工作积极性，使之为店铺的发展发挥所有的潜能。格力公司就是一个注重用理解和关爱来感化员工的店铺典范。

格力电器从一个默默无闻的小厂一跃成为全球空调业老大，连续3年家用空调产销量全球第一。在珠海，格力电器创造的工业产值几乎占据了珠海制造业的半壁江山。作为珠海土生土长的本土企业，是什么成就了格力电器今日的辉煌业绩？

针对这个疑问，主管行政后勤服务的格力电器副总裁庄培认为："只有善待员工，他们才能尽心尽力地为格力服务，才能激发岗位责任和热情，保障产品质量和发挥主人翁精神。"

格力电器80%基层员工来自全国各地。在这里，他们不被看作打工者，而是格力大家庭的一员。早在20世纪90年代，公司就为员工进行养老、医疗、失业、工伤、生育等全员参保，除此之外，公司还提供各种福利——免费就餐、上下班车、住房补贴、独生补贴等。在格力电器高速发展的同时，公司着力让员工分享发展的成果。

2005年，格力电器又斥巨资建成格力康乐园，为员工提供福利性的单身宿舍、家庭过渡房和亲属探亲过渡房，每个宿舍都配有空调、饮水机、电视机等家用电器，园区内设有足球场、篮球场、羽毛球场、图书馆、游泳池、电影院等员工娱乐活动中心和商场、银行等生活配套设施。

格力认为，工作不只为员工提供一个谋生的岗位，更重要的是培养他们自觉的学习能力和进取精神，成为企业和社会的有用创新人才。为此，公司不仅在各个分厂设有培训基地，在总部还建有专门的培训中心，为员工进行文化知识和专业技能等再造培训。在有效的培训机制和长期优秀的企业文化浸淫下，员工个人才智得到长足提升，行为规范得到扶正优化，工作激情和积极性被充分激发。

格力电器每年在全公司范围内组织各类体育运动比赛和书法绘画征文、摄影及各类劳动技能大赛。为活跃企业文化氛围，公司内部成立了书画协会、英语协会、三月文学社、晨曦艺术团、铜棒乐队等社团组织，经常组织员工参加社会公益演出活动及各类比赛。优秀书画及文学作品频频见诸报端，为每一位员工提供了充分展示自己才华的舞台。

格力每年对员工进行健康体检，做到"小病早除，大病早治"。防患于未然。有一名生产一线女工，进厂不到3个月，在体检时被发现患晚期癌症，该员工以为公司会解雇她，让她感到意外的是，公司不仅没有解雇她，还号召广大员工为她募捐，花费20多万元为她治疗。该员工终因病重不治，弥留之际，她在日记中写道："我走过很多地方，只有在格力是我最快乐的时光，我感受到比亲人还亲切的温暖。"越是困难的时候，企业和员工的相互理解、彼此关爱，就越可贵。

现在流行称"工作"为"打工"一说，意味着"铁打的营盘流水的兵"。格力电器则认为，员工是企业立根之本，只有以心换心善待员工，让员工充分享受被尊重认可和归属感，员工才会和企业形成"一损俱损，一荣俱荣"的利益价值链条，激发其主人翁意识，保障企业的长盛不衰。

总之，不少店铺通过各种形式善待和团结员工，挖掘员工的潜力，从而得到丰厚的回报。

经营者要想真正做到理解员工处境，用心关爱员工，还要从以下两点做起：

1.借助信息技术关爱员工

借助信息技术关爱到每一个员工，需要搭建一个短信平台，在其上部署诸如日常心理关爱，心理问卷调查，心理问题申诉，日常通知，员工意见箱等一系列系统，其目的是实现与每个员工的交互，提前掌握大部分员工的心理波动。

现在手机已经普及，每个员工几乎都有手机，公司要做的只是搭建这样的信息平台，把所有员工的短信内容进行整理归类。信息平台日常运作正常，就能从中及时了员工的心声，并从中发现问题及时处理，这样一来，信息平台就成了关爱中心了。

2.鼓励员工诉苦

管理者应鼓励员工说出对店铺的不满，并尽可能地倾听员工诉苦。需要注意的是，员工诉时，管理者不要随意打断其叙述，不要急于下结论，不要随便诊断，除非对方要求，否则不要随便提供建议。

就算员工真的来找你商量工作，你的职责应该是协助员工发掘他的问题。所以，你只要提供信息和情绪上的支持，然后把员工诉说的问题记下来，及时给予处理。

总的来说，当店铺赋予员工一个展示才华、以人为本、温情关爱的大环境时，员工也会尽力珍惜这样的机会，以心换心，以自强不息、忠诚勤奋进取的敬业精神对待自己的工作。

采取积极措施挽留优秀员工

优秀员工的跳槽时常困扰着管理者。可以毫不夸张地说，关键员工的离去，对店铺造成的影响是巨大的，有时甚至是灾难性的。任何公司都避免不了竞争带来的冲击，高素质的员工总会有工作机会找上门来。当优秀的、具有潜力的，甚至是重点培养的员工，不顾店铺的重托与期盼，毅然离去时，留给管理者的是无尽的懊恼和叹息。但这种情况又不可避免地每天都在发生，那么当优秀员工递上辞呈时，管理者就有责任和义务采取积极的措施把这些员工挽留下来。

有专家统计：在那些自愿离职的员工当中，去意已定地向用人单位提出辞职的约占40%；辞职目标不是很明确的约占20%；介于两者之间的辞职员工约占40%。由此我们可以看出，只要管理人员能及时做出正确积极的反应，准确把握员工离职的心态和原因，大部分员工还是能被挽留下来的。

某旅行社员工李明，自从1999年大学毕业后就在一家知名的旅行社做总经理助理，工作了两年之后，李明感觉自己发展的机会不大，就想跳槽到另一家公司。2001年，李明曾向旅行社主动提出辞职，当他临走前，总经理对他说："你是名优秀的员工，只要你想回来，我们永远欢迎你，以后若有什么困难。尽管来找我。"这些话，使李明倍感温暖，铭记于心。

李明离职后，原来的旅行社人事部经理每到节日总会通过电子邮件发送祝福并问候他的现状。直到有一次，人事部经理了解到李明正为举办一个什么样的婚礼而发愁，于是，人事部经理马上向上总经理汇报，总经理当即决定集中全体工作人员，为李明的婚礼设计出主意，想办法。后来，在全体人员的努力下，旅行社为李明办了一个别致的婚礼，李明深受感动。

第二年，李明又回到了原来的这个旅行社，并且比以前更加努力地投入工作。他常常对同事说，他喜欢这里的工作环境。总经理待人和气，对于下属的工作从不多加指责，同事热情，相处融洽，如果在工作中遇到困难，他们都尽心尽力地提供帮助。其间，有不少公司想挖他，而且薪水开得很高，但是，都遭到了他的拒绝。李明说，公司曾经帮助过他，自己又在这种良好的环境下工作，我当然不愿意离开。

上述案例中的旅行社面对人才流失，采取了积极的挽救措施，针对主动辞职员工进行回聘，这从人力资源管理制度上体现了一种开明的态度，更多地表现了一种对人才的渴望，及时挽留了店铺人才，避免了旅行社危机的发生。

那么，管理者在面对优秀员工流失时，如何才能挽留住人，并留下他们的心呢？这里提供几条建议既能最大可能地挽留住员工，又不失店铺的尊严。

1.时刻关注员工动态

对一个店铺而言，最可怕的不是员工的流失，而是优秀员工利用年底跳槽，投奔到竞争对手的阵营里去。而如果这个（或这些）员工又掌握了店铺的关键技术或者机密的话，那后果简直就是灾难了。要想有效地防止这种情况的发生，就要及时地了解员工的思想动态。

一个店主以某家很有威望的店铺的口气向自己的员工发了E-mail。信件说自己的店铺有合适的职位，并要求收信人在回信中粘贴一份个人简历。店铺中至少有两个人这样做了。这说明了什么呢？而店铺一旦发现某人不那么忠诚，就应该一方面帮助他转变思想、解决问题，另一方面加强有关防范工作。

2.及时做出反应

优秀员工递交辞职报告后，管理者应尽快在最短时间内迅速做出反应，甚至中断会议，放下手头的日常工作，以示对此事的重视。任何迟疑、怠慢都有可能让这位员工理解为冷漠、轻视，使他们更坚定离职的决心。

3.沟通要面对面

与辞职员工进行沟通时，最好是面对面的。通过面谈，察言观色，尽可能地了解员工离职的真正原因，或许还有一些可挽回的余地。避免用电话和E-mail，这样不利于管理者掌握更真实、更全面的信息。

在与员工面对面沟通时，管理者也要讲究策略，真诚挽留的同时，还要听话听音，旁敲侧击地了解员工要离职的真相。比如，"谈谈你想辞职的理由好吗？"类似这样的问话，就能让员工说出离去的理由，同时也能了解真相，对症挽留。

4.帮助员工解决问题

帮助员工解决问题并不仅仅指帮助员工解决经济问题、生活问题、职务问题等现实问题，还包括帮助员工解决"心理问题"。即帮助员工重新审视店铺，重新评价店铺的优势和弱势，重新认识自我，鼓励他在全面了解真实背景的情况下做出对自己最有利的选择。

5.不做兑现不了的承诺

在面谈过程中，管理者不要为了达到留住员工的目的而满口答应对方开出的无法满足或明显不合理的条件。这样做，不仅有损公司尊严，容易引起对方的轻视，还可能因日后条件无法兑现依然导致人才流失，更给公司留下失信于人的恶名，实在得不偿失。

面对这种情况，管理者完全可以从公司的现状出发，将公司的难处与局限说出来，让员工明白：如果他能克制自己的欲望，公司非常欢迎他回来；如果不能，公司也不委曲求全，满足他的一己私利。

6.封锁辞职消息

绝对封锁辞职的消息对员工和店铺都很重要。对员工来说，这为他改变主意继续留在店铺清除了心理障碍，这个障碍有可能使得他在重新决定时犹豫不决。如果其他人毫不知情，他就不必面对公开反悔的尴尬处境。对店铺来说，消息没有公布，既不会在内部员工之间造成不利的影响，也有更大的回旋余地。

7.提供灵活的工作方式

如今，越来越多的年轻人更加重视享受生活，他们再也不愿意像上一代人那样为了工作而牺牲一切。某网络公司财务总监对她的辞职原因这样解释道："我很喜欢这份工作。但我认为照顾小宝宝更重要。年底比较容易找到称心的工作，因此，我考虑换一份时间比较灵活的工作。"针对这一情况，特许她在家办公。

8.保持密切联络

面对优秀员工的流失，企业可以建立一个机制，随时欢迎优秀员工回来。店铺把他们的名字和联系方式记入备忘录，提醒自己每年至少要联络他们两次。并且利用公司举办的免费培训机会来保持与前员工的沟通与联系，把他们纳入店铺的咨询团队，就重要的店铺问题，定期征求他们的意见。即使他们不回来，也可能为店铺提供一些有益的意见。所以，管理者应该与离职的每位优秀员工保持持久的联络。

第六篇

提升待客与服务品质

——提升服务

妥善接待顾客
探询顾客的真实需求
让顾客喜欢上你的商品
顺利完成交易

第一章

妥善接待顾客

好的开场白打造店铺亲切感

当员工向顾客推销商品时，顾客本能地会产生戒备排斥的心理，因此一个有创意的开头十分重要。好的开场白能成功打破顾客的戒备心理，打造店铺亲切感，拉近员工与顾客之间的距离，为下一步的推销工作开了一个好头。

好的开场白不仅会给客户留下深刻的印象，而且还能为下一步工作打下良好的基础，从而使沟通的成功率大大提高。经营者本身和员工都应该学习怎样设计好的开场白，它不仅促进与顾客的沟通，甚至可以决定下面的工作是否能够顺利进行下去。很多工作人员与顾客的沟通，大都在开场白阶段就以失败告终。失败的原因可以从两个方面来解释：一个方面可能是客户根本就没有这方面的需求——这不是在开场白中就能为客户制造出来的；另一个方面就在于员工失败的开场白。

员工 A：“您好，我是这家计算机店的员工，有什么可以为您服务的吗？”

客户：“你好，我想了解一下服务器方面的产品。”

员工 A：“大概是作什么用途的服务器？”

客户：“税务系统维护。”

员工 A：“我这是第一次与税务局的人打交道，感觉到很自豪。”

客户：“很自豪？为什么？”

员工 A：“因为我们店每个月都缴几万元的营业税，这几年加在一起有几百万了吧。虽然我们不上那些大公司，但是缴的所得税也不比他们少。今天能够给您服务，就有了不同的感觉。"

客户："噢，这么多。你们收入一定很高，你们一般每个月缴多少？"

员工Ａ："根据销售业绩而定，生意好的时候能够达到20万元，这样就要缴五六万元的营业税。"

客户："如果每个人都像你们这样缴税，我们的税收任务早就完成了。"

员工Ａ："对呀。而且国家用这些钱去搞教育、基础建设或者国防建设，对我国早日成为经济强国大有益处。"

客户："不错。但是个人所得税是归地税局管，我们国税局不管个人所得税。"

员工Ａ："哦，我对税务不了解。正好可以跟您了解一下税务知识。您要采购国税服务器的话，我尤其想了解一下这方面的情况。我们店的产品是全球主要的个人计算机供应商之一，我们的经营模式能够为客户带来全新的体验，我们希望能成为贵局的长期合作伙伴，能不能再详细谈谈具体要求？"

客户："好吧。"

在与顾客面谈时，不应只是简单地向客户介绍产品，很多顾客偏向于自己的决定不喜欢被促销员工的意见左右。如果能先与顾客建立良好的关系，再介绍产品就简单轻松得多了。因此，一个好的开场白，对每个员工来说无疑是推销成功的敲门砖。这个案例就是以精彩的开场白获得客户好感的经典实战案例。

在这个案例中某个国税局的服务器采购，对于计算机经营店无疑是个大项目。如何能让顾客更青睐自己的店铺，显然不是倒背如流的介绍产品就可以了，案例中的员工Ａ深知开场白的重要性，他开口便说："我这是第一次与税务局的人打交道，感觉到很自豪。"这句话直接刺激到顾客的思维，感觉双方的距离一下子就拉近了，陌生感也消除了很多。顾户在这种心理的作用下，询问员工A自豪的原因，这样就从与税务局的人过渡到个人所得税，最后非常自然地切入主题——国税服务器采购的项目。由于客户已经对店铺有了一定的亲切感，所以使双方下面的谈话进行得很顺利。

由此可见，开场白的好与坏，在很大程度上决定了一次推销的成功与否。因此，在与顾客打交道的过程中一定要设计一个好的开场白，这样可以在短时间内拉近双方的距离，打造出店铺的亲切感，给顾客留下好的印象，为成交打好基础。

不过在创意开场白的技巧上，有以下应注意的重点：

顾客进入店铺的时间一般都很短暂，临时想到一个有创意的开场白有很大难度，这就需要事先做好一定准备，平时多加练习，可以随时留意相关的题材及幽默有趣的话题。注意避免一些敏感性、易起争辩的话题，为人处世要小心，但不要小心眼，例如宗教信仰的不同，政治立场、看法的差异，有欠风度的话，他人的隐私，有损自己品德的话，夸大吹牛的话，这些话题处理不当很容易弄巧成拙。在面对女性隐私时尤须注意得体礼貌，不要随便询问女性顾客的年龄、婚姻、家庭情况，一些员工看到女性顾客总是好奇地询问年龄问题，而这些恰恰是很多女性忌讳谈论的，不但不能够拉近距离反而会造成顾客的反感。得理要饶人，理直要气和，一定要多称赞客户及与其有关的一切事物。可以以询问的方式开始，"您知道目前最热门，最新型的畅销商品是什么吗？"以肯定客户的地位及对社会的贡献开始；以格言、谚言或有名的广告词开始；以谦和请教的方式开始。

第一时间接待顾客

每一位顾客进入店铺的时候，员工都应该在第一时间接待顾客。如果顾客进入店铺没人招呼，会给顾客留下不好的印象，很可能就损失了一个商机，对于店铺的形象也是很大的伤害。

王先生在一个周末去一个书店闲逛。一进入书店，非常喜欢看书的王先生突然想起前几天有人给他推荐过一本小说，于是他想顺便买下来。因为是周末，书店里到处都挤满了大人和孩子。王先生在畅销小说区里翻看了半天，也没有找到自己想要买的那本小说。这时，他环看四周，想找一位营业员帮自己找下这本小说。可找了半天，也没有看到营业员的影子。就在王先生想要放弃的时候，这时，他听到在拐弯处一个角落里一群顾客围着一个营业员，他确信这就是营业员。终于看到希望了，于是他也走了过去，想向营业员寻求帮助。"您能帮我找本书吗？"王先生问到。那名营业员只顾低着头为一名顾客找书，压根没有理会王先生。王先生有些不耐烦了，又问了一遍："××书在哪里？"那名营业员还是忙着接待另一名顾客。旁边一位大爷无奈地对王先生说："算了，我在这儿等了半天了，他都没有反应。估计他太忙了，我还是到别的地方买去吧！"说完，摇了摇头走开了。王先生也失望地走了。

每到周末或者节假日，店铺可能会迎来购物高峰期。这个时候，店内可能都会聚集很多顾客，而店铺的员工都是固定的，一般不会因为周末人多就增加工作人员。这时候，就需要每位工作人员都要有服务技巧了，不能因为顾客比平时多就只接待一部分而忽视了另外一部分。

案例里面的营业员就是只一门心思给一位顾客找书，而忽视了其他的顾客。面对顾客的请求，没有一点反应。这样，只会让顾客感觉到自己不受重视，宁可不买商品选择离开。这样，店铺就给顾客留下接待不周的印象，虽然服务了少数顾客，却丢了大多数顾客。

所以，店铺员工无论多忙，对于每一位顾客都要第一时间予以接待。即便是立刻不能解决顾客的疑问，也要安慰顾客，向顾客说明自己的难处。员工只要向顾客说明情况，短时间的等待顾客都是可以理解的。而对顾客置之不理就是对顾客的冷淡，也是工作人员的失职，是绝对不会受到顾客谅解的。

员工小于正在为顾客A找商品，这时顾客B走进店铺，在货架上边找商品，嘴里边说："怎么没有呢？"

员工小于一边给顾客Ａ找着商品，一边有礼貌地问顾客Ｂ："您好，请问需要帮忙吗？"

顾客Ｂ："我想要红颜色的围巾，这里只有一条白颜色的。"

员工小于："好的，您稍等一下，那边有沙发您可以休息一下。我给这位顾客找完，马上去库房给您看看还有没有红色的。"

这时又走过来顾客Ｃ，员工小于微笑着说："您先随便看看我们的商品。不好意思今天顾客多，有什么需要帮忙的我一会儿就过来，请您稍等一下。"

在店铺经营过程中，顾客不会总是分散着来，销售高峰是很常见的情况。此时，店铺里顾客多，需求也多，就会发生"一对多"的局面，一名员工同时需要服务多名顾客，这时员工的接待速度就和顾客的要求发生了矛盾。每位顾客都希望和平时一样得到营业员的服务，而员工每次只能服务一名顾客。在这种情况下，员工要耳目灵敏、沉着冷静、聚精会神地接待好顾客，尽可能做到"接一、顾二、招呼三"，即接待第一个顾客时，同时询问第二个顾客要买点什么，顺便招呼第三个顾客，"对不起，请稍等一下"。当然，也要具体问题具体分析。例如对赶车赶船的顾客，员工可以用商量的口吻同其他顾客打个招呼，优先接待；对购买单一商品，不需要挑选和找零的顾客，可以在接待其他顾客的同时，快速接待。服务的顺序应该按顾客先来后到的顺序，还要注意随时安抚等待顾客的情绪，不要让他们感觉自己被冷淡，不要让顾客等待得太久。这样，才能让所有的顾客都能买到想要的商品，树立店铺良好的形象和口碑。

微笑交谈拉近顾客

中国有句俗语："伸手不打笑脸人。"即使是讨厌吃巧克力的人，看到笑吟吟的员工递过来的新品巧克力，也会有想要尝试一下的念头吧。微笑是成功推销的资本之一，因为微笑能建立起信任，微笑能赢得友好，推销的时候微笑，表明你对顾客抱有积极的期望，能有效拉近与顾客间的距离。同时，微笑也是一种较高的修养，是成功的经营者必备的素质之一。

有人拿着100元优秀的产品，却连10元都卖不掉，为什么？看看他的表情就知道了，有的人总是摆出一副拒人千里之外的脸色，冷冰冰地对待顾客，就算商品再优秀也提不起顾客的购买欲望。吉拉德这样诠释他富有感染力并为他带来财富的笑容："微笑可以增加你的魅力值。当你笑时，整个世界都在笑。一脸苦相是没有人愿意理睬你的。"微笑是谁都无法抗拒的魅力，微笑的力量超出你的想象，养成微笑的习惯，一切都会变得简单。

微笑代表什么？就是：我喜欢你，你让我快乐，我很高兴见到你。不要认为做个成功的销售员就应该是认真的、严肃的、冷酷的、不苟言笑的。其实不然，作为一个成功的销售员除了销售产品，还要推销自己，甚至需要推销"微笑"，以微笑的姿态，面对生活、面对战场、面对你的敌人！笑也是一种走向成功的武器。

知道大名鼎鼎的希尔顿吗？微笑，就是他成功的秘诀，"如果我的旅馆只有一流的设备，而没有一流服务员的微笑的话，那就像一家永不见温暖阳光的旅馆，又有何情趣可言呢？"

希尔顿是一个有名的旅馆业商人。当他的事业进入轨道，并赚到相当多的利润时，他自豪地去告诉母亲。母亲却不以为然，而且还提出了新的要求："你现在与以前根本没有什么两样。事实上你必须把握住比几千万美元更值钱的东西。除了对顾客诚实之外，还要想法使来希尔顿旅馆的人住过了还想再住，你要想出这样一种简单、容易、不花本钱而又行之久远的办法来吸引顾客。这样你的旅馆才有前途。"

"简单、容易、不花本钱而又行之久远"，具备这4个条件的究竟是什么办法呢？希尔顿为此而冥思苦想了好久，仍然不得其解。就在他逛店铺、串旅店，从顾客的角度去感受时，他终于如梦初醒——微笑，一个简单、容易、不花本钱而行之久远的服务方式。

他对服务员常常说的一句话就是："今天，你对顾客微笑了吗？"他要求每个员工不论如何辛苦，都不能将自己心里的愁云挂在脸上。就这样，在经济大萧条中，无论旅馆本身遭受到什么样的困难，希尔顿旅馆服务员脸上的微笑始终如一，永远是旅客的阳光。

结果，经济萧条刚过，希尔顿旅馆就率先进入新的繁荣时期，跨进了黄金时代。

总之，微笑不仅仅是一种生活态度，还是一种赚钱的武器。用微笑的力量会让财富聚集在你的周围，犹太人尤为懂得这一点，因此他们在生意场上的每一次谈判都是从微笑开始的。微笑对于成功推销也是很重要的。

日本推销大师原一平认为，微笑的推销员才是优秀的推销员，因此我们要时常保持微笑，对销售人员而言，"笑"至少有下列10大好处：

（1）笑能消除自卑感。

（2）笑能使你的外表更迷人。

（3）笑能把你的友善与关怀有效地传递给准客户。

（4）你的笑能感染对方，让对方也笑，营造和谐的交谈氛围。

（5）笑能建立准客户对你的信赖感。

（6）笑能拆除你与准客户之间的"篱笆"，敞开双方的心扉。

（7）笑可以消除双方的戒心与不安，从而打破僵局。

（8）笑能去除自己的哀伤，迅速重建自信心。

（9）笑是表达爱意的捷径。

（10）笑会增进活力，有益健康。

伟大的销售员都能给顾客留下好感，这种好感可以创造出一种轻松愉快的气氛，可以使彼此结成友善的联系，这种愉快的联系又是销售员推销自己、推销产品，获得财富的基础，而微笑正是打开这扇愉快和财富之门的金钥匙。

底特律的哥堡大厅举行了一次巨大的汽艇展览会，人们蜂拥而至，在展览会上人们可以选购各种船只，从小帆船到豪华的游艇都可以买到。

一位来自中东某一产油国的富翁，他站在一艘大船旁对站在他面前的推销员说："我想买艘汽船。"这对推销员来说，是求之不得的好事。那位推销员很周到地接待了富翁，并详细地介绍这艘船的性能和优点，只是他脸上冷冰冰的，没有丝毫笑容。

富翁看着这位推销员那张没有笑容的脸，还没等推销员介绍完，就转身走开了。

他继续参观，到了下一艘陈列的船前，这次他受到了一个年轻推销员的热情招待。这位推销员脸上挂满了笑容，那微笑像太阳一样灿烂，使这位富翁有宾至如归的感觉，所以，他又一次说："我想买一艘汽船。"

"没问题！"这位推销员脸上带着微笑说，"我会为你介绍我们的产品"。之后，他微笑着向富翁简单地介绍了这艘汽船的性能与优点。

虽然这位推销员的介绍并不如前面那位精彩和详细，这位富翁还是交了定金，并且对这位推销员说："我喜欢人们表现出非常喜欢我的样子，现在你已经用微笑向我表现出来了。这次展览会上，你是唯一让我感到自己受欢迎的人。"

第二天，这位富翁带着一张支票回来，购下了价值2000万美元的汽船。

一个人亲切、温和、洋溢着笑意，远比他穿着一套高档、华丽的衣服更引人注意，也更容易受人欢迎。因为微笑是一种宽容、一种接纳，它缩短了彼此的距离，使人与人之间心心相通。喜欢微笑着面对顾客的营业员，往往更容易走入对方的天地。难怪连严肃的学者们都反复强调："微笑是成功者的先锋。"

主动与顾客沟通

有的顾客进入一家店铺后，看到每一位店营业员都忙忙碌碌的，有打扫卫生的，有整理货品的，有的聚在一起聊天，却没有人来主动招呼这位顾客。等到顾客有疑问时，没有员工能够及时解答，顾客就会放弃购买东西，这是店铺没有妥善地接待顾客造成的。员工在店铺内工作的时候，必须随时注意有无客人光临，主动与顾客沟通，不要错过了接待顾客的机会。因为员工的使命是把商品推销出去，而不是整理商品。

员工要找准与顾客做初步接触的适当时机。了解接近顾客的最佳机会，首先应对顾客进行分类，一般来说，进入购物场所的顾客有以下两类：

1.直接型的顾客

这类顾客是专程来购买某种商品或服务的。他们进来后，很少左顾右盼，而是脚步轻快，径直向某一商品走去。店员应迎合他们的急迫心理，主动接近，快速沟通。

2.选择型顾客

这类顾客的购物目的并不明确，但如果他们发现合适的商品或服务，就会产生购物动机。这类顾客以女性居多。对于这类顾客，店员切忌顾客一进门就扑上前去打招呼，要寻找合适的时机。

顾客在购物时心情有7种变化，即注意→兴趣→联想→欲望→比较→信赖→决定。只要把握好这7个过程，就可以轻松掌握接近顾客的最佳时机。以下几个顾客表象就是接近的信号。

1.当顾客一直注视着同一件商品时

这个时候正是招呼的机会。因为长时间看着同样的商品，证明这位顾客不知什么原因对那商品有"兴趣"，或者有时候他的心情已经到达"联想"的阶段了。这时招呼的方法为，从顾客的正面或是侧面，不慌不忙地说声"欢迎光临"。若是认为顾客已经进入"联想"的阶段的话，不妨用比"欢迎光临"更能令"联想"达到高潮的语句，例如"这个设计得很不错哦"，用这样的语句来招呼也许较为恰当。

2.当顾客用手触摸商品时

一直看着某件商品的客人有时会用手去触摸商品，或者拿在手上翻看，或者来回调试，这表示他对那件商品感兴趣。人对引发他兴趣的东西，往往会摸摸看来证实一下。利用顾客这一特点，店员可以抓住接近的好时机。只是这时候，顾客正欲接触商品的刹那，如果从背后趁其不备时出声的话，不仅会吓顾客一跳，还会使顾客产生误会。因此，店员从侧面走过去轻声地招呼较妥当。或者店员不妨给顾客一些暗示，整理一下附近凌乱的产品，再伺机与之搭讪。

3.当顾客从看商品的地方抬起头四处张望时

一直注视着商品的顾客突然把头抬起来四处张望，这意味着他把商品拿在手上仔细看一下，想向店员进一步询问有关商品的事宜。这时可毫不犹豫地大声说"欢迎光临"，这样的招呼可说万无一失，大部分可以成功。

4.当顾客停下脚步静止不动时

在店内边走边浏览陈列及展示柜中商品的顾客，突然停下脚步，这时是向前招呼的最好时机，因为，他可能在那儿找到了想要的东西了。看清楚是什么商品令他心动，赶快趁热打铁向他打招呼。

5.当店员和顾客眼睛碰上时

和顾客的眼睛正面碰上时，并不在购买心理过程中任何一个阶段里面，还是应该轻声说声"欢迎光临"。这虽然未必和销售有关联，但把它视为应有的礼貌，还是有必要的。然后店员暂退一旁，等待再次向前招呼的机会。

6.当顾客左顾右盼时

一进到店里来，顾客就左顾右盼地似在找寻什么时，应该尽早向他说声："欢迎光临，您需要什么吗？"招呼得越早，省去顾客花时间寻找的麻烦，他心里会高兴。营业员也能做到有效的配合，可以说一举两得。

这6个接近顾客的时机，要依情况而定，只可当作6个原则。例如，高价商品销售时可以将接近时机延后些，而低价商品的接近节奏要加快些。这是因为价格较高的商品选择性强，"购买心理过程的7阶段"的出现较为缓慢之故，太早向前招呼的话，会引起顾客一些不必要的警惕，反而会吓跑顾客。相反，低价的日常用品或食品类，招呼要趁早些，因为这些价格低、购买率高的商品，从"注目"到"满足"为止的这一阶段时间短。因此，需要按具体情况，具体处理。千万不要等着顾客跟你沟通，主动与顾客沟通才是打开交易大门的金钥匙。

妥善回答顾客的每一个问题

了解自己所销售的产品是店铺推销人员必须具备的专业素质。在推销前要熟悉产品，具备过硬的专业知识，在顾客有疑问时，要妥善回答顾客的每一个问题。如果支支吾吾答非所问，不仅会给顾客留下不专业的印象，还会丧失成功交易的机会。一些店铺不要说员工，甚至连店铺经营者自己对所贩售的商品都不了解。顾客不可能对所有产品了如指掌，当他对产品产生疑问时，如果不能得到妥善的回复，再好的产品也提不起他的购买欲望。

案例一：

一家车行的销售人员正在热情洋溢地向顾客推销一种新型汽车。在交谈过程中，他不断地向顾客介绍这辆汽车发动机的优越性。

销售人员："在市场上还没有可以与我们这种发动机媲美的产品，它一上市就受到了人们的欢迎。先生，您为什么不试一试呢？"

顾客："请问汽车的加速性能如何？"

销售人员："这个，这个啊，我也不太清楚，但我知道它一定不错。"

顾客："我现在还有事，先这样吧。"

案例二：

顾客："我想咨询一下你们的手机。"

销售人员："你想了解什么呢？"

顾客："你们这款机子是否具有照相功能？"

销售人员："这个我也不太清楚，这里有镜头，应该是可以的吧。"

顾客："那像素是多少？"

销售人员："我还没查到相关资料，这是新产品，应该比别的要高一些吧。"

顾客（有些不耐烦）："那有没有上网功能你总该知道了吧？"

销售人员："应该有啊，现在的手机不是都可以上网的么？"

顾客："算了，我去别家看看吧。"

案例三：

某销售员在为一家非常知名的住宅照明公司服务。照明公司想借用现有渠道扩大产品线，开发出了商业照明产品。设计人员开发商业照明产品的初衷是好的，但是当产品放到市场上的时候，却很少有顾客愿意购买，原因只有一个：贵。

销售人员："方先生，您好，我是××公司的产品促销员，您看这款照明产品是我们公司新开发的，要不要考虑看看？"

方先生："产品看起来不错，但价格太贵了。"

销售人员："其实我们的产品用的是特殊的材质，您别看它体积小，这上面全部用的是高科技材料，制作工艺上也采用的是一次成型，所以价格自然比别的贵一些。"

方先生："材料工艺什么的我不懂，你能具体告诉我它有什么优势吗？"

销售人员："当然可以。您看，正是采用了先进的材料和工艺，我们的产品上没有一丝缝隙，如果安装在浴室中绝对不会进水，同时耐热耐压，使用寿命比其他产品要延长好几倍呢，这样算来，反而比买别的产品更加划算了。"

方先生："听起来不错，可是安装起来会不会很麻烦，买回去不能用怎么办？"

销售人员："这个您放心，我们的产品安装起来十分简单，并且还配有详细的使用说明。如果您需要的话，我们还能提供上门安装服务，保证您购买后能轻松使用。"

方先生："真不愧是专家。那我就先买两个试试好了。"

　　案例一和案例二中的销售人员是典型的一问三不知，对于顾客提出的每一个问题都没有妥善地回答，顾客得不到满意的答复对产品本身也没了兴趣。很多销售人员也会犯同样的错误，只是想要尽快地把产品卖出去，而没有想过怎样才能更好地推销。无论在销售过程中，还是售后的服务中，一个出色的销售人员都应具备相应的专业知识。不管你推销什么，人们都尊重专家型的销售人员。如果连销售人员都不知道产品的信息，顾客自然无法产生信赖感。在当今的市场上，每个人都愿意和专业人士打交道。一旦你做到了，顾客会耐心地听你说那些你想说的话。这也许就是创造销售条件、掌握销售控制权最好的方法。

　　除了对自己的产品有专业化的了解，有时我们也要对顾客的行业有大致了解。若对顾客的行业有所了解，就能以顾客习惯的语言进行交谈，拉近与客户的距离，使顾客的困难或需要立刻被觉察而得以解决，这是一种帮助顾客解决问题的推销方式。一种产品生产的时候都是有相应的顾客群的，大概是什么样的人购买，买来主要用于做什么的，销售人员都要加以了解。这样才能在顾客产生疑问的时候及时迅速地作出反应，给顾客一个满意的答复。

第二章

探询顾客的真实需求

选购商品时重点考虑的是什么

顾客购买一件商品的时候有很多因素都会考虑在内，款式、颜色、质量、品牌、价格等等。如果能够了解到顾客选购商品时重点考虑的因素是什么，成交的机会就会大大提高。所以店铺员工在接待顾客的时候，要在与顾客的交谈之中，探询顾客主要考虑哪些因素，便于采取不同的策略引导销售。

如何能够了解到顾客到底重点考虑哪些因素呢？问话的方法是很重要的。开门见山地问"您选购商品时重点会考虑哪些因素呢？"一般得不到什么实质性的回答，这样的提问过于笼统，顾客只会随便敷衍几句，无法从中得到确切的信息。有针对性的问题才能得到有针对性的答案，但是类似于"您看重品牌吗？"这样的问话会引起顾客的反感，顾客会以为你要推荐大品牌价格贵的商品。"您买东西时看重不看重价格？"这样的问话就更不妥当了，甚至会引起顾客的误会，认为你看不起他，觉得他买不起贵的商品。

店铺员工在与顾客的交谈过程中，要掌握技巧，有效地收集顾客的信息，了解顾客购物最关注的是哪些因素。从与顾客的言谈举止、穿着打扮中捕捉到其关注的因素，然后针对顾客的购买心理，推荐适合的商品。可以在对话的过程中，说出几种选项让顾客挑选。有的顾客挑选的时候会关注某几种颜色，有的顾客偏爱某一些品牌，有的顾客注重新颖别致的款式，有的顾客注重价格或颜色，等等。根据不同的关注点可以采取不同的推荐方法。

1.对注重品牌顾客的推荐方法

对于这类型的顾客，员工应该推荐知名度较高的品牌。比如"××品牌所用的都是高档的面料、设计和版型都一流，一看您就知道是一个很有品位的人，这个牌子的衣服就是针对您这样的成功人士打造的……"或"××牌的设计风格前卫时尚，色彩鲜明，像您这样的时尚人士一定会喜欢。"

2.对注重质量的顾客推荐方法

对于注重质量的顾客，员工应该推荐品质有保证的商品。如"您看这款商品的做工很细，材料也很优质，用上好几年都不会出现问题的……"

3.对注重价格的顾客推荐方法

员工对这一类型的顾客应该推荐实用、性价比较高的商品。如"您好，我们这几款商品正在做特价促销活动，昨天还是原价，今天价格就便宜了好多，现在买十分合算。"再如"这个类型的产品我们有好几个价位，一般来说家庭用没有必要买这么贵的，您看这款虽然少了几个功能，但是价格便宜了一半以上，而且完全能够满足家庭需要。"

4.对注重款式设计的顾客推荐方法

对于注重款式设计的顾客，员工应该推荐设计独特、款式别致的商品。"一看您就是一个很有个性的人。设计可以说是商品的灵魂，如果设计出色，商品就能给人与众不同的感觉。这边有几款新产品，设计都很独特，我觉得特别适合您，请这边看看……"

5.对各种因素都比较注重的顾客推荐方法

对于各种因素都比较注重的顾客，员工要推荐综合优势比较高的产品。"像您这样全面考虑的顾客真的不多见，您一定是位要求完美的顾客。这里有几款新产品，是××品牌的主打产品，质量特别好，有多种颜色可供选择，价格也不贵，各方面都非常棒，我来为您介绍一下……"

可以平时多准备几种不同类型的答案，总会有一项或者几项是顾客关注的。这样当了解到顾客关注哪个因素的时候，员工可以及时做出反应，有的放矢地介绍商品，打动顾客的心，从而促进交易的成功。

想选购什么颜色的商品

颜色在人们的生活中焕发着神奇的魅力，不同的颜色有着不同的作用，一种颜色可能对某个人很适合，在另一个人身上就不伦不类。大部分商品都会有多种颜色供顾客选择，因此，帮顾客挑选既起到美化作用又让顾客满意的颜色能够有效地促进销售。一般来说，顾客不会一进到店铺就主动告知要选购什么颜色的产品，所以店铺员工要学会从谈话过程中探询顾客的喜好，从顾客的外形上观察出什么颜色比较适合。

员工A："您想买什么颜色的？"

员工B："我来帮您挑个颜色吧，我喜欢这款红色的，颜色又大气又漂亮，您觉得呢？"

员工C："您喜欢这个灰色的啊？您不觉得这有点太老气了么？"

以上几个店铺员工的说法都很失败。员工A的问法太笼统了，顾客刚进到店铺连买什么商品都还没决定好，很少有顾客会先决定颜色再决定商品。如果顾客喜欢的颜色没有的话岂不是让自己尴尬吗？员工B的说法完全是从自己的角度出发而不是从顾客的角度，顾客会觉得我凭什么要听你的，选你喜欢的，是顾客在选购而不是你在选购，不能让顾客认为你在左右他的思想。员工C的说法就更不妥当了，质疑顾客的选择甚至用到贬低的词语，很容易引起顾客的反感。

在探询顾客对商品的颜色需求时，如果单纯孤立地问喜欢什么颜色太笼统。应该首先确定顾客喜欢哪种商品，然后缩小范围根据商品的颜色让顾客挑选。如果顾客喜欢一个商品的某个颜色，员工就要肯定并增强顾客购买的信心。如果顾客喜欢的商品中没有喜欢的颜色时，可以根据顾客的特点，推荐其他适合的颜色。

（1）顾客偏爱某种颜色的推荐方法。肯定顾客的选择，告诉顾客这个颜色的优点，坚定购买信心。

员工："小姐，您喜欢这款皮包是吗？这款包有蓝色、白色、黄色、红色、黑色5种，请问您最喜欢哪一种颜色呢？"

顾客："嗯，每个颜色都挺好看的，我也不知道该选哪一种。"

员工："您平常喜欢浅色系还是深色系呢？"

顾客："浅色的吧，我喜欢比较亮一点的颜色。"

员工："您看这个包是用漆皮做的，这几种颜色看起来都很亮。您喜欢浅色系的话我建议这个黄色不错，颜色漂亮大方，黄色又显得活泼年轻，还是今年的流行色呢，正好符合您时尚的外形。"

顾客："那我就要这个黄色的好了。"

（2）顾客不确定哪个颜色适合自己的推荐方法。根据顾客的特征结合专业知识，给顾客提供适合的建议。

员工E："小姐，这条裙子有红、白、黑、蓝、紫几种颜色，您想试试哪一种呢？"

顾客："白色弄脏一点就很明显，打理起来太麻烦，黑色又太沉重了，夏天穿不好看。"

员工E："那还有红色、蓝色、紫色呢，红色显得有朝气，看上去特别亮眼；蓝色比较清爽，夏天穿很合适；紫色显得高贵有气质，正式场合穿比较好。"

顾客："我也不知道哪个好，想买来平时上课穿的。"

员工E："那我觉得蓝色更适合你，看起来干净清爽，而且是比较经典的颜色，无论是上课穿还是逛街穿都很适合，要不您试试？"

顾客："好的，我试一下。"

当顾客对商品的所有颜色都不满意的时候，不要强调都很好看，集中精力推荐一种。

员工F："小姐，这款手机有红色、黄色、蓝色3种颜色，您想看一下哪个颜色的？"

顾客："没有粉色的吗？"

员工F："不好意思，只有这3种颜色。您看其实这个黄色的很好看啊，它是今年的流行色，这种糖果色系的手机给人甜蜜、青春的感觉，很适合您时尚的外形呢。拿在手里也显得特别可爱，同样能给人粉嫩的感觉。"

顾客："嗯，那拿来我看看。"

只要采取合适的方法，了解顾客想选购什么颜色的商品也不是很难。为顾客推荐适合的颜色，能够有效地推动交易的成功。

想选购什么价位的商品

店铺员工如果能了解顾客想选购什么价位的商品，就能有针对性地介绍产品。而不至于介绍过高价位或者过低价位的商品。如果商品高于消费者的心理价位就超出了大多数顾客的预算范围，交易就很难成功。而低于心理价位又会让顾客怀疑商品的品质。因此，了解顾客的心理价位，有助于达成交易。员工想知道顾客购买价位的急切心理可以理解，但是过于急切地询问顾客想选购什么价位的商品，反而会引起顾客的戒备心理。顾客的心理价位是一个敏感的话题，很多人认为告诉了员工就没有了讨价还价的余地了。

以下几种问法就非常失败。"请问您今天想买多少钱的东西？""请问您接受什么价位的商品？"这样的问法会给顾客造成压迫感，太过直接容易引起顾客的排斥。"您告诉我一个价位，不然我很难为您推荐。"这样的说法显得瞧不起顾客，会让顾客认为如果不买贵的商品就不能享受服务了。

员工在了解顾客的心理价位的时候，可以从用途、场合、品牌等方面询问，这样顾客比较容易接受，能够提供真实的信息。如果是注重实用性的，就推荐中低档价位的，如果注重品牌的，就可以推荐较高价位的。

一位男性顾客在选购旅行箱。

员工："您好，我们店有多个档次和种类的旅行箱，您时间宝贵我就不每一款都向您介绍了。我想问问您对旅行箱的品牌和质量有没有特殊的要求？"

顾客："什么品牌无所谓，但质量一定要好。"

员工："您一般长途旅行多还是短途旅行多啊？"

顾客："短途旅行，每个月几乎都要出差3~5天。"

员工："那这样的话您觉得这边500元左右的几个小型旅行箱怎么样？款式都是简洁大方的，而且质量很好，耐磨防水，非常适合短途旅行。"

了解顾客想选购什么价位的商品，就能有针对性地介绍。顾客的心理价位主要受以下几种因素的影响：

（1）自尊心理。有的顾客不仅追求商品本身，更追求精神方面的某种满足。有些顾客购买商品属于炫耀性消费，通过购物来体现自己的身价和地位。对于这种类型的顾客可以向他们推荐档次、价位高一点又很独特的商品，比如限量的、订制的一类。

（2）求质心理。顾客购买商品时都希望买到经济实惠的，这是一般顾客最基本最普遍的心理活动。对于这类顾客可以介绍性价比高的、质量价格都在中档的商品。

（3）求廉心理。有些顾客希望在同样功能的商品中挑选到最便宜的。这样的顾客可以给他们推荐价位比较低的商品。

（4）追赶流行心理。有很多年轻的顾客，对商品的质量、价格等并不在乎，他们最关心的是商品流不流行。对于这些顾客要重点推荐时髦的商品，可以推荐不同价位的多款商品供顾客选择。

（5）逆反心理。很多员工认为价位低的商品顾客一定喜欢，但事实上很多顾客会产生逆反心理，认为一分钱一分货，便宜的商品肯定质量价格都不好。这类的顾客可以推荐价位比较高的商品，同时强调商品的质量、品牌都有保证。

想选购什么材料的商品

材料是决定商品质量的重要组成因素，对商品所呈现出的造型以及商品的价格都有影响。因此很多顾客非常在乎材料，所以员工要详细了解商品的材料构成，同时在与顾客的谈话过程中探询顾客想选购什么材料的商品。

错误案例：

员工A："您喜欢化纤面料的，还是天然面料的？"

员工B："这边的都是高档的进口材料，您看别的吧！"

员工C："这种新型高科技材料轻便耐用又很舒服，选这个绝对没错的。"

员工A的问法虽然看似给顾客提供了一个选择范围，但是运用的都是比较专业的术语，普通顾客可能并不了解化纤面料和天然面料有什么特点和区别，也无法进行选择。员工B的说法态度傲慢，会引起顾客反感，言下之意是顾客买不起贵的商品。而员工C的说法是在不了解需求的情况下，急于推荐自己认为合适的。然而员工的想法不是顾客的想法，最后的决定权是在顾客手上，替顾客做决定的做法会让顾客产生抵御心理。

不同的材料有不同的特性，用途上也不相同。用低质材料制成的商品容易磨损变形，而优质材料制作的商品则能够使用较长的时间，柔韧性和耐磨性相对要好一些。不同需要的消费者对材料也有不同的需求，因此，店铺员工首先要了解所销售商品的材料特点、属性，才能在与顾客沟通的过程中根据顾客的需要和用途，进行适当的推荐。

1.根据顾客用途推荐

员工："您好，请问想选购什么服装呢，外套、T恤还是裤子？"

顾客："裤子。"

员工："那您想要什么面料的裤子呢？"

顾客："面料我也不太了解。"

员工："不同面料的裤子呈现出来的版型和穿着的感觉是不一样的。比如纯棉的裤子贴身柔软，穿着也比较舒服，但是容易出皱，需要经常熨烫；而化纤面料的裤子质地顺滑，但透气性相对比较差。请问您今天买的裤子什么时候穿比较多？"

顾客："一般是平时穿。"

员工："那我建议您选择化纤和纯棉混合的面料，这些面料是采用涤纶和棉混合配比的，不容易缩水起球，耐磨抗皱，而且价格也比较实惠。这边几款都是混合面料的，您看看喜欢哪一款。"

2.根据顾客特殊要求推荐

员工："您好，欢迎光临！请问想选购什么材料的眼镜？"

顾客："我不了解材料的区别，只是想要轻巧方便的。"

员工："那我来给您介绍一下不同的材料的特点吧。眼镜片常用的材料主要有光学材料、树脂材料和水晶材料。光学眼镜片能够有效地吸收紫外线，折射较稳定清晰；树脂眼镜片重量是最轻的，但是折射率稍低；水晶眼镜片质地厚重，耐磨绝热，但是吸收紫外线的效果是最低的。不知道您觉得哪一种材料的镜片最合适呢？"

顾客："那就要树脂镜片吧。"

想要了解顾客要选择什么材料的商品并不难，在谈话中掌握顾客的实际需要再进行推荐。员工首先要了解所销售商品材料的优缺点，否则即使知道顾客想要什么材料也说不出这种材料有什么特点来，对于成交依旧没有帮助。优秀的员工能够提供不同材料的详细信息，把优缺点全面地告诉顾客，让顾客能够根据自己的需要挑选到合适材料制成的商品。

想选购什么风格的商品

顾客的风格很大程度上影响着商品的选购，顾客在做出购买决策时会不自觉地向平时习惯的风格倾斜，具有消费者不能意识到的心理强制作用。

顾客的风格是经过长期受所处的文化和个人导向的制约形成的。因此了解顾客想选购什么风格的商品能够促进交易的顺利进行。

员工在与顾客的沟通中不要直接询问"您喜欢什么风格的""您想要什么风格的商品",这类直接的问题往往得不到确切的答案。因为问题选择范围太广泛,顾客难以回答。"您喜欢商务风格的吗""您喜欢英伦风格的吗"这一类的问法又过于局限,如果顾客不喜欢员工提出的风格,沟通就无法继续。顾客的职业跟风格也有很大关系,学生可能喜欢青春活力一点的,上班族可能喜欢职业化一点的,但是不要直接询问顾客的职业,干涉顾客的隐私。如果随便询问顾客的个人情况,会引起怀疑和排斥。

正确的方式是从观察顾客的穿衣打扮,猜出顾客平时喜欢什么风格;其次可以在谈话互动中了解到顾客喜欢的风格。对不同风格的顾客有针对性地推荐不同类型的商品。

1.对学生型的顾客,推荐风格比较年轻时尚的商品

员工:"你好,想买连衣裙吗?我们店里,淑女风格和时尚风格的都有。您偏爱哪一种风格的呢?"

顾客:"我也不知道哪种风格更好。"

员工:"你看起来很年轻,还是学生吧?肯定会偏向喜欢时尚型的东西。我们刚好来了一批新货,上面都采用了大面积的印花,比传统的连衣裙更有新意更显时尚,同时花朵的造型又不失妖媚。平时上课穿既显得时尚青春又不会太出格!您看看喜欢哪一款呢?"

顾客:"那我试试红色的那条吧。"

2.对严肃型的顾客,推荐风格比较正式的商品

员工:"先生,想买西装是吗?请问您是喜欢休闲型的还是正式的呢?"

顾客:"正式一点的吧,休闲的有时候看起来太随便了。"

员工:"一看您就是严谨追求完美的人,正式的西装才比较符合您的身份。这边几款都是正式风格的,像这款条纹面料的,庄重大方,商务会面、会议谈判都很适合，很符合成功人士的身份气度。您要不要试一下？"

顾客："好的。"

3.对气质型的顾客，推荐风格比较优雅的商品

员工："您好，欢迎光临！请问是要选购香水吗？"

顾客："是的。"

员工："是您自己用呢还是别人用？"

顾客："自己用的。"

员工："我们这里有很多种风格的香水，您平时喜欢用哪种风格的？"

顾客："我也不知道哪种风格适合我。"

员工："您气质很好，优雅一点的比较合适。像这种太浓郁活泼的或者这种太传统的香型都不适合您。而这种香味很淡但是很持久的优雅型比较适合您的气质。我来帮您试一试？"

顾客："嗯，拿来我试试吧。"

在向顾客推荐商品的时候，要结合不同的类型推荐不同的风格。学生型的推荐时尚风格的，上班族推荐正式一点的，随和型的顾客就推荐休闲一点的。总之要多与顾客沟通，找到顾客最喜欢最适合的风格。

第三章

让顾客喜欢上你的商品

掌握好货品资料

一位顾客在挑选按摩椅。

员工："你好，我们公司有很多款电动按摩椅，保证能符合您的要求。"

顾客："你们都有哪些品牌？"

员工："其他的品牌也代理，我们自己也生产。"

顾客："那你们生产按摩椅的档次和价格怎么样？"

员工："有不同的档次和不同的价位。"

顾客："你能具体介绍一下这些产品之间的差别吗？"

员工："……"

顾客："那我还是先考虑考虑吧！"

在案例中，顾客多提几个问题，就把店铺员工"问"住了，许多顾客往往因为得不到对产品的满意回答而打消了购买的念头，结果员工就因对产品资料没有很好地掌握而影响了推销业绩。只有百分百了解自己的产品，才能从容面对顾客的各种疑惑。如果面对顾客的问题，你支支吾吾说不上来，那么，顾客是不会相信你的，最终只能失去这个顾客。

员工要推销产品，首先要向人们介绍产品的知识，如果对所推销的产品并不十分熟悉，只了解一些表面的浅显的情况，缺乏深入广泛的了解，不能很好地把产品的性能、特点等介绍给顾客，不能让顾客真正了解商品，销售就不可能成功。

因此，员工应充分了解产品的情况，掌握关于产品的丰富知识。如产品类型、规格、性能、技术指标、质量水准、生产工艺、使用方法、老顾客的使用情况，本店铺产品与其他店铺同类产品的竞争优势、价格情况和产品发展前景，本店铺产品与社会文化传统和地域消费习惯的关系，以及本店铺产品的不足或有待改进的方面等。例如某厨房用品店的一位员工，将产品知识和自己在大学学习的机电知识结合起来，在向顾客介绍产品情况时，把产品的内部结构、技术性能和使用时的注意事项等说得明明白白，顾客听得心服口服，迅速做出了购买决定。

员工应该从以下几个方面来了解自己的产品。

1.优点

顾客之所以购买某种产品，是因为使用该种产品能解决他的某些问题，他所需的是产品的好处，也就是产品的功能之所在。

2.成分及生产工艺

我们的产品有什么样的成分？是什么样的生产工艺？

3.性能价格比

如今的消费者都变得越来越现实了，他们在选购商品方面由原来的注重价格因素，转为注重价格和性能双重因素。因此，强调产品的性价比也是与顾客沟通的一个主要内容。

4.服务

如今的消费者，不仅仅看重产品的质量和价格，也十分注重产品的售后服务。当然，产品的服务不仅仅是指售后服务，事实上这种服务贯穿于产品销售的整个过程中。因此，了解清楚产品的服务，也是与顾客进行沟通的一项重要内容。

5.竞争力

当今商品市场，竞争异常激烈，要想使自己的产品在竞争中脱颖而出，必须让自己的产品富有特色。对于员工来说，和顾客沟通之时，必须要把自己所销售产品的特色介绍清楚。这些特色可以表现在产品名称、材料、质地、规格、美感、颜色和包装、功能、科技含量、价格、结算方式、运输方式、服务、市场占有率、顾客满意度等方面。

6.包装

解说产品的包装，有效地向顾客塑造产品的价值，能帮助建立更有效的说服力。

7.运输方式

了解产品的送货方式，可以让顾客知道自己什么时候能得到产品。顾客比较愿意知道产品什么时候可以交货。

8.同类竞争对手的产品

只有了解竞争对手的产品，才能帮助员工作有效的顾客分析，帮助顾客作有效的比较。但切忌不能批评竞争对手，只能做分析。

9.缺点

每一样产品都会有缺陷和不足，不讳言产品的缺点会让顾客觉得你很真诚，让你有机会建立和维护顾客关系，并让顾客成为你推销的产品良好的"宣传员"。

可以找一张纸，把你要向顾客推销的产品的性能、优点及售后服务等信息都写下来，并把它作为一项你和顾客沟通前的重要准备工作。充分了解商品的结构、性能，不同型号的优、缺点。员工可以尝试着使用一下你的产品，或者和一些正在使用的顾客沟通一下，了解一下产品的实用情况，相信这些准备对于你接下来和顾客的沟通是有帮助的。

掌握示范产品的艺术

为顾客示范产品也是一门艺术，店铺员工如果能掌握这门艺术，那么对于交易就有很大的促进作用。在恰当时机招呼顾客，知道顾客的来意后，就要为顾客示范商品了。顾客只有在接受某个商品的各种信息并对其产生认识，才有可能做出购买决策。因此，员工必须尽快把自己掌握的有关商品的信息传递给顾客，帮助顾客迅速了解商品的特性。

示范商品不只是拿商品给顾客看，或者是为了让顾客能够看清楚就把商品拿出来，而是为了激发顾客的联想力并刺激其欲望，将顾客的心理引向购买的层面。让顾客在了解商品以后，保持想象中的形象并想买下来。所以，科学地介绍商品是非常重要的。介绍商品的方法一般分为提示法和演示法两种，在使用这两种商品介绍方法时，店员应该注意以下一些事项，使商品介绍更为有效。

1.提示法

（1）直接提示法。店员接近顾客后立即向顾客介绍商品，陈述商品的优点与特性，然后建议顾客购买。这种方法的优点是能节省时间，加快洽谈速度，符合现代人的生活节奏。店员运用直接提示法时，应注意按照抓住重点、简单易懂和尊重个性的原则进行商品介绍示范。

（2）积极提示法。是指店员用积极的语言或其他积极方式，劝说顾客购买商品的方法。积极提示法的正确运用是增强商品说服力和感染力的有效途径，主要通过正面提示和以提问的方式实事求是地问顾客是否购买商品。

（3）消极提示法。消极提示法是指店员运用消极的、不愉快的，甚至是反面的语言及方法劝说顾客购买产品的方法。该法运用了心理学中的"褒不如贬，请不如激"，顾客往往对"不是""不对""没必要""太傻了"等词句的反应更为敏感，因此，运用消极、不愉快甚至反面语言的提示方法，可以更有效地刺激顾客，从而更好地催促顾客立即采取购买行动。但消极提示法在运用过程中很难把握，要注意区分消费者的性格类别，针对其购买动机，语言谨慎得体，行动迅速地向顾客介绍相关商品。

（4）逻辑提示法。通过逻辑的力量，帮助顾客认识问题和需求，劝说顾客购买商品。逻辑提示法作为一种有效的推介方法，比较适合具有理智购买动机的顾客，情理并重地运用逻辑提示法进行逻辑论证。

2.演示法

（1）商品演示法。商品本身很大程度上就是一个沉默的店员，是一个最准确、最可靠的购买信息源，再生动的描述与说明方法都不如商品本身留给顾客的印象深刻。所谓百闻不如一见，通过对商品的现场演示能更生动形象地刺激顾客的感觉器官，因而具有较好的推介效果。运用商品演示法时应注意抓住演示的关键点，使演示与讲解相结合，让顾客参与进来，亲自进行演示。

（2）图文演示法。店员通过文字与图纸、照片等，能更生动形象与真实可靠地向顾客介绍产品，若在演示时要注意对有关商品资料的收集，结合顾客的不同特征，并进行整理和展示，则会起到更好的营销效果。

（3）商品证明演示法。证明演示法是指店员通过演示有关证明资料来说服顾客购买商品的方法。商品成交的关键在于取信于顾客，为了有效地说服顾客，店员必须拿出有关商品的具有说服力的证明来。在商品推介过程中，无论是运用提示法，还是运用演示法，都少不了演示各种商品证明，或者说证明演示法在推介商品过程中起着举足轻重的作用。店员在运用商品证明演示法时，必须确保证明材料真实可靠、证明材料具有针对性、证明资料的演示自然。

掌握商品的作用

我们要让顾客来敲响我们的推销之门，需要给他们做精彩的演示，让他们了解产品的优点和性能，尽量在他们说"让我考虑一下"的时候，乘胜追击拿到订单。

在推销的过程中，优秀的员工是怎样赢得顾客的呢？他们一定会掌握商品的作用，亲自给顾客做示范。一次示范胜过一千句话。向顾客展示产品的作用和优点，告诉顾客你给他们带来的利润，给顾客一个直接的冲击，这非常有利于推销成功。

百闻不如一见。在推销事业中也是一样，实证比巧言更具有说服力，所以我们常看见有的餐厅前设置了菜肴的展示橱窗；服饰的销售方面，则衣裙洋装等也务必穿在人体模特身上；建筑公司也都陈列着样品房，正在别墅区建房子的公司，为了达到促销的目标，常招待大家到现场参观。口说无凭，如果不能展示出商品的作用，放弃任何销售用具（说明书、样品、示范用具等），你绝无成功的希望。

一家铸砂厂的员工为了重新打进已多年未曾来往的一家铸铁厂，多次前往拜访该厂采购科长。但是采购科长却始终避而不见，在员工紧缠不放的情况下，那位采购科长迫不得已给他5分钟时间见面，希望这位员工能够知难而退。但这位员工却胸有成竹，在科长面前一声不响地摊开一张报纸，然后从皮包里取出一袋沙，突然将沙倒在报纸上，顿时沙尘飞扬，几乎令人窒息。科长咳了几声，大吼起来："你在干什么？"这时员工才不慌不忙地开口说话："这是贵公司目前所采用的沙，是上星期我从你们的生产现场向领班取来的样品。"说着他又另铺一张报纸，又从皮包里取出一砂袋倒在报纸上，这时却不见沙尘飞扬，令科长十分惊异。紧接着他又取出两个样品，性能、硬度和外观都截然不同，使那位科长惊叹不已。就是在这场戏剧性的演示中，员工成功地展示了商品的作用，并顺利地赢得了一家大客户。

员工正是利用精彩的演示吸引了客户，并取得了成功。在经过你的精彩示范后，有些顾客就会来主动和你达成协议，而有的顾客还会犹豫一下，当听到"考虑一下"时你要加油，才能拿到订单。

在员工进行建议和努力说服或证明之后，顾客有时会说一句："知道了，我考虑看看。"

或者是："我考虑好了再跟你联系，请你等我的消息吧！"顾客说要考虑一下，是什么意思？是不是表示他真的有意购买，还是现在还没考虑好呢？如果你是这么认为，并且真的指望他考虑好了再来购买，那么你可能是一位不合格的店员。其实，对方说"我考虑一下"，乃是一种拒绝的表示，意思几乎相当于"我并不想购买"。不能在这种拒绝面前退缩，正确的做法应该是迎着这种拒绝顽强地走下去，抓住"让我考虑一下"这句话加以利用、充分发挥自己的韧劲，努力达到商谈的成功。所以，如果对方说"让我考虑一下"，店员应该以积极的态度尽力争取，托德·邓肯告诉我们，可以用如下几种回答来应对"让我考虑一下"。

（1）我很高兴能听到您说要考虑一下，要是您对我们的商品根本没有兴趣，您怎么肯去花时间考虑呢？您既然说要考虑一下，当然是因为对我所介绍的商品感兴趣，也就是说，您是因为有意购买才会去考虑的。不过，您所要考虑的究竟是什么呢？是不是只不过想弄清楚您想要购买的是什么？这样的话，请尽管好好看清楚我们的产品；或者您是不是对自己的判断还有所怀疑呢？那么让我来帮您分析一下，以便确认。不过我想，结论应该不会改变的，果然这样的话，您应该可以确认自己的判断是正确的吧！我想您是可以放心的。

（2）可能是由于我说得不够清楚，以至于您现在尚不能决定购买而还需要考虑。那么请让我把这一点说得更详细一些以帮助您考虑，我想这一点对于了解我们商品的影响是很大的。

（3）您是说想找个人商量，对吧？我明白您的意思，您是想要购买的。但另一方面，您又在乎别人的看法，不愿意被别人认为是失败的、错误的。您要找别人商量，要是您不幸问到一个消极的人，可能会得到不要买的建议。要是换一个积极的人来商量，他很可能会让你根据自己的考虑作出判断。这两种人，找哪一位商量会有较好的结果呢？您现在面临的问题只不过是决定是否购买而已，而这种事情，必须自己做出决定才行，此外，没有人可以替您做出决定的。其实，若是您并不想购买的话，您就根本不会去花时间考虑这些问题了。

（4）先生，与其以后再考虑，不如请您现在就考虑清楚做出决定。既然您那么忙，我想您以后也不会有时间考虑这个问题的。

这样，紧紧抓住对方的"让我考虑一下"的口实不放，不去理会他的拒绝的意思，只管借题发挥、努力争取，尽最大的可能去反败为胜，这才是推销之道。

在商品和顾客之间建立联系

当顾客还没有完全清楚自己真正的需求时。销售人员可以采取柔性引导方式，通过巧妙的提问，让客户参与到自己的设想中，建立起顾客和商品的联系。

销售员："琼斯太太！早安。我叫哈默·克莱斯，来自全球保安公司。"

客户："噢，你好。"

销售员："琼斯太太，您寄了我们付讫邮资的回函卡片，详细说明了您对产品哪些特色感兴趣。"

客户："是的，我是从《读者文摘》上剪下的。"

销售员："那可是本不错的杂志啊。我太太都读了好多年了，（咯咯地笑了）那些笑话常使她捧腹大笑。"

客户："可不是吗，的确很好笑。你们在这儿附近是不是已装了许多保安系统？"

销售员："是的，这一区就有20多户人家装有我们的系统，琼斯太太。"

客户："真的？"

销售员："是的，当然出于安全考虑我不能将本地客户的姓名及住址告诉您。"

客户："嗯，出于安全考虑，可以理解。"

销售员："您在回函中提到您对安全防护门有兴趣？"

客户："是的，我这房子里是有一套很好的保安系统，但是供货公司并没有给大门安装防护装置。"

销售员："您现在装的是什么系统，琼斯太太？"

客户："所有窗子都有线路连接到'紧急警报'系统公司。"

销售员："噢！我们对它很了解，是家不错的公司。实际上，您可以将您的防护大门接通到该公司的系统，这样一来有情况时您可不必打两个电话，二来您也不必付两张维护费账单。"

客户："真的？"

销售员："是这样的，由于'紧急警报'系统公司不提供大门防护系统，所以我们有合作关系，为的是我们的防护门能连通到它们的系统。"

客户："真是太好了。"

销售员："您有没有想好要装什么样的大门？"

客户："这个我倒不确定。"

销售员："这样说吧，您是想要大门非常实用呢，还是既安全又外观优雅，足够配得上您那漂亮花园呢？"

客户："我当然希望能与房子装潢和谐搭配。想象要一辈子老像这样把自己严严实实地锁在里头也真够吓人的。"

销售员："这当然是不好，但是安全总比事后后悔好吧？对了，您只要前大门吗？"

客户："我只有一个前门，但是我也要给我的房门装上防护系统。"

销售员："那么我会建议您用我们的黑煞二将系列。"

客户："为什么？"

销售员："我认为这系列好就好在它上面有些花的装饰，刚好与花园这一主题搭配，您还会注意到在图案之间有锁的位置，而且也可依您所好喷上色彩。"

客户："听起来不错，但是它们够安全吗？"

销售员："琼斯太太，当您关上门，亲手上锁时，我保证您将感觉牢靠无比，想象晚上可以安安心心上床睡觉，知道没有任何事物可以侵犯您，心里该有多踏实啊。有全球保安系统守护着您，夜间什么声音也不会打扰到您。"

很多时候顾客表现出来对商品不感兴趣或是压根不知道自己的需求。这时销售员就要注意顾客在销售对话时提出的问题。有时他们的问题似乎是反驳性的，但实际上只是客户对自己思路的澄清，不然就是企图将销售员重新引导至正确的产品或服务上。不论是有意还是无意，客户也在设法构建一幅其真正需求的清晰意象。这也正是为什么客户有时会显得犹豫不决或不愿做出决定的原因。

在上述案例中，销售员采取柔性引导方式，让客户参与到自己的设想中，一起构建了顾客和商品的联系。在这个过程中，销售员首先通过聊天的方式来接近客户，接下来提到了附近已有很多户人家使用了他们公司的产品，获得客户的认同。继而在客户不确定安装什么样的大门时，销售员以提问的方式帮助客户选择性地说出了答案。通过询问一般和特定问题，销售员了解了客户的特定需求。在最后当客户对保安系统的安全性提出疑虑时，销售员结合逻辑、图像、想象、节奏、触觉、听觉及视觉，让客户坚定地认为这就是他所期望的产品。

倾听顾客抱怨，让顾客称心如意

顾客经常会对商品的质量、售后服务等问题产生抱怨，一个一流的销售人员会懂得倾听客户的抱怨，甚至将此作为自己的业务进一步发展的契机，因为他懂得：爱抱怨的客户是自己最好的老师。让顾客称心如意才能留住顾客，抓住推销的契机。

某品牌皮鞋的销售人员到一家经销店铺里检查工作，刚进去，就看到几个女客户正在非常生气地和导购员争论什么。

于是，他赶紧走上前去问明原因。

原来，那几位女客户的其中一位在这家专卖店买了一双皮鞋，当时试的时候没发现有什么不合适，等回家一穿，却觉得鞋子有些小，于是就拿回店里想退掉。

可当时因为已经是晚上，店长已经下班了，导购员做不了主，就很客气地解释了原因，并让那位女客户改天再来。

女客户虽然有些不高兴，但也没有办法，只好回去了。可今天，女客户再一次到店里来退鞋，店长又不在。当导购员再一次用同样的理由向客户解释时，她一下子就火了，认为导购员是在故意刁难自己，根本就不想给她退鞋。

导购员也很为难，一再解释自己做不了主。就这样，双方发生了争执。

他弄清原因后，立即向那位客户道了歉，并马上给她换了一双鞋子，把原来她准备退的那双鞋子也一并送给了她。

这样一来，女客户和一起来的同伴都被感动了，结果每人又买了几双鞋子回去。

几位客户走了之后，他开始思考：这本来只是一件小事，但为什么却激起了客户这么大的抱怨？这其中，自己有什么需要改进的地方吗？

原来，这个品牌的专卖店一向采取店长负责制，退换货一律要店长同意。如果店长不在，导购员就没有权力为客户退换货，正是这种制度才导致了这一事件的发生。

当他认识到这一点后，马上向公司反映了这个问题。公司马上采取措施，制定了新的规定：只要是符合规定的，无论店长在或不在，导购员都有权力和义务为客户退换货。

这样一来，类似的问题就再也没有出现过，客户对他们品牌的信任又增加了。

从客户投诉中挖掘出"商机"，寻找市场新的"卖点"，变"废"为"宝"，从中挖掘出金子，这对店铺来说，是一种不可多得的"资源"。在这种情况下，挑剔的客户成了最好的老师，在顾客的抱怨声中服务不断地完善，顾客的满意度也越来越高。可以说，倾听顾客抱怨是小店快速成长的捷径。

因此，优秀的销售人员也要学习他们这种从客户的抱怨中抓住契机的智慧，为自己成功推销寻找转机。这就要求推销员要抽出一定的时间，到客户那里去，去交流，去倾听，去学习，这样才能把握未来的方向，避免犯大的错误，还可以在抱怨声中，成功拿到客户的订单。

国庆节期间，一位客户申请安装一部固定电话，一切都按客户的要求进行安装。可不知哪个环节使这位客户不满意。在重新安装时，他又有抱怨，而且说了好几句难听的话。在场的装机维护中心的主任一言不发，静静地看着那位客户，不气不恼，样子很像认真聆听的小学生。足足半小时，客户累了，终于歇了口，看着不动声色的主任，开始为自己的举动而内疚。他对主任说："真不好意思，我的脾气不好。被我这样吵闹，你还不在意。"主任说："没事，没关系，这些都是你的真实想法，我们会虚心接受的。"

事情过去后，出人意料的是，这位客户又陪朋友到电信局申请安装了一部电话。现在主任和他还成了好朋友。

所以当你与客户发生意见分歧时，不妨耐心聆听客户的意见和抱怨，不要害怕自己会失去面子，失去面子往往能赢得面子，赢得尊重。只有让顾客称心如意，才能最终赢得客户，赢得生意。

第四章

顺利完成交易

留意顾客的购买信息，有倾向性地推荐

小徐是超市的一名电器区的销售人员，他每个月都会在超市的员工评比中获胜，被评为"明星员工"。小徐是凭借什么每个月都会摘得"明星员工"的桂冠呢？先来看看小徐的一次工作表现。

一天，一位60来岁、衣着朴素的顾客进超市买电动剃须刀，那位顾客看到小徐，便问："你好，小伙子，我想买个电动剃须刀。"小徐仔细打量了一下这位顾客，热情地介绍说："现在有两个品种，一种是日本进口的，款式新、色调好，但价格较贵；一种是国产的，虽说款式差些，但性能、质量都不错，而且价格便宜得多。"

这位顾客听了小徐的介绍，又让小徐拿出这两种款式的样品仔细观察了一下，毫不犹豫地买了国产的电动剃须刀。

超市老板在评价小徐的工作时，满意地说："小徐不像其他店铺员工，他会毫不隐瞒地说明商品的优点和不足，从而赢得顾客的信任，但同时，在介绍中他又含蓄地带有两个倾向。这样，他含蓄的表达很容易就让顾客了解到商品的性能，从而做出购买决定。"

小徐工作出色最重要的原因还在于他会察言观色，留意到顾客的购买信息做有倾向性的推荐。比如，遇到老年人，他就会说老年顾客爱听的话。站在顾客的角度去考虑，真正帮助顾客选择所需的商品。

那么店铺员工具体如何才能做到像小徐一样留意顾客的购买信息，最高效地介绍商品，按顾客所需服务顾客呢？

首先，要善于快速扫描顾客，判断其特性。

顾客走进店铺，工作人员要会从顾客年龄、性别、外貌、神态、服饰等外形特征上去研究，从而判断顾客的消费层次。

其次，在不经意的交谈中捕捉偏好信息。

从顾客的言谈、口音、声调等特征去判断顾客偏好哪种类型的商品。

最后，注意观察顾客的行为。

比如，顾客走到一个货架旁，驻足片刻，说明这个货架上肯定有顾客心仪的商品。

工作人员做到前面3点，就可以判断这名顾客是以游逛为目的的"游客"还是以购买为目的的"买主"。对于后者，根据以上3点迅速得出判断，认定顾客属于下面4种的哪种类型，以进行针对性的介绍。

1.求实

这类顾客较注重商品的实用性，追求的主要是商品的使用价值和使用效益。对于这类顾客，工作人员在介绍商品时，应突出商品的性能，如可靠性、安全性、节能性和实惠等因素。

2.求新

这类顾客对商品的新颖性要求较高。对新样式、新结构、新装潢及新颖的销售方式很感兴趣，希望能亲自尝试或试用一番。这类顾客以年轻人为主，对于这类顾客作介绍时就应侧重商品的时髦、奇特和新功效等。

3.求美

这类顾客追求商品的欣赏价值和艺术价值。他们往往受教育程度较高，从事艺术工作，其中年轻人比例也较高。在向他们介绍时，应从艺术角度介绍商品的美感、色彩、造型等独特之处。

4.求名

这类顾客多以购名牌商品求得自我满足，甚至有的人买这类商品更多的是为了自我显示。这类顾客或者是优越感较强，或者是自卑感较深。介绍商品时，应注意认真观察，突出商品的知名度、可信度。

商品介绍只是表面工作，成败取决于对顾客行为和心理的详细把握。向顾客介绍商品并不是对所有顾客都说所有商品好。顾客有侧重，商品更要有侧重。把正确的商品介绍给正确的顾客，店铺才会实现盈利。

店铺员工在为顾客介绍商品时，要留意顾客购买信息，根据顾客的需求特点，结合与顾客交谈时顾客的偏好，为顾客提供有价值的商品信息和建议。不要当顾客问及哪款商品最适合自己时，告诉顾客所有的商品都适合，这样的建议在顾客看来没有任何价值。店铺员工不要期望因为自己的这句建议，顾客就会买下所有的商品，顾客是在挑选商品，而不是批发商品。对顾客说自己店铺的商品"都好"和"都不好"的性质是一样的。

主动出击，激发购买欲望

当客户对交易不感兴趣的时候，店铺员工可以转变思路，引导客户创造需求。"没有需求"型的顾客很多情况下并不是真正没有需求，只是出于本能的防范心理，或者是没有意识到自己的需求。这时候你所要做的是引导顾客将需求创造出来。如果顾客没有交易的意愿，员工应该主动出击，激发顾客的购买欲望。

案例一：

员工："您好，我是××电器公司业务员杨威。您对我们最新推出的DVD感兴趣吗？它是今年最新的款式，带逐行扫描，并且有色差输出，更重要的是它的纠错功能也不错……"

顾客："哦，我们已经有了VCD，凑合着还能用，DVD目前还不需要。"

员工："哦，是这样，那您肯定喜欢看影碟？"

顾客："嗯。"

员工："我想您这样喜欢看影碟的话，肯定看过不少大片，其实看大片，画质和音效都很重要。用DVD放出的画质特别好。另外，影片中的声音仿佛就在身边。这是运用了杜比AC3技术，使您有身临其境的感觉。"

顾客："嗯，听起来是不错，VCD就放不出来吗？"

员工："是的，只有DVD才具有杜比AC3的技术，也就是我们常说的5.1声道。看DVD碟片不光是声音，画质方面和VCD比较也有很大的提高，像这款DVD……"

顾客："你拿一台过来让我感受一下吧。"

员工："好的，您稍等。"

案例二：

情人节的前几天，一位男士路过化妆品店。

员工："先生，我是××化妆品公司的店员，我们店的化妆品是公认的好牌子，深受广大爱美女性的喜欢。我想您的太太可能想买套化妆品。"

顾客："化妆品？我太太没准会喜欢，她一向就爱打扮。但她没跟我一起出来，我没法替她拿主意。"

员工："先生，情人节马上就要到了，不知您是否已经给您太太买了礼物。我想，如果您送一套化妆品给您太太，她一定会非常高兴。"

顾客："嗯。"

员工（抓住时机）："每位先生都希望自己的太太是最漂亮的，我想您也不例外。"

顾客："你们的化妆品多少钱。"

员工："礼物是不计价钱的，要送给心爱的太太，当然挑最好的。"

于是一套很贵的化妆品就推销出去了。

在没有现代交通工具的时候，人们旅行靠的不都是马车吗？难道有了马车，就没有以汽车或飞机代步的需求？当然不是。关键是怎样让客户认识到自己的需求。作为店员，首要任务就是把这样的需求强化，并让客户强烈地意识到自己对这方面的需求。

案例一中的员工就是一个善于为顾客创造需求的店员。

首先，员工向顾客介绍DVD，而顾客表示暂时不需要，这完全是一种正常反应。这时候，如果员工继续向顾客介绍产品，得到的回答必然是拒绝。但这个员工显然是一个销售高手，他及时地改变了策略，问顾客"那您肯定喜欢看影碟"，这是一种感性的提问，完全取决于店员的思维水平。接下来，他又通过与顾客谈影片联系到DVD的技术，从而激发顾客对DVD产品的兴趣，进而继续向顾客介绍自己的产品。这个过程是员工为顾客创造需求的过程。最终成功达成了交易。

案例二中的员工就是抓住了情人节这个契机推销成功的。在开始时，员工反复向男主人介绍化妆品的好处，结果并不理想，如果不及时转换策略，那么就会丧失一次交易机会。这时，员工灵机一动："如果您送一套化妆品给您太太，她一定会非常高兴。"结果那位男顾客果然心动，当他询问价钱时，员工又机智地说："礼物是不计价钱的。"最后化妆品以原价成交了。员工正是抓住了"情人节"这个契机，成功销售了昂贵的化妆品。可见，"没有需求"型的顾客很多情况下并不是真的没有需求，只是出于本能的防范心理，不愿意被店员缠住。但是员工如果能发挥思维优势，提出让顾客感兴趣的事情，他也愿意和你交流。这时候要及时把握好顾客关注的焦点，让自己有机会在和顾客沟通的过程中，掌握好顾客的真正需求所在，进而促进成交。

领会客户每一句话的弦外之音

推销是一个很有技巧性的工作，我们要掌握谈判中的语言，深挖语言中的深意，同时也要掌握顾客说话的重点，将话就话促成洽谈的成功，顺利成交。

销售过程中及时领会顾客的意思非常重要。只有及时领会顾客的意思，读懂每一句话的弦外之音，才能有针对性地给予答复，消除其顾虑，并为下一步的销售创造条件。

隋远所在的公司专门为高级公寓小区清洁游泳池，还包办一些景观工程。伊蓝公司的产业包括12幢豪华公寓大厦。隋远为了拿下这个项目和伊蓝公司董事长史先生交谈。

情景一：

史先生："我在其他地方看过你们的服务，花园弄得还算漂亮，维护修整做得也很不错，游泳池尤其干净。但是一年收费10万元，太贵了吧？"

隋远："是吗？你所谓'太贵了'是什么意思？"

史先生："现在为我们服务的C公司一年只收8万元，我找不出要多付2万元的理由。"

隋远："原来如此，但你满意现在的服务吗？"

史先生："不太满意，以氯处理消毒，还勉强可以接受，花园就整理得不太理想；我们的住户老是抱怨游泳池里有落叶。住户花费了那么多，他们可不喜欢住的地方被弄得乱七八糟！虽然给C公司提了很多次，可是仍然没有改进，住户还是三天两头打电话投诉。"

隋远："那你不担心住户会搬走吗？"

史先生："当然担心。"

隋远："你们一个月的租金大约是多少？"

史先生："一个月3000元。"

隋远："好，这么说吧！住户每年付你3.6万元，你也知道好住户不容易找。所以，只要能多留住一个好住户，你多付2万元不是很值得吗？"

史先生："没错，我懂你的意思。"

隋远："很好，这下，我们可以开始草拟合约了吧？什么时候开始好呢？月中，还是下个月初？"

情景二：

史先生："我对你们的服务质量非常满意，也很想由你们来承包。但是，10万元太贵了，我实在没办法。"

隋远："谢谢你对我们的赏识。我想，我们的服务对贵公司很适用，你真的很想让我们接手，对吧？"

史先生："不错。但是，我被授权的上限不能超过9万元。"

隋远："要不我们把服务分为两个项目，游泳池的清洁费用4.5万元，花园管理费用5.5万元，怎样？这可以接受吗？"

史先生："嗯，可以。"

迈克："很好，我们可以开始讨论管理的内容……"

情景三：

史先生："我在其他地方看过你们的服务，花园很漂亮，维护得也很好。但是10万元一年的收费我付不起。"

隋远："是吗？你所谓'付不起'是什么意思呢？"

史先生："说真的，我们很希望从年中，也就是6月1日起，由你们负责清洁管理，但是公司下半年的费用通常比较拮据，半年的游泳池清洁预算只有3.8万元。"

隋远："嗯，原来如此，没关系，这点我倒能帮上忙，如果你愿意由我们服务，今年下半年的费用就3.8万元，另外6.2万元明年上半年再付，这样就不会有问题了，你觉得呢？"

针对每一个情景，隋远能及时领会史先生的话，巧妙地做出适当的回应，并不断地提出益于销售的有效方案，使事情朝越来越好的方向发展。如果隋远没有及时领会史先生的话，就无法很好地解除对方的疑虑，就没办法成功达成协议。

在销售洽谈的过程中读懂了顾客的弦外之音，是我们成交的一个关键，此外还有一点，那就是要懂得掌握一些洽谈技巧，从顾客的话语中挖掘深层次的东西；而在领会顾客的意思以后，要及时回答；当顾客犹豫不决时，要善于引导，及时发现成交信号，提出成交请求，促成交易。

这种方法的技巧就是牢牢掌握客户所说过的话，来促使洽谈成功。例如：一客户这么说："我希望拥有一个风景优美的住处，有山有水。而这里好像不具备这种条件。"销售人员可马上接着他的话说："假如我推荐另外一处山清水秀的地方，并且以相同的价格提供给您，您买不买？"

这是一种将话就话的方式，这种谈话模式对销售有很大好处。就上面一段话，客户是否真的想拥有一个山清水秀的地方姑且不管。销售人员抓住他所说的话而大做文章，给他提供一个符合他条件的地方。这时，他事先说过的话就不好反悔了，否则就会感到十分难堪。这会为推销洽谈成功提供一个很好的契机。

敏锐地发现成交信号

在与客户打交道时，准确把握来自客户的每一个信息，有助于销售的成功。准确把握成交信号的能力是优秀推销员的必备素质。

"沉默中有话，手势中有语言。"有研究表明，在人们的沟通过程中，要完整地表达意思或了解对方的意思，一般包含语言、语调和身体语言3个方面。幽默戏剧大师萨米说："身体是灵魂的手套，肢体语言是心灵的话语。若是我们的感觉够敏锐，眼睛够锐利，能捕捉身体语言表达的信息，那么，言谈和交往就容易得多了。认识肢体语言，等于为彼此开了一条直接沟通、畅通无阻的大道。"

著名的人类学家、现代非语言沟通首席研究员雷·伯德威斯特尔认为，在两个人的谈话或交流中，口头传递的信号实际上还不到全部表达的意思的35%，而其余65%的信号必须通过非语言符号沟通传递。与口头语言不同，人的身体语言表达大多是下意识的，是思想的真实反映。人可以"口是心非"，但不可以"身是心非"，据说，公安机关使用的测谎仪就是根据这个原理制造的。以身体语言表达自己是一种本能，通过身体语言了解他人也是一种本能，是一种可以通过后天培养和学习得到的"直觉"。我们谈某人"直觉"如何时，其实是指他解读他人非语言暗示的能力。例如，在报告会上，如果台下听众耷拉着脑袋，双臂交叉在胸前的话，台上讲演人的"直觉"就会告诉他，讲的话没有打动听众，必须换一个说法才能吸引听众。

因此，推销员不仅要业务精通、口齿伶俐，还必须会察言观色。客户在产生购买欲望后，不会直接说出来，但是通过行动、表情泄露出来。这就是成交的信号。

有一次，乔先生在饶有兴致地向客户介绍产品，而客户对他的产品也很有兴趣，但让乔先生不解的是客户时常看一下手表，或者问一些合约的条款，起初乔先生并没有留意，当他的话暂告一个段落时，客户突然说："你的商品很好，它已经打动了我，请问我该在哪里签字？"此时乔先生才知道，客户刚才所做的一些小动作，是在向他说明他的推销已经成功，因此后面的一些介绍是多余的。

相信有很多推销员都有过乔先生那样的失误。肢体语言很多时候是不容易琢磨的，要想准确解读出这些肢体信号，就要看你的观察能力和经验了。下面介绍一些销售过程中，常见的客户肢体语言。

客户表示感兴趣的"信号"有：

1.微笑

真诚的微笑是喜悦的标志，同时，人也用微笑来表示赞成，让对方安心、打消顾虑，作出保证。假笑时，微笑者的眼神是斜向一边的，而且眼睛周围的肌肉没有动。假笑持续的时间比真诚的微笑长，消失得也慢。

2.点头

当你在讲述产品的性能时，客户通过点头表示认同。

3.眼神

当客户以略带微笑的眼神注视你时，表示他很赞赏你的表现。

4.双臂环抱

我们都知道双臂环抱是一种戒备的姿态。但是某些状态下的双臂环抱却没有任何恶意，比如，在陌生的环境里，想放松一下，一般会坐在椅子里，靠着椅背，双臂会很自然地抱在一起。

5.双腿分开

研究表明：人们只有和家人、朋友在一起时，才会采取两腿分开的身体语言。进行推销时，你可以观察一下客户的坐姿，如果客户的腿是分开的，说明客户觉得轻松、愉快。

当客户有心购买时，他们的行为信号通常表现为：

（1）点头。

（2）前倾，靠近销售者。

（3）触摸产品或订单。

（4）查看样品、说明书、广告等。

（5）放松身体。

（6）不断抚摸头发。

（7）摸胡子或者捋胡须。

上述动作，或表示客户想重新考虑所推荐的产品，或是表示客户购买决心已定。总之，都有可能是表示一种"基本接受"的态度。

最容易被忽视的则是客户的表情信号。销售人员与客户打交道之前，所行事的全部依据就是对方的表情。客户的全部心理活动都可以通过其脸部的表情表现出来，精明的销售人员会依据对方的表情判断对方是否对自己的话语有所反应，并积极采取措施达成交易。

客户舒展的表情往往表示客户已经接受了销售人员的信息，而且有初步成交的意向。

客户眼神变得集中、脸部变得严肃，表明客户已经开始考虑成交。销售人员可以利用这样的机会，迅速达成交易。

在客户发出成交信号后，还要掌握以下小技巧，不要让到手的订单跑了。

1.有的问题，别直接回答

你正在对产品进行现场示范时，一位客户发问："这种产品的售价是多少？"

A.直接回答："150元。"

B.反问："你真的想要买吗？"

C.不正面回答价格问题，而是给客户提出："你要多少？"

如果你用第一种方法回答，客户的反应很可能是："让我再考虑考虑。"如果以第二种方式回答，客户的反应往往是："不，我随便问问。"第三种问话的用意在于帮助顾客下定决心，结束犹豫的局面，顾客一般在听到这句话时，会说出他的真实想法，有利于我们的突破。

2.有的问题，别直接问

客户常常有这样的心理："轻易改变主意，显得自己很没主见！"所以，要注意给客户一个"台阶"。你不要生硬地问客户这样的问题："你下定决心买了吗？""你是买还是不买？"尽管客户已经觉得这商品值得一买，但你如果这么一问，出于自我保护，他很有可能一下子又退回到原来的立场上去了。

3.该沉默时就沉默

"你是喜欢甲产品，还是喜欢乙产品？"问完这句话，你就应该静静地坐在那儿，不要再说话——保持沉默。沉默技巧是推销行业里广为人知的规则之一。你不要急着打破沉默，因为客户正在思考和作决定，打断他们的思路是不合适的。如果你先开口的话，那你就有失去交易的危险。所以，在客户开口之前你一定要耐心地保持沉默。

欲擒故纵，锁定成交

有一个员工推销价格相当高的百科全书，业绩惊人。同行们向她请教成功秘诀，她说："我选择夫妻在家的时候上门推销。手捧全书先对那位丈夫说明来意，进行推销。讲解结束后，总要当着妻子的面对丈夫说：'你们不用急着做决定，我下次再来。'这时候，妻子一般都会做出积极反应。"

相信搞过推销的人都有同感：让对方下定决心，是最困难的一件事情。特别是要让对方掏钱买东西，简直难于上青天。半路离开推销这一行的人，十有八九是因为始终未能掌握好促使对方下决心掏钱的功夫。在推销术语中，这就是所谓的"促成"关。有句话说得好，"穷寇莫追"，在对方仍有一定实力时，逼得太急，只会引起对方全力反扑，危及自身。因此，高明的军事家会使对手消耗实力，丧失警惕，松懈斗志，然后一举擒住对手。以"纵"的方法，更顺利地达到"擒"的目的，效果自然极佳，但若没有绝对取胜的把握，绝不能纵敌。猫抓老鼠，经常玩"欲擒故纵"的把戏，就是因为猫有必胜的能力。人和计算机不同，人是由感情支配的，一般人在做出某种决定前，会再三考虑，犹豫不决。尤其是如果这个决定需要掏腰包，他或她更是踌躇再三。这种时候，就要其他人给他或她提供足够的信息，促使其下决心，销售人员就要充当这样的角色。要想顺利成交还需要销售人员积极促成。不过，人都有自尊心，不喜欢被别人逼，不愿意"迫不得已"就范，"欲擒故纵"，就是针对这种心理设计的。

当对方难以做出抉择，或者抬出一个堂皇的理由拒绝时，该怎么办？以下方法可供参考：

"这件艺术品很珍贵，我不想让它落到附庸风雅、不懂装懂的人手里。对那些只有一堆钞票的人，我根本不感兴趣。只有那些真正有品位、热爱艺术、懂得欣赏的人，才有资格拥有这么出色的艺术珍品。我想……"

"我们准备只挑出一家打交道，不知道你够不够资格……"

"这座房子对你来说，可能大了一点，也许，该带你去别的地方，看看面积小一点的房子。那样，你可能感觉满意一点。"

具体促成时的方法更是数不胜数。在恰当时机，轻轻地把对方爱不释手的商品取回来，造成对方的"失落感"，就是一个典型的欲擒故纵的例子。还有，让对方离开尚未看完的房子、车子，都是欲擒故纵。采用这一类动作时，掌握分寸最为关键，千万不能给人以粗暴无礼的印象。

适时地表示"信任"也是一种极好的方法。

"挺好的，可惜我没带钱。"

"你没带钱？没关系，这种事情很正常嘛。其实，你不必带什么钱，对我来说，你的一个承诺比钱更可靠。在这儿签名就行了。我看过的人多了，我知道，能给我留下这么好印象的人，绝不会让我失望的。签个名，先拿去吧。"

美国超级推销员乔·吉拉德擅长制造成就感。

"我知道，你们不想被人逼着买东西，但是我更希望你们走的时候带着成就感。你们好好商量一下吧。我在旁边办公室，有什么问题，随时叫我。"

你也可以显示对对方的高度信任，尊重对方的选择，让对方无法翻脸，并帮助对方获得成就感。表面上的"赊账成交"即属于此。

"拿一百元买个东西，却只想试一试？对你来说可能太过分了。既然你对这种商品的效用有点疑虑，那么我劝你别要这么贵的。你看，这是50元的，分量减半，一样能试出效果，也没白跑一趟。反正我的商品不怕试不怕比。"

勇敢地提出反对意见，也许客户反而更容易接受。

给成交保留一定余地

销售时保留一定余地很容易诱导客户购买，因为客户会觉得自己有很大的主动性，没有被迫接受。

保留一定的成交余地，也就是要保留一定的退让余地。任何交易的达成都必须经历一番讨价还价，很少有交易是按卖主的最初报价完成的。尤其是在买方市场的情况下，几乎所有的交易都是在卖方做出适当让步之后完成的。因此，在成交之前如果把所有的优惠条件都一股脑地端给客户，当客户要再做些让步才同意成交时，销售人员就没有退让的余地了。所以，为了有效地促成交易，销售人员一定要保留适当的退让余地。

有时当店铺销售人员要求客户下订单了，客户可能还有另外的问题提出来，也可能他有其他顾虑。想一想，我们前面更多探讨的是如何满足客户的需求，但现在，需要客户真正做决定了，他会面临决策的压力，因此会更多地询问与店铺有关的其他问题。如果客户最后没作决定，在交易结束前，千万不要忘了向客户表达真诚的感谢：

"贾经理，十分感谢你对我工作的支持，我会随时与你保持联系，以确保你愉快地使用我们的产品。如果你有什么问题，请随时与我联系，谢谢！"

同时，销售人员可以通过说这样的话来促进成交：

"为了使你尽快拿到货，我今天就帮你下订单可以吗？"

"你在报价单上签字、盖章后，传真给我就可以了。"

"贾经理，你希望我们的工程师什么时候为你上门安装？"

"贾经理，还有什么问题需要我再为你解释呢？如果这样，你希望这批货什么时候送到贵公司呢？"

"贾经理，假如你想进一步商谈的话，你希望是在什么时候？"

"当货到了贵公司以后，你需要上门安装及培训吗？"

"为了今天能将这件事确定下来，你认为我还需要为你做什么事情？"

"所有事情都已经解决，剩下来的，就是得到你的同意了（保持沉默）。"

"从ABC公司来讲，今天就是下订单的最佳时机，你看怎么样（保持沉默）？"

一旦销售人员与客户达成了协议，需要进一步确认报价单、送货地址和送货时间是否准确无误，以免出现不必要的误会。

推销时留有余地很容易诱导客户主动成交。诱导客户主动成交，即设法使客户主动采取购买行动。这是成交的一项基本策略。一般而言，如果客户主动提出购买，说明销售人员的说服工作十分奏效，也意味着客户对产品及交易条件十分满意，甚至认为没有必要再讨价还价，因而成交非常顺利。所以，在推销过程中，销售人员应尽可能诱导客户主动购买产品，这样可以减少成交的阻力。

做什么事情都一样，留有余地是必需的。因为余地既为我们提供了前进的空间，又为我们留下了后退的可能。

判断顾客购买力，推动交易的完成

购买能力是交易实现的保证，如果顾客缺乏购买能力，就会拒绝购买销售人员推介的商品。如果销售人员能够确定这些顾客现在没有那么大的购买能力，就不要浪费时间一味推荐贵的商品，转而为顾客推荐一些价格便宜的。如果顾客的购买能力很强，那么不妨推荐价格与质量都比较高的商品。准确判断顾客购买力，能够有效推动交易的完成。

顾客似乎对所有商品都很感兴趣，却又面露困惑："我觉得都还不错，你能介绍一下吗？"

案例一：销售人员："这一款是我们最畅销的机型……"

案例二：销售人员："这一款的外观材料不同，使用的是……右边的这一款可以预约定时，旁边的这一款有一个新功能……"

案例三：销售人员："您想买个什么样的？"

案例四：销售人员："请问您想买多少钱的家电？"

案例五：销售人员："请问您接受什么价位的电视？"

案例六：销售人员："您告诉我吧，否则我很难为您推荐合适的产品。"

案例一和案例二都是在销售人员没有了解顾客基本状况的情况下所作的介绍。如果这时是客流高峰期，这种介绍方式无法应付多位顾客，因为没有针对性，不仅会手忙脚乱，效果也不佳。

案例三虽然对顾客的需求有所询问，但这种直来直去的问话很难达到预期效果，因为顾客就是不知道什么样的机型最适合自己，所以才让销售人员介绍的。

案例四太直接，没礼貌。

案例五顾客会觉得销售人员在怀疑他的经济实力。

案例六有埋怨和强迫顾客的意思。

当顾客说"我觉得都还不错，你能介绍一下吗"，其实暴露的是一种典型的消费者心理：顾客往往在琳琅满目的商品中犹豫、彷徨、举棋不定，这时，他们想听到合理的推荐与建议，才能做出进一步的判断分析。销售人员此时扮演的角色对顾客来说至关重要。提出方案，解决顾客的困难，才是销售成功的必经之路。

在顾客希望销售人员对产品进行广泛介绍时，顾客所面临的问题应该是两个：第一，我不知道就我的购买条件来说更适合什么样的机型；第二，也是最重要的一点，就是所谓的使用条件都有哪些——如何分析购买条件并确立购买原则？

事实上这正是销售人员引导顾客的绝妙时机。销售人员应该通过正确的话语询问试探出顾客的购买能力，有针对性地推荐商品。

案例一：

销售人员："先生，您好！我们这里的热水器种类繁多，为了节省您的时间，我想问一下您对热水器的品牌和质量有没有特殊的要求？"（问对品牌与质量的要求）

顾客："没有，安全就行。"

销售人员："哦，是买来自家用的吧？"（问使用的场合）

顾客："对，接燃气用的热水器。"

销售人员："哦，您说的对！安全性是使用燃气热水器的关键。您可以考虑一下××的××型热水器，6升强排的才500多元。这款燃气热水器价格低、加热快、出水量大、温度稳定、故障率低，在消费者中间拥有良好的口碑，而且××是连续多年获得中国燃气热水器销量第一的老品牌了，绝对值得信赖。您觉得这款如何呢？"

案例二：

销售人员："小姐，我们店的洗衣机种类很多，您是想选波轮的还是滚筒的呢？"

顾客："滚筒的。"

销售人员："哦，那您喜欢外资品牌还是国产品牌呢？"

顾客："外资品牌，就品牌A吧！"

销售人员："好，那我建议您可以考虑A品牌的烘干型滚筒洗衣机。其最大的特点就是洗涤、烘干合二为一，对于那些不适合晾晒的衣物可以迅速进行高温烘干，具有快速除湿、免熨、蓬松、柔软、除菌等功能，高效又快捷，最适合像您这样生活繁忙的成功人士使用。现在有两个款可供您选择，您觉得6000元左右的能否符合您的要求呢？"

案例三：

销售人员："小姐，您准备选什么规格的平板电视机呢，我们这里有46、42、40、37和32英寸的？"

顾客："42英寸的。"

销售人员："好，那您喜欢外资品牌还是国产品牌呢？"

案例四：

销售人员："先生，您想看电热水器，那您家里几个人洗呢？"

顾客："四五个吧。"

销售人员："那80升就够了，您是想选择即热式还是贮水式的？"

在购买预算方面，任何顾客对准备购买的家电都有一个"心理价格"。如果销售人员推介的家电价格高于顾客的"心理价格"，即超出了顾客的预算范围，成交的可能性就会大打折扣；如果销售人员推介的家电价格低于顾客的"心理价格"，则有可能让顾客对产品的品质产生疑问。因此，只有了解顾客的购买预算，销售人员才能掌握对方真实的消费水平，推介符合顾客购买预算的产品。

但是顾客的购买能力不是轻易就能判断出来的。销售人员最好不要直接问顾客需要什么价位的产品，这样显得太没技巧，而且有一种看不起穷人的嫌疑。销售人员可以采用侧面探询的策略来了解顾客的购买能力，例如询问顾客对品牌和质量有没有特殊的追求。如果顾客对家电的质量要求比较高，销售人员就给顾客介绍价格中高档的产品；如果顾客要求不高，销售人员就给顾客介绍中低价位的。

（1）销售人员在进行相关询问后说："这么说吧，我认为您大致想买这样的机型：价位在2000元左右，小点的，带着方便，要超薄，其他以好用、够用为原则，您说我说的对吧？"如果顾客认可，销售人员即可向顾客进行有针对性的推介。如果顾客否认，销售人员则可对需求进一步确认，然后进行针对性的机型推介。

（2）销售人员："您是家用还是商务使用？"如果顾客回答是自己使用即可进行以下推介："那我建议您购买一款低端机。现在家电产品升级速度太快，低价位的产品淘汰不会心疼。3000元以内的就可以了。这是第一个原则。您认为是这样吗？"待得到顾客肯定后，再继续进行下一个购买原则的确认："还有一个原则，就是要买一款洗得干净同时又节能的机型，简单说就是好用、够用的机型……"待得到顾客肯定后，再继续进行下一个购买原则的确认："第三个原则是……"当把基本购买原则确认明了后，即可直接按以上原则进行推荐，比如："我说的就是这款价格仅2860元，是我们第一部低于3000元的家用双动力洗衣机，在日本它可是唯一一款打倒了日本本土品牌的中国洗衣机，它的最大优点是……"

（3）销售人员："请问您倾向于节能还是内部构造材质？一般节能型机型每年节省大约100元钱。而好的内部材料安全性较高，因为压力锅的安全性直接与钢板材质有关。但材质好的要比普通的贵百十元钱……"此时观察顾客的表情，可以说："有点难以取舍，是吧？我的观点是，安全性其实早就过关了，不存在大的安全隐患，内部材质好只是让人主观感觉更好些，您理解我的意思吗？"如此反复向顾客询问，不断缩小需求范围。

总之，有效地判断顾客的购买能力，对交易的进行有着明显的推动作用。

第七篇

店面经营的核心

——加速商品流转

让商品陈列成为无声的导购
卖最合适的商品
适时适量地进货
定一个消费者心动的价格
有效地控制存货

第一章

让商品陈列成为无声的导购

利用陈列细节打动客户

商品陈列不仅是一门艺术，更是一门科学。好的商品陈列可以在最短的时间内吸引消费者的注意，帮助消费者找到自己想要的商品，从而选购自己喜欢的商品。商品陈列效果的好坏不仅会影响到商品的销量，还会影响到顾客对店铺的整体印象。而陈列效果的显现则往往可以通过一些细节体现出来。同样的商品会因其一些细节的不同，而产生不同的视觉效果。所以，经营者要抓好陈列细节，用细节打动顾客的心，从而实现促进商品销售的目的。

商品陈列可注意以下几个方面的细节：

1.标价可以帮助顾客选购

顾客一般在购买物品的时候，都会查阅货架标示牌上的标价并作参考。货架上的标价有助于加快顾客的购买速度，也能够帮助店员快速补货。特别是在促销或打折的情况下，如果标明了商品的折扣和价格，可以明显增加促销效果，进而提升物品的销售量；如果只标明商品的折扣，销售效果虽然也相对会有提高，但却没有同时标明折扣价格的效果明显。

对于现在的很多人来说，他们已经把逛街当作一种工作之外的业余活动了。在逛街的时候，他们往往漫无目的地随便浏览，而不是像以前那样要什么就目标很明确地买什么了。这样的消费者就是商品的潜在顾客，折扣和促销都能快速吸引他们的眼球，也能帮助他们迅速选购物品。因此在做商品陈列的过程中，就要用心抓住消费者的眼球，让他们满足对消费的快感。

2.同类商品集中陈列

同类商品集中陈列，有利于产生整体效应，使店铺的整体陈列活性化，也使顾客觉得店内商品丰富；同时还有利于增加顾客购买商品的件数，特别是连带性商品的销售。比如王女士在打算给孩子买婴儿润肤露时，看见旁边有婴儿沐浴露，想到家里的沐浴露都是大人用的，没有小孩子使用的，就顺带买了一瓶婴儿沐浴露；然后想到夏天小孩子容易起痱子，用点爽身粉会好很多，看到旁边有同一系列的产品，就随手放入购物车里。

3.把畅销商品陈列在黄金段

畅销产品具有很强的季节性。把畅销商品陈列在黄金段，可以让顾客一眼就看到流行商品，从而把顾客吸引到店中来。因此，有利于集中顾客，使销售额猛增。

4.重点商品和特殊商品要重点摆放

重点商品和特殊商品一般都是一些高周转率或利润空间大的商品，要想吸引顾客购买，在陈列这类商品时一定要尽量使其引人注目。可以采用专柜陈列的方法，也可用特殊摆放或用店铺广告说明、箭头指示等方法，从而引起顾客的注意和购买欲望。

5.充分利用"磁石理论"吸引顾客

所谓"磁石理论"就是指在卖场中最能吸引顾客注意力的地方，配置合适的商品以促进销售，并能引导顾客逛完整个卖场，以提高顾客冲动性购买比重。在卖场中，磁石点就是顾客的注意点。运用磁石理论就是在配置商品时，在每个能吸引顾客注意力的地方陈列最有吸引力的商品，来诱导顾客逛完整个店铺，并刺激他们的购买欲望，扩大店铺的商品销售。

第一磁石位于主通路的两侧，是消费者必经之地，也是商品销售最主要的地方，可以吸引顾客至内部卖场的商品。此处应配置的商品为：消费量多的商品和消费频度高的商品。这些商品是绝大多数消费者随时要使用的，也是时常要购买的。将其配置于第一磁石的位置可以增加销售量。

第二磁石位于通路的末端，通常是在超市的最里面。第二磁石商品肩负着诱导消费者走到卖场最里面的任务。在此应配置的商品有：最新的商品、具有季节感的商品和一些明亮、华丽的商品。最新的产品容易满足消费者的好奇心，将新商品配置于第二磁石的位置，必会吸引消费者走入卖场的最里面。具有季节感的商品必定是最富变化的，超市借助季节的变化布置商品，也可吸引消费者的注意。明亮、华丽的商品通常也是流行、时尚的商品。由于第二磁石的位置都较暗，所以配置较华丽的商品来提升亮度。

第三磁石指的是端架的位置。端架通常面对着出口或主通路货架端头，第三磁石商品基本的作用就是要刺激消费者、留住消费者。通常情况可配置一些特价品、高利润的商品、季节商品、购买频率较高的商品、促销商品等。

第四磁石指卖场副通道的两侧，主要让消费者在陈列线中间引起注意的位置，这个位置的配置不能以商品群来规划，而必须以单品的方法，包括热门商品、特意大量陈列商品、广告宣传商品等。

第五磁石卖场位于收银区域前面的中间卖场，可根据各种节日组织大型展销、特卖的非固定性卖场，以堆头为主。

6.分类介绍商品

商品陈列的最主要目的就是方便顾客选购物品，清晰的商品分类，可以告诉顾客商品的具体位置，顾客能够在最短的时间内找到自己想要的商品。所以，店铺可以在店门的入口处，准备一些指示牌，告诉顾客商品的分类方法以及所在的位置，以便于顾客及时找到自己所需要的商品。

7.商品陈列要充实、干净

店铺中陈列的商品要种类丰富、齐全，尽量充实。同时陈列干净、充实的商品也可以增强顾客的购物信心，建立起顾客对店铺的信任感。

8.适时更换商品位置

商品陈列时间不宜过长，如果某种商品一直摆放在同一个位置，顾客容易对这种商品产生是否是滞销品的疑问，甚至会怀疑这家店铺经营的是不是不景气。所以，应该适时地更换商品的摆放位置，给顾客以生意兴隆的感觉。但对于同种或同类的商品，其陈列的位置相对应保持稳定，在方便顾客购买的同时，也可增强他们的稳定感。

9.使顾客时常感受新鲜

商品陈列的造型不能一成不变，应该时常有些改变。顾客在进店时都希望有一些新的改变、新的感受。如果经营者能够把最新的材料和技术方法用于改善商品陈列，让顾客每次进店都能产生新鲜、美好的感觉，那么不仅会增加顾客进店的次数，还将有助于提高店铺的销售额。

消费者进了店铺，面对琳琅满目的商品，却不知道选择何种商品。一般来说，消费者在见到商品两秒钟以内，如果商品不能抓住消费者的眼球，那么你将面临不被选中的危险。细节决定成败，注重商品陈列的每一个细节，往往会赢得顾客的信赖，使顾客乐于进店购物。

分类陈列凸显商品特征

公司突然来了客人，需要接待。主任让小王立即去超市买一些一次性纸杯回来。小王立即就来到了超市里陈列各种杯子的地方，在一堆塑料杯、陶瓷杯、玻璃杯中瞪大眼睛拼命寻找，却没有找到一次性纸杯。

正在小王沮丧的时候，工作人员告诉她一次性纸杯在纸制品区。原来，纸杯的供应商往往同时代理卷纸、盒纸等商品，大部分零售企业为了便于管理，就将这些商品统一归入"纸制品"品类，并且摆放在一起。

分类陈列是整个零售店铺陈列范围最广的部分，即根据商品的消费对象、质量、特点、性能等进行分类，然后将同一类别的商品进行集中陈列，向顾客展示的方法。凡是陈列在陈列台、展示台、吊架、平台、橱柜的商品都属于分类陈列。分类陈列可以方便顾客在不同的花色、质量、价格之间挑选比较。比如鞋子，按照制作材料和用途可分为皮鞋、布鞋、旅游鞋、拖鞋、运动鞋等，按照消费对象也可分为男鞋、女鞋、童鞋3类。清楚的分类，可以方便顾客集中挑选，所以分类陈列是促进商品销售，方便顾客选购的有效手段。商品如何分类、如何陈列，这也影响着消费者选购商品的速度。

分类陈列可以凸显商品的特征，帮助消费者迅速找到所需要的商品，然而目前零售业存在分类标准不统一的现状。现代零售业在分配商品的过程中，通常首先是按照商品的特征进行大分类，其次是按照商品的制造方法、功能、产地等标准中分类，最后再按用途、产地、成分、口味等小分类，并尽量会把同一类商品陈列在一起。然而这种分类标准更多的是从商品供应商的角度出发，所以卖场在布局的时候也是以商品为出发点，进行各个区域分布，如小家电区、果蔬区、纸制品区等等。如此一来，小王发现一次性杯子和卫生纸放在一起也就不足为奇了。

商品分类要重视消费者的心理。商品最终要流向消费者，所以零售商要从消费者的角度出发，秉承便利消费者的原则。在消费者看来，一次性纸杯和陶瓷杯、塑料杯、玻璃杯等都是满足消费者饮水需求的工具，都属于容器的一种，就应该陈列在一起。再比如说啤酒，有一部分购物者习惯到酒类区购买啤酒，但是如果把啤酒陈列在饮料品类，其表现多半不如可乐、果汁等。零售商在作商品绩效评估时，这些啤酒很可能就被列入待删除单品名单中。

所以商场在分类陈列商品的时候，一定要适应消费者的购买习惯，既方便消费者观望环视，又便于寻找选购。一般而言，按照消费者的购买习惯，商品可分为：

1.便利品

便利品主要是满足消费者日常生活的必需品，这类商品品种简单、价格相对较低、挑选余地小、销售次数多，消费者对商品的性能、用途和特点等都比较了解，如食品、调味品、牙刷牙膏、香烟等。消费者希望在购买此类商品时既方便又快捷，一旦有需要就可以买到，买了就可以用，所以这类商品的陈列一定要在最明显、最容易购买的位置，以免耽误了消费者的购买时间，导致他们下次不再来购买商品。

如果便利品的陈列很合理的话，就能让消费者以最快的速度快捷、方便地选购物品，在便利消费者的同时，也加深他们对店铺的信任感，这样店铺就有可能形成一部分的固定顾客。店铺也可以在门口处，将一些色彩鲜艳、图案美观的商品摆放出来，如窗帘床罩、烟酒、糕点糖果等，一则可以证明店铺种类齐全，另外还可以起到招徕顾客的目的。

2.选购品

选购品的使用期限较长、供求弹性大、挑选性较强、交易次数较少、价格较高，这类商品主要有时装、家具、家电等，购买这类商品的消费者对产品的质量、功能、样式、色彩要求都相对比较严格。在分类陈列这类商品时，要注意把它们集中摆放在卖场中央或活动区域较大、光线较充足的位置，这样可以方便消费者自由观看、抚摸。

3.特殊品

这类商品是指功能独特、价格昂贵、可以带来高级享受的名贵商品如工艺精品、金银首饰等。在购买这类商品时，顾客一般要反复思考、慎重选择，因此要将其摆在距离喧闹区较远的环境幽雅的地方，并要设售点，以显示其高贵。另外分类陈列还要考虑到"以人为本"。

田女士来到超市购买婴儿用品。她首先来到卖场一楼的奶制品区，发现婴儿奶粉和成人奶粉是放在一起的。然后她还要为孩子买纸尿裤，超市把纸尿裤归入纸制品类，在二楼卖场的最里面纸制品区陈列着，田女士还要带着孩子去二楼选购。孩子还需要一些沐浴乳、爽身粉之类的商品，她还要抱着孩子去购买别的婴儿必备品。田女士这么上上下下，跑来跑去，终于选购齐了。可是心里还是很窝火，难道这就是商场说的"一站式购齐"么？

事实上，在国外，已经由一些卖场采取把品类管理推广到通道管理的方式，把不同的品类混合在销售通道中，这有助于提升顾客的购物便利性。

只要是相关性很强的，在使用时需要同时出现的物品，商家就可以大胆地把它们陈列在一起。这样做等于给顾客一个购买更多商品的理由，使他们不再因为害怕寻找商品太麻烦而放弃购物。不过这种混合也是有讲究的。

当然，在分类陈列时，不可能把所有的商品品种都陈列出来，所以在陈列商品的时候，应该把适应本店消费层次和消费特点的主要商品品种陈列出来，或是将有一定代表性的商品陈列出来，而其他的品种可放在货架上或后仓内，在销售的时候根据具体情况可以向顾客予以推荐。

波段上货，新鲜感不断

马克·华菲和杰克·琼斯都是休闲时尚的男装品牌，经调查发现，在同样地段、相同店铺面积和店铺形状的条件下，消费者往往会觉得杰克·琼斯店的服装款式比马克·华菲的多，而事实上，马克·华菲的款式是最多的。

给顾客造成这种错觉的原因在于，杰克·琼斯在上货的时候采取了分波段上货，一般在第一波段，杰克·琼斯只上45款新款，当卖断30款的时候，就立即补上第二波的新款，而马克·华菲直接陈列了店铺的120款新款，在同样的时间内，他可能只卖了10款。相对而言，杰克·琼斯的店铺看起来有更多的新品，就会吸引消费者不断地再来看新品。对于导购员来说，让他们一次记下45款产品的特性要比让他们一次记下120款产品的特性容易得多，而导购员对产品的熟悉程度直接影响他们对顾客的推销。再者，在陈列服装时，马克·华菲的产品通常是在墙上正面挂一排，侧面挂一排，而杰克·琼斯则是墙面上下两排都是正挂，这样消费者凭第一印象会觉得，两排正挂的款式更多。所以，即便马克·华菲的店铺有120个款，而杰克·琼斯的店铺只有45款，杰克·琼斯的产品看起来还是琳琅满目，它在视觉表达上又赢了马克·华菲。

波段上货，是指店铺在上新品的时候，不是一次性把一季所有新品摆上，而是根据产品的特性分几次上货，从而使营业额出现若干个高峰。例如秋装可按初秋、中秋、深秋分3次上货。

一般的店铺在上货的时候，都会在季初一次性把所有的新货摆出店铺，这样的上货方式，在头一两周的时候产品会很好卖，但是越到最后营业额就越低，商品就越不好卖，尤其对于那些不好卖的商品。而且一次性上货也会带来单品视觉表达的空间不够，很难突出某一商品的特质，同时，导购员也很难一下子记住那么多商品的特性，在向消费者推销的时候，就很难调动他们的积极性。

但是如果采取分波段上货，就可以增加产品的新鲜感，保证每个阶段都有新品种上市，从而吸引消费者的注意力，带来营业额总量的增加。所以，经销商在上货的时候要注意通过与厂家商品企划部的沟通，了解商品有没有波段的安排，合理安排商品的上货时间、顺序和数量，从而使货品的库存得以减少，最大程度地增加商品的销售量。

如何拿捏商品的上货波段也是一个很重要的问题。如果不能控制好上货进度，货品可能会耽误销售期，也会影响到消费者对商品的新鲜感认知。事实上，商品的上货波段安排要根据商品的生命周期、品牌定位以及顾客对商品更新频率的要求，并不是所有的商品都适合波段上货的。

以服装为例，通常人们会认为春、夏、秋、冬4个季节就是服装天然的上货波段，如果一个品牌在全国各地有多家店，就要结合当地的气温变化上货。南北方气温相差很大，在上货的时候，可以参考往年同期商品的销售分析、上货结果以及同行的上货情况，合理安排新货上市时间。

上货波段还要参考店铺销售的流量。旺季的时候货走得快，可以上货勤一些;淡季的时候货走得慢，上货相对缓慢一些。对于那些非季节性的标准化产品，这类产品的销售生命周期较长，受季节变化、流行因素的影响比较小，没有明显的季节高峰期和低潮期，所以进行规律性补货即可，没必要按照上货波段来操作。

按一般规律，时尚的、年轻的、产品季节性较强的品牌，可以按照比较高频率的上货波段来操作，如运动服装品牌的生命周期有2~3个月，以一年6~8个波段安排不同季节新产品上市销售是比较适合的。一个一年8次上货波段的年轻时尚品牌，其春夏季的新货上市时间进度应该是：1月初的早春、2月中旬的仲春、4月初的春末夏初和5月中旬的仲夏。秋冬装的上货时间，很多卖场都会选择在8月15日那天。如果走在前面，一定要提前6~8天挂上橱窗，提前给消费者留下印象，也可吸引一些时尚的消费者。而作为受季节影响不大、时尚度较低的经典正装如西服衬衫类等品牌，其一个款式往往能持续畅销四五个月甚至更长时间，这类服装的上货波段是比较适中的，过于频繁的上货波段反而会影响品牌的价值感。但对于产品旺销期只有一两个月的快速时装品牌来说，就需要频繁地以一批接一批的新品替换旧品，来保持货品的高新鲜度，这种类型的品牌一年要有10次、12次甚至14次的新品上货波段。目前，有的国际快速时尚品牌甚至完全打破了按季节分段上货的概念，甚至采取以每周为单位来推出新款。

提前上货不能一下子拿出所有的款，只能拿出量最大的20款。库存最大的款往往就是当初认为最好卖的爆款。所以要提前把这些款放到消费者的眼前，观察消费者的反应。在展示的时间里，要落实好顾货率、触货率、询问率和试穿率等指标。如果顾货率、触货率、询问率和试穿率都非常高，就要赶紧查一下订货量够不够，如果这几项指标都很低，就要赶紧做促销方案了。

当然，货品的上市波段要完全取决于货品的特点、品牌的定位、产品销售生命周期以及顾客对货品更新频率要求。而且，越频繁的上货波段，对品牌运营能力和物流的反应速度要求也越高。只有遵循市场的客观规律和企业的实际能力，找到最适合自己的才是最好的。

主题陈列商品

主题陈列又叫专题陈列，即结合某一事件或节日，集中陈列有关的系列商品，在布置商品时通过采用各种艺术手段、宣传手段和陈列用具，同时利用声音、色彩等突出某一商品的特质，以渲染气氛，营造一个特定的环境，以利于某类商品的销售。对一些新品或某一时期的流行品，以及由于各种原因要大量推销的商品，在陈列时可利用特定展台、平台、陈列道具等来突出宣传，并适度搭配射灯增加效果。主题陈列的商品可以是一件商品，如某品牌的某一型号的计算机、某品牌的日用品等，也可以是一类商品，如系列化妆品等。在摆放时要少而精，要与其他商品有明显的陈列区别，并要有导购员加以解释、说明。

通常店铺主题陈列有流行性商品的集中陈列；反映商铺经营特色的商品，如1元商品区、5元商品区、10元商品区等的集中陈列；应季性商品的集中陈列；新上市商品的集中陈列；应事性商品如围绕一个地区人所周知的事件或重大事件作主题的集中陈列；关联性商品或系列商品的集中陈列；外形或功能具独特性的商品的集中陈列；试销性商品或打折商品的集中陈列等。

主题陈列可以让消费者感觉到一个品牌的品牌文化，即一个品牌的风格、产品定位及市场定位等。主题选择有很多，如重大事件、各种节日、庆典活动都可以融入商品陈列中去，突出陈列场所的气氛，吸引消费者注意，将使这类商品取得良好的销售效果。

日本有一家普通的花店，出售各种鲜花，店面陈设与别的花店没什么两样，经营业绩平平。这家店主非常喜欢蔷薇花，就将花店改为专卖蔷薇花的店铺，与其他花店形成了区别。店里有10~20种名为"蓝色之梦"的罕见蔷薇花。花店的特色吸引了不少顾客，但商圈内需要有蔷薇花的毕竟有限，店主于是根据主题，收集了各种印有蔷薇花图案的商品，如桌布、椅垫、餐盘，以及小装饰品等，统统陈列于店面内销售，结果生意很好。这种方法不仅吸引了对蔷薇花有兴趣的顾客，也使对蔷薇花不了解的顾客发现了此花的魅力。

节日主题侧重于表达一种欢快的节日气氛，让消费者从不同角度所观看到的图形都能够产生强烈的视觉冲击感，达到陈列展示的最佳效果。不同节日的不同陈列方案设计，主要是体现不同节日文化的特点，并根据节日的色彩进行店面环境的改变，就可以达到节日主题陈列的作用。在灯光设计上，节日最好的道具就是利用灯光进行气氛的烘托，明确节日的气氛主题，这样就会使陈列的效果达到事半功倍。另外道具和色彩的选用上要体现节日的特点。如端午节粽子的销售陈列；八月十五月饼的销售陈列；圣诞节圣诞用品和圣诞礼物的陈列；儿童节儿童用品和礼品的陈列等等。或者春节前一周甚至一月，大部分的商场或店铺都会在店内开辟出最显眼的柜台、货架，集中将各种各样的喜庆服饰摆放在一起，方便顾客挑选，这就是主题陈列。

另外，店铺还可以采取和生产厂家合作的方式，利用主题陈列，共同开展某种商品的展销促销活动，专门为厂家生产的主要商品辟出一块场地，配以适当的用具展示出来，使这类商品与其他同类商品明显区分开来，一方面给商品陈列带来变化，另一方面又促进了这类商品的销售，扩大了市场。

以书店的主题陈列为例，书店的主题推荐大多会配合一些社会热点、节日等做活动，这样一方面方便读者找书，另一方面还可以刺激读者的购买欲望。卖场的主题展示和上游的产品结构有很大关系。在儿童节期间，某些书店精选出千余种少儿图书，并针对广大小读者推出"经典阅读行""买书送书""购书献爱心"等主题活动。某些书店还深明为人父母之心，特别向家长推介由外国出版、配有游戏玩具兼包装精致的礼品童书，并提供折扣优惠。此外，更特别挑选了一些适合外国华人孩子共同阅读的主题，如生活、卡通人物等，并以华人孩子的合适阅读年龄来分类，令家长易于选择。儿童节期间购书均可获精美礼物一份，包括精美小型笔记簿、贴纸、相架、填色画册及彩色蜡笔等。

主题应经常变换，随着季节、促销活动的变化而变化，以适应季节或特殊事件的需要。在季节变化时，从整个专卖店的陈列效果中能让顾客清楚地知道当季的主推产品以及主推颜色。在不同的促销活动中，能使顾客很清楚地知道促销活动的具体内容。如某店铺围绕凉席展开的"席卷天下"的促销主题陈列，店铺挂满了绿色的竹叶和青翠竹林的围板，置身其中似乎一阵清凉袭来，情境陈列非常到位。由于服装的季节性较强，随着四季的变化，也可以推出不同色系、风格的主题，但这种陈列形式必须突出"专题"或"主题"，且不宜搞得过多、过宽，否则容易引起顾客的反感，认为店铺是在搞"借机甩卖"，造成顾客产生逆反心理。

主题陈列法还要注意营造小环境，烘托气氛，陈列位置与其他商品有明显的陈列区别。另外一般在陈列时，如果有推销人员配以解说，会加大商品的吸引力。根据店铺的不同特点和不同经营方向，商家可有多种陈列主题进行选择。

整体陈列商品

商品陈列要用最经济、最节省时间的方法把商品的特色介绍给消费者，使消费者对商品产生深刻的印象，进而产生购买的欲望。商品的整体陈列是展示和树立商品形象的重要方法。

整体陈列是将整套商品完整地展示给顾客，比如将全套服饰作为一个整体，用人体模特从头至脚完整地陈列下来。整体陈列形式可以为顾客作整体的考虑，便于顾客购买商品。优秀陈列要求整体非常协调。不管是商品的摆放还是色彩搭配、灯光设置都要有很强的逻辑性，要让消费者一眼就能看出陈列设计的思想和店铺的风格。道具、模特的摆放也要很有条理，最好可以设置一些情景在里面。当然由于有些商品对季节反应比较敏感，所以优秀的陈列还要在恰当的时间出现，夏天里摆放冬天的场景，显然就非常不合适。此外，橱窗与店面的陈列着重点不同，要区别对待。

近年来，服饰业在不断美化陈列及视觉演出的方式，在陈列布局上，为了配合商品视觉系列化的改革，多面向整体的搭配。比如，服饰用品的图案都是一系列整组的，搭配烘托的衣服面料及色系、洋伞及鞋子的布样等都和服饰的布料一样。虽然有些店面陈列也以功能来区别，如上衣区、帽子区等，但是他们也适度地搭配整体陈列的形式。在对色系区分进行位置的同时，也通过设计主题来做系列化的陈列，这样不仅可以呈现整体化的视觉效果，而且往往还可以达到整组销售的目的。通常单杆货品的陈列会直接影响消费者购物的连带率，消费者可能只想买一件上衣，如果整体陈列好的话，消费者可能会考虑买下整套陈列商品，这就是陈列的魅力。

整体陈列还可以凸显品牌效果，通过将零散、杂乱的单件商品联结为一个整体，可以保证这一季品牌、产品形象的统一和故事的完整性，并为销售部门预演店铺场景，同时还能够实现陈列的真正价值。对于同一个品牌的陈列，可以采取整体陈列和主题陈列相结合的方法。主题在陈列中扮演着灵魂的角色，整体陈列可以配合并凸显这个主题。在整体陈列中，色彩能赋予商品个性，使同一种商品间产生差异性，造型越是平凡的商品，色彩的重要性便相对提升。色彩的空间运用能营造气氛，改变店铺固有模式的限制，延伸空间的想象力，创造各式各样的陈列展示。通过对色彩、面料质感、商品形象等细节的布置，再搭配相应的场景，给消费者以整体的视觉效果，以此达到凸显该品牌的目的。

以服装为例，对于同主题、同面料、同花色但款式不同的服装来说，把它们陈列在一起不只是为了协调美观，也是为了方便消费者购买，通过按照系列搭配陈列，可以将不同种类但相互补充的服饰陈列在一起，运用商品之间的互补性，使消费者在购买某件服饰后，继续购买与之相搭配的其他服饰，它不仅可以使得专卖店的整体陈列多样化，也增加了消费者购买商品的概率，从而提升业绩。合理的组合有几种形式，上装配下装，毛衣配外套，再配合饰品的搭配，表现出整体的层次感。

合适的整体陈列还可以提升消费者的进店率。橱窗设计就显得尤为重要。它不仅影响着消费者的进店率，更承载着品牌文化传递的重任，因此橱窗出样也成了最为关注的话题之一。在一定程度上，橱窗模特的出样，模特的假发，饰品的摆放，都直接影响着橱窗陈列是否美观，模特服装是否搭配合理。在橱窗的出样上，要注意橱窗的整体性、美观性、搭配性、还有色彩的融合性，每一次的橱窗出样都应该选择一个主题，只要主题明确，思路自然清晰，整体性也随之加强，美观给人的视觉冲击是不容忽视的。

另外，橱窗设计最好要有一个故事在里面，尤其是品牌服装，最好将橱窗布置得生动些。比如运动品牌的春装时节，可以设计一个郊游的场景，或者野餐的故事。很多时尚的品牌几周就换一次橱窗，那么橱窗里的故事可以有一些连续。这些故事可以从流行趋势或者品牌故事中获得，比如LV的橱窗陈列，就可以将其主要产品箱包的制作方法作为一个故事。店内的陈列当然要与橱窗保持故事的统一，让人感觉你的作品很有逻辑性，保持店面整体的统一风格、统一方向。比如在橱窗中设计了一张非常醒目、能表达本季主题的图片，在店内陈列中就要与这张图片呼应起来，达到风格统一，而风格取决于品牌本身。

商品陈列技术是店铺员工应该熟练掌握的一项业务操作技能。商品陈列技术运用得好，不仅可以突出商品的特点，增强商品的吸引力，美化商场的布局景观，而且还可以传播一定的商品信息，加速商品的流通，促进商品的销售。良好的商品陈列在给人们带来享受、让人赞叹的同时，可以方便、刺激顾客购买，也给人们带来了热烈的购买氛围。

特色陈列商品

特色，指商品所表现的独特的性能、特点、风格，也是商品所独有的。消费者在购买商品的时候，关注并产生兴趣的集中点是商品的功能和特点，因此在陈列商品的时候，要通过不同的形式将商品的优质性能、款式、质量、包装、造型等特色展示出来，这样可以有效地刺激消费者的购买欲望。不同的商品在陈列的时候，由于商品本身的功能、特性不相同，以至于在展示的时候要强调的重点也不同。特点鲜明的商品，在陈列的时候，尤其要注重展示的方式和说明的方式，尽可能的凸显商品的特色，吸引消费者的注意。如果不按照商品的种类和特点进行陈列，消费者挑选自己想要选购的商品就会很不方便。例如，把练习簿和铅笔陈列在完全不同的货架上，消费者在购买文具的时候不但会感到不便，店员也不好接待客户。但是如果把商品按照种类进行陈列，消费者买东西时不但方便很多，也便于商品管理，有利于进行销售分析。

小店陈列设计的成功之处就在于充分展示了商品的特色。由于小店种类不同，它们对商品陈列的要求也与众不同，即使是同一类店铺也有必要寻求自己的特色。以服饰小商铺为例：

1.流行服饰店

流行服饰可以涉及所有的服饰品，外延十分广泛，和时装的概念相比，流行服饰的概念更加强调时尚的象征意义，而且重视流行在实际中的表现，所以，在生活中，流行服饰通常会把某个或某几个流行要素用于服饰的色彩、款式、面料等的设计，使服饰的时尚感十分突出，使其在流行的共性上展现服饰的个性。流行服饰店经营的是时尚商品，每刮过一阵流行风，时装店的面貌就应焕然一新。如果商品没有太大的变化，则可以在陈列、摆设、装潢上做一些改变，同样可以使店铺换一副新面孔，从而吸引顾客前往。

2.休闲服装店

伴随着人们对自然、自由和自主的追求，人们在服饰观念上也日益倾向于体现这类风格的休闲服饰。休闲服饰更多展现的是一种生活态度，目前已经发展成为一个大宗的品类，而且还发展到商务休闲、运动休闲、家居休闲等许多分类。无论在面料、款式还是颜色上，休闲服饰都希望展现出一种轻松、无拘无束、随意、自由的特点，如针织品和天然材料被广泛应用于休闲服装中。休闲服装适用性强，市场空间较大，因此，适合作为大众品牌来运作，而且连锁经营较多。休闲服饰在陈列时，要注重店内气氛需轻松、自由一些，商品摆放要方便消费者观看和拿取。

3.运动服装店

运动装不仅是人们参加体育活动的需要，而且可以体现身体和精神上的健康、勇敢和一往无前的气魄，因此，运动装是年轻人比较喜爱的一种服装类型。运动装适合以品牌方式经营，运动服装的设计也多以体育精神和人类超越自我、追求卓越的英雄气概为宣传重点，一般以运动项目和体育明星作为品牌形象代表，以此来迎合顾客的崇拜心理。

4.高档女装店

高档女装一般指以高级成衣为代表的，强调设计创意，在经营上以设计师品牌为主的高档服装。高档女装在造型、选材和制作上均融入了相当可观的创新意识和审美成分，注重文化品位和内涵。在使用场合、目的上，高档女装体现了文明社会社交礼仪的一种需要，强调着装者的地位与身份。高档女装的陈列是通过空间、物品的统筹安排，达到店内空间形象的整体提升，体现出女装的风格特点，增加消费气氛，促进顾客消费。女装陈列可依据服装的品种、颜色、规格、档次等分别陈列，也可整体陈列展示整套的风格，抑或通过各种形式，采用烘托对比等手法，突出宣传陈列一种服装。

5.男士服装店

在严格的意义上，男士服装并不泛指男用服饰品，而是特指西服正装、礼服等正规服饰，男士服装形式相对单一，但以做工精良、用料考究为特点，适于品牌经营，一般以品牌形象为宣传的重点。男士服装在颜色搭配时，通常会用到色调近似、渐进、对比等配色方法。这其中，色调配色是把具有某种相同性质（冷暖调、明度、艳度）的色彩搭配在一起，色相越全越好，最少也要3种色相以上。另外男装在陈列时，颜色上要突出品牌的主打色调。高档男装每季都有一些主打色，在陈列时进行突出，将有利于凸显品牌文化，也能很好地带动销售。即使高档的男装风格也是休闲和正装。两种不同风格的服装要分开陈列，彰显不同高档男装的风格。如果衣服混杂的放置和陈设，将会给消费者带来低档的感觉，损害品牌的形象。夏季休闲装盛行，店铺在陈列时可以突出休闲男装，辅以正装。

6.女士内衣店

内衣是一种个人化服装，要求与着装者在身体、性格方面能够高度地适合。由于女士内衣是一个重要品类，因此应该采用专项品牌经营，以品牌形象和优异的品质来吸引顾客。在进行内衣展示时，对产品品质以及面料、款式特点的展示是其重点，因此，适于使用标准的人体模特儿将一整套内衣作为一个整体，从头至脚完整地进行陈列展示。比如秋冬季的无缝美体套装以及保暖套装以及一些盒装的水袋等就比较适合很整齐的摆放在货架上。

7.童装店

童装陈列是一个非常具有代表性的生活化橱窗陈列，充满童趣的体现能够让陈列更加的具有活力与生命力。童趣生活的陈列是运用儿童的生活道具进行模拟儿童生活实景的一种陈列方式，要用宽阔开放的活动空间、明亮多变的灯光设置、琳琅满目的商品组合、生动有趣的装饰陈设来吸引儿童的注意，创造欢快的购物环境。在运用的手法上一般是比喻儿童的各种表情与生活姿势进行。这种方式能够增加儿童的认同感和归属感，达到儿童对该品牌的喜爱。

无论采取什么样的陈列方法，都要以消费者和产品特色为出发点，既可以借助产品的有型之势，也可以借助消费者的自身之势。只要仔细观察、科学分析，就完全可以找到其中的门道，找对了方向，就会产生意外的效果，从而带来丰厚的利润。

分区陈列商品

某品牌的服装陈列师曾经在分析了服装所在城市的消费群体以及天气等多方面因素后，花了整整一天的时间，为该品牌服装的专柜做陈列。第二天，卖场布局的改变立即带动了市场人气，销售业绩明显上升，从此前的日均销售几千元，一举上升到上万元。有些消费者更是一口气买了好几件不同颜色的服装，而且这些服装都是该陈列师在店面的打眼位置着力推荐的款式。

成功改变服装陈列可以提高销售业绩。一个服装品牌的卖场店面，通常会被陈列师划分为A、B、C三个区。A区是卖场里顺客流方向最打眼的位置，或是顾客站在卖场入口处就能看到的区域，放在A区陈列的衣服，多是当季主推的流行款式，一般顾客的选择度和接受度都较高；B区是顾客走进卖场后能第一眼看到的区域，多陈列款式次于当季新款、存货较多、较符合大众口味的款式；C区是店里的角落或柱子后等不容易让顾客发现的地方，陈列师在C区会陈列一些颜色相对独立，或存货已不多、尺码不全的衣服。

分区可以清晰地区分商品，便于消费者直接选购，在一定程度上，可以突出商品的特点，提升商品的销售量。

卖场中的所有可以被顾客购买到的商品展示都是有效的陈列。顾客需要浏览、挑选和试穿商品。重点陈列的商品以模特或正挂的方式，提供完整搭配的推荐；容量陈列的商品以叠装和侧挂的形式，满足顾客对色彩和尺码的需求。所以卖场中的每一寸空间，都是陈列销售区，都应产生业绩。

所谓区分定位，就是要求每一类、每一项商品都必须有一个相对固定的陈列位置，商品一经陈列后，商品摆放的位置和陈列面就尽量不要有太多变动，考虑到商品之间的相互影响，以及季节、时令、特卖等因素，可以对商品的位置做出一定的调整，但幅度不应过大。这既是为了商品陈列标准化，也是为了方便消费者选购商品。

在陈列操作中，关键的环节是找到准确的重点陈列位置。因此，在分区陈列时，经销商要认真研究卖场的哪一个位置是争取客流的最佳点。新货上市时，不同品类的重点货品应该陈列在哪一个具体位置上。销售过程中，存销比不断变化，不同的货品在不同的卖场位置的销售表现如何。换季时节，卖场中哪个位置是消化库存货品的最好所在，等等。

商品在分区之后，一定要注意以下方面：

（1）按商品分类或商品群的大概位置，向消费者公布货位布置图。目前我国大部分超市和便利店铺的商标都是采用平面式的标志牌，如果能改为斜面式的标志牌，则更能让消费者一目了然，同时，标示牌的形式也可以灵活多样，按照商品类别以及陈列位置的不同，还可以设立便民服务柜，实施面对面销售；比如一些店铺，通常都设有卷烟销售区、酒水销售区、茶叶销售区及茶油、特产食品销售区等。店铺的橱窗也常常贴上"烟""酒""茶"等字样，告诉消费者店内都经营哪些类别的商品。

（2）关联性强的商品货位布置尽量邻近或对面，以便消费者相互比较，促进连带购买。如铅笔、橡皮、笔记簿与文具袋等可存放在临近区域。

（3）商品货位勤调整。分区定位并不是一成不变的，要根据时间、商品流行期以及季节等的变化，随时调整，但调整幅度不宜过大。除了根据重大的促销活动或季节变化而进行整体布局调整外，大多数情况尽量不做大的变动，以便利消费者凭印象找到商品位置。分区陈列让店内商品看上去整洁有序，便于消费者选购，也体现了店铺管理规范的一面。

（4）把不同类的商品从上而下进行纵向陈列，使同类商品平均享受到货架上各段位的销售利益。

（5）把相互影响大的商品货位适当隔开，如串味食品、熟食制品与生鲜食品、化妆品与烟酒、茶叶、糖果饼干等。

当然，一切卖场的设计都是为了更好地促进销售，都是为卖场的日常经营活动服务的，卖场设计的合理和人性化是增加销售额的必备条件，所以，陈列设计要遵循消费者的购物习惯以及卖场的实际情况来进行调整。

在设置各种销售专区时，卖场也要首先考虑如何帮助消费者节省购物的时间。来卖场购物的消费者通常可以分为两种类型：第一种消费者是来买油盐酱醋鲜肉果蔬等日常生活用品的，买完就走，绝不愿意再逛其他商品展区，因此有条件的卖场会设置一个直接进入一层的入口；另一类消费者是一段时间（如一周）才光顾一次，他们需要买比较多的东西，可能会有电器、鞋帽等，当然也会买一大堆食品，他们可以从另一个入口直接去到二层，拿够楼上的大件，放到购物车的底部，再下到楼下拿小件，最后经收银台出去，这就非常方便。为此，卖场的商品通常应该这么安排：电器、服装等放到上一层，而食品等则放在下一层；而且，入口通常会直接通向二层，顾客由二层到一层，最后经由收银台离开超市。

对于鲜活的产品，最好把它们摆放在距离收银台不远的地方。因为，对于雪糕这类的冷藏冷冻食品极容易化掉，应该让消费者以最短的时间拿回家，同样，生鲜类也是如此。

随着生活水平的提高，人们的消费习惯也在不断变化。为了能和消费者的生活相结合，并引导消费者提高生活质量，在商品收集和商品陈列表现上也应充分运用综合配套陈列法：即强调销售场所是顾客生活的一部分，使商品的内容和展示符合消费者的某种生活方式。比如，在一些卖场的男子用品区上，也有电动刮脸刀和男性化妆品一起销售。

经营者可以结合自己的卖场状况，根据视觉营销的功能模块，给卖场的空间划分出不同的定义，找到你的主题展示区和店内A、B、C区，以及内场中的重点陈列点，并且尝试开始记录每一个位置，不同时间陈列的不同商品所产生的不同销售额，以便视觉营销产生最佳效果，顾客以最快的速度接受商品。

季节陈列商品

冬去春来，寒暑更替。随着季节的变化，人们吃穿用的商品也在相应地发生着变化。因此店铺在出售商品时，可以根据季节的变化随时调整商品的陈列。季节陈列法就是随季节变化不断调整终端陈列方式和色调，尽量减少店内环境与自然环境的反差，强调围绕季节性的商品来布置陈列，突出季节商品陈列在中心、前列等引人注目的位置，促进季节性商品销售的一种陈列方法。如冬末春初的羊毛、风衣展示，春末夏初的夏装、凉鞋、草帽展示。

对于那些季节性强的商品，应随着季节的变化不断调整陈列方式和色调，尽量减少店内环境与自然环境变化的反差。这样不仅可以促进应季商品的销售，而且可以使消费者产生与自然环境和谐一致、愉悦顺畅的心理感受。

季节陈列法强调围绕季节性的商品来布置陈列，是货品陈列方法中"因时制宜"这一标准的具体体现，这种陈列法常常把突出的季节商品陈列在中心、前列等引人注目的位置，以吸引顾客的注意力。季节性店铺的陈列要根据消费者的潜在要求，一般应在季前开始。店铺要依据天气的变化来改变商品的陈列，否则将丧失适时销售的良机。试想一下，如果在盛夏，橱窗陈列的却是靴子，那么就会使顾客感到烦躁不安而避之不及，不仅这些过时货品无法推销，而且新货品也会失去销售机会。此外，也要注意节日橱窗陈列，如国庆节、元旦节等。

在尚未春暖花开的早春时节，店铺就应走在季节变换的前头，及时把适合春季销售的商品，如春节穿的服装、鞋帽等早早地摆上柜台，随着天气变化，将冬季商品撤换掉。春季商品在陈列时，可以以绿色为主调，浸透出一股春天的味道。

夏季持续高温，人容易显得烦躁不安，所以夏季的主题也一般都会围绕着向往清凉或者激情运动为主。在商品陈列时，多使用能表现清爽感的蓝色、紫色、白色，色调上以冷色为主；但夏季也是运动的好季节，因此一些饱和度高、色彩艳丽的颜色也成为夏季的首选，特别是一些运动、冲浪品牌，更是进入了色彩斑斓、争相斗艳的季节。如在新雪后不久，消费者可以在巴黎著名的餐厅感受到春天的魅力、街头时尚潮流的信息。

夏季商品一般提前在4月到5月摆出来；夏季陈列服装的小道具要有夏天的感觉。选择一些给人清凉的元素，如风扇、晶莹的冰块等，绿色的植物也是最实用的。夏季商品陈列要考虑通风，最好将商品挂起来；夏季是饮料消费的高峰期，要特别注意布置冷饮类商品的陈列；夏季商品陈列的位置可以向外发展，在门厅或门前处较适宜。因为夏季较闷热，所以在货品数量上也要控制，同样货架上的陈列数量应该比春、冬季要少。

秋天天高气爽，是收获的季节，商品应该在9月开始陈列，夏天的时装以及夏凉用品都应撤下，摆上适合秋季消费的商品。商品陈列也应以秋天的色调、景物作为背景，衬托出商品的用途。陈列与售货位置应从室外移向室内。

冬天天寒地冻，店铺布置要使消费者感到温暖，背景最好以暖色调的红、粉、黄为主，突出应季商品。

经营季节性商品的店铺最常用的方式就是根据气候、季节的变化，把应季商品集中起来搞即时陈列。四季服装经营、夏季纳凉商品、冬季御寒商品等季节性特征突出的商品一般采用这种陈列方法，它主要是适应消费者应季购买的习惯心理。对消费品赛季的时装市场的时间信号，信号也意味着竞争赛季的信号。这一趋势为导向的店铺，往往比自然时间更快地传递季节信息。人类社会的基本行为的季节变化越来越小，但零售季节，时间因素对服装的影响仍然很大。特别在我国，季节商品陈列销售中，儿童和青少年的穿着类商品最具特殊意义，因为少年儿童成长较快，隔年甚至隔季的服装、鞋帽大多不能再穿用，对于大多数独生子女家庭来说，又无弟妹可以接穿或换穿；而在中国，又有不让孩子穿外人旧服装的习惯，所以每逢换季，店铺搞好少年儿童商品的季节陈列展销都能收到较好的效果。

季节性的主题展示往往可以优先考虑商品的属性和道具季节性的联合展出。道具选择优先考虑那些对季节变化敏感的自然事物如植物等。鲜花和树木是最常见的植物，在道具选择上，鲜花和植物更易于做陈列设计，也更适合使用在季节性窗口，做季节变化的信息提供者。但是店铺经营者要考虑，鲜花的季节生长周期是什么？什么树更适合摆在自己店铺里？花草树木适合生长的地方在哪里等问题。在道具的设计形式上，设计者必须考虑道具执行的可能性。并非所有的自然植被适合呈现在一个有限的窗口，对于那些规模较小的，易于购买的植物，设计师完全可以使用真实的道具，做出最好的设计。但对于那些面积较大，很难买的植物道具，可以通过把他们转换为模拟信号的方式，展现他们季节性的艺术魅力。综合考虑这些信息后，设计者就可以确定适合店铺定位的植物道具。

比如KOOKAI品牌用鲜花织成的道具干燥藤壶，植物本身的绿色和商品的色彩形成鲜明的对比，不仅巧妙地执行了从冬季过渡到春天的信息，而且在对比中突出了主角，两者之间还形成了一个和谐的氛围。

斯特拉Luna的"后花园"设计主题，就是利用高仿真的多种鲜花，精确地布置出一种"花园"的效果。这种模拟的植物道具，在喷洒专业设计师香水后，可以产生一些高清晰图像的季节变化信息，通过塑造优美的购物氛围，赢得了消费者良好的口碑。

季节性店铺陈列设计可使用道具进行合理的分区，还可以结合商品的主题，传达一定的产品理念。通过时间和空间的商品和步骤的顺序安排，根据性能的有机统一，在有限时间内店铺可以展现整个主题的关系，并且能实现一个平衡的季节过渡和新产品的促销活动。

第二章

卖最合适的商品

卖日常需要的商品

剃须刀曾被巴菲特视为最好的生意，他说："只要想一想全世界男性的胡须在夜里潜滋暗长，你做梦也会笑出声来。"但这样的好生意，在1901年之前竟然并未成为生意。刮去这一麻烦的人，是1855年生于美国威斯康星州的金·坎普·吉列。在吉列的世界里，有两个梦想：先让世界变得更好，再阻止全世界男性的胡须在黑夜里潜滋暗长。吉列的"男色"加上吉列的刀片使这两个梦想的实现成为了可能。想赚取更多的利润，就要有适应市场要求的产品，开发日常最需要的用品就成为一个很好的商机。而剃须刀就是广大男士日常必备的商品之一，吉列紧紧地抓住了这个商机，吉列的刀片削掉了男人"面子问题"的麻烦，削出了男色营销的典范。

在"一战"期间，当金·坎普·吉列看到大胡子的士兵在前线的照片时，他敏锐地意识到这里隐藏着一个巨大的市场。由于当时的士兵们要将剃须刀、磨刀的皮条以及磨刀石全都带到战场上非常不方便，于是，很多人的脸上便长出茂密的"森林"，这样不仅不卫生，而且士兵受伤后因毛发影响也不易痊愈。在1917年4月，吉列以低于成本价的价格同政府签订了有史以来最大的一笔政府采购合同：政府低价购买350万副刀架和3600万片刀片，然后把这些剃刀发放给士兵。这看似是一桩亏本的买卖，但随后不久，不计其数的美国士兵成了吉列剃须刀的使用者。这些士兵到欧洲作战，把吉列剃须刀带到了欧洲，欧洲人也渐渐喜欢上了这种安全、方便的剃须刀。

"一战"结束后，一些美国士兵将吉列剃须刀带回国，从此吉列在自己的祖国也广为人知，成为名副其实的"军需品"。就是在这一年，吉列剃须刀片销售量达到1.3亿片，是吉列创立那一年的80多万倍，创造了吉列的神话，在美国国内的市场占有率也达到了80%。在"二战"期间，吉列的剃须刀又被美国士兵带到世界各地，同时吉列的名字和其广告语"自己动手刮胡子"以及吉列外包装上"留胡子的老人头"商标被世界各国的人们记住。

从人们的日常生活需要出发，从"市场需求"出发，加上众口铄金"赔本赚吆喝"的宣传，吉列产品迅速占领了市场，并为全世界亿万男性"面子问题"的解决掀开了崭新的一页。

人们在日常生活中，需要用的生活用品极为繁多，产品需求量较大，卖人们日常需要的产品对于想开店的经营者来说是一个不错的选择。日常用品店的消费目标群较稳定。店铺可销售各类日用品、冷热饮料食品；代销报纸、杂志；代售彩票、演唱会票、旅游车票；设立公用电话；代售邮票；电话送货上门等。人们在日常生活中需要提供的服务业十分广泛，于是一些人将这些用品弄到家门口去推销，一些日常用品店便专门提供独特服务。这些与人方便的生意，投入不多却能稳稳当当地赚钱。如免费打气、医用药箱、供热水、微波炉加热、雨具出借等，这些都是日常用品店的服务内容。日常用品店最主要的特点就是便利，便利作为店铺一种无形的商品，是店铺利润的主要来源。这些日常用品店以经营各种商品和服务项目为主业，还能够培养与周围居民的情感。

日常用品店的选址非常重要，日常用品店一般建立在居民社区里，可以补充超级市场的不足。这些店铺经营的商品大都是居民生活必需品，无论是从购买时间还是从商品品种上，都能为居民提供方便。除居民社区外，医院、菜场、学校附近、人流较多的交通要道的转角处，都是开店的好地方。对经营日常用品店来说，货物齐全、服务周到是关键。日常用品店采取薄利多销的原则，以准确、到位、快速及主动有效的服务赢得市场。

为把距离上的便利性转化为购物的便利性，日常用品店的商品要突出即时性消费、小包装、小容量、急需性、消遣性等特征，延长营业时间；加强服务的便利性，很多便利店将其塑造成社区服务中心，努力为居民提供多层次的服务。

杨女士2009年7月在社区附近开办了一家面积大约40平方米的日常用品店，店里琳琅满目摆放着各种色彩绚丽的盒子。看上去似乎不像是一个做买卖的场所，然而就是这家日用品专卖店，在不到两个月的时间里已经发展了300多名会员。

杨女士经营的日常用品主要是针对居住在附近的居民，店里的会员很多是居住在附近的女性朋友，刘女士会在每周举办两次会员的聚会，会员在一起交流做饭、购物等感受，这样的聚会不断吸引周边的不少女性参加。

在杨女士的小店里，一边的货架上陈列着各式各样颜色鲜艳的日用品产品供顾客挑选，另一边则别出心裁地开辟出一片实际使用日用品产品的开放式厨房区。没有顾客上门的时候，杨女士就用厨房区的日用品产品自己做饭。而每逢聚会的时候，这个厨房就成了会员交流如何使用日用品产品的现场教室。这样杨女士不仅能"看店理家两不误"，更重要的是，其直观的展示作用，让顾客对产品的接受程度非常高。开办大型聚会的时候，收入也会增多。

除了介绍日用品的知识和使用方法外，杨女士还把自己的顾客当朋友，有时间的话她还会把自己收集的保健方法、营养知识、减肥菜谱等等，在闲聊中或是用邮件传达给自己的会员，或者哪怕只是进店随便看看没有购买的人。

由于口碑甚好，很多会员都给杨女士推荐亲戚朋友，一些离小店较远的顾客也专程赶来，甚至有的顾客的居住地附近就有日用品店，还成为杨女士店里的会员，舍近求远地来找杨女士选购产品。对于那些不方便或者距离遥远的顾客，杨女士还通过电话或者网络与他们联系，有需要的商品就免费送货上门。虽然会有一定的成本，但是却为顾客解决了购物便利性的问题，深得顾客的信任。就是这些看似细微的点点滴滴，"老顾客会带来新顾客",弥补了周边居民市场太窄、购买力有限的缺陷,使得这个开在不起眼地方的家居用品小店的触角伸到了更广阔的方向。

生活中的必需品,如柴米油盐之类需求量很大,虽然这些日常用品的销售很完善,竞争也很大,但是只要多下工夫,真正地便利消费者,就一定能赚到钱。

卖市场火爆的商品

近些年来,一些小店专门出售一些精致的杯子、拖鞋、挂饰等日常用品,这些用品价格很高,一个普通的陶杯甚至就好几十元,却依然销售火爆。这些产品是专门针对"布波"族的。

"布波"族(bobo)是继嬉皮(hippise)、雅皮(yuppies)之后,现代城市最时髦的一群。他们具备高学历、高收入,是现代新经济社会的精英分子,但在休闲和心灵生活方面向往自由超脱的"消费享乐"。他们的消费特点表现在两个方面:非常重视物质的"质感";在经济能力可负担的范围内,相信"千金散尽还复来"。所以这些精致的杯子、饰品等满足了他们的要求,这些商品就销售得很火爆。

卖这些市场火爆的产品,首先要求经营者要有"布波"眼光。只有这样,才能和顾客进行交流,了解和引导他们的需求。

其次,布波精品店的装修简洁明快,选址很关键:租金不能太高。精品店卖的不是吃穿等生活必需品,而且市场细分也非常窄,因此量不会大,所以分摊在每件商品上的租金费用比较高,而且位置宜闹中取静。布波族的价值观决定了他们不喜欢"扎堆";另外店铺本身和周边环境要有档次。

再次,商品分类要精细,要有品位。"布波"其实是一种生活方式,是一种涵盖大众消费领域的特殊品位的消费。单一店铺不能涉及太多种类,可选择某一类细分市场,商品本身一定要精致,是一等品。比如杯子,一般100个杯子里只有10个左右是精品，你就一定要将这10个找到。很多店老板都是到香港、台湾等地选择货源，以保证质量。最后，客源维护要精到，保证购物氛围自由闲适，急于推销和大声讨价还价都应避免。

每个店主都希望自己的店铺门庭若市，生意兴隆。但这一切的实现，是有赖于良好的店铺形象、适销对路的商品、卓越的销售技能和销售管理等多方面的因素共同努力的。而这其中，商品是根本。销售在市场上卖的火爆的商品，对于刚开店的经营者来说，也是有着广阔前景的。比如说，自从《圣斗士星矢》《灌篮高手》等动漫作品进入中国以后，漫画仿佛在一夜之间热了起来。这些清俊脱俗、简约纯粹的动漫一下子变得炙手可热。开动漫游戏配件店，从漫画世界中寻找到一条商业化之路，不需要大投资，也没有技术门槛，却有着越来越广阔的发展前景。

一个没有合适商品的店铺，就像一个空有好厨师却苦于无菜可做的饭店一样，即使顾客非常愿意光临，可是一旦发现没有自己所喜欢吃的菜后，还是一走了之。所以在开店的时候，经营者必须做详尽的市场调研，明确自己的目标消费群，并尽量对他们的喜好了如指掌。为什么那些跨国大公司能够源源不断地生产出消费者喜欢的商品，那就是因为他们在不断地在收集消费者信息，甚至像老鹰一样以敏锐的眼光捕捉最新潮流。

其实，现在的"二手"产品市场也很火爆。"二手"商品并不代表"垃圾"，用有限的金钱买到满意的家居用品，不仅为钱包"减负"，而且还可以养成节俭和环保的习惯。据悉，在欧美等西方发达国家，二手市场是年轻酷派一族的寻宝乐园。而中国二手商品市场、二手商城却因诸多原因，并未获得很好的开发。所以，如果把二手市场开发好，也是一个很不错的赚钱机会。

对于那些对市场吃透的人来说，开家有个性、不受束缚的小店未尝不是明智之举。

王小姐大学刚毕业，想经营一家店铺。经过前期认真的调研，她决定开一家化妆品店。她在商业街附近选了一个店址，她认为自己小店的容流量应该不成问题，关键是如何让来店里的顾客购买商品。于是，她在商品摆设上动了点心思：在正对大门的店中心布置了一个精美的展示台，上面摆放了一套她精心挑选的最适合当季使用的化妆品，并将这些化妆品的具体功效写在小标签上贴在旁边。同时，对这套化妆品实行"开业前三天，购买人气商品9.5折优惠"的促销活动。果然，在开业当天，她便卖出了40多套化妆品，前三天的营业额就达到2000多元。

为了扩大影响力，王小姐在店门口贴了一些最新产品的海报，并请人散发宣传单。为使自己的商品更符合消费者的需求，王小姐还买来时尚杂志研究，并经常上网逛论坛，了解时尚女性现阶段所关注的化妆品消费热点。开店第二个月，王小姐发现很多女性对花草茶感兴趣，于是赶紧新进了一批曼谷时尚花草茶。同时，她又仔细研究了不同花草茶对人体的不同益处，在顾客到来时根据其具体情况进行推荐，非常受顾客的欢迎。第二个月，王小姐的小店就赚了6000多元。

随着小店生意的红火，熟客越来越多，王小姐又适时推出了会员制，买产品积累到500元以上便可成为会员，会员买东西可享受一定的折扣。随着会员的增加，王小姐每个月的收入都超过了1万元。

卖市场火爆的产品，也要注意一些营销策略，还要根据市场对此商品的需求情况，适度地调整自己的经营方法，只有这样才能保证店铺的利润。

卖性价比高的商品

一般消费者在购物的时候，都会对商品的性能、价格等进行综合比较，然后确定自己喜欢的产品。

夏天到了，宋先生想给家里买一台冰箱，于是他来到某专卖店。导购员给他介绍了好几种冰箱。有些冰箱突出选保鲜效果出色，还有的突出节能效果，还有的价格很低，看着还比较时尚。在这么多选择面前，宋先生眼花缭乱，但是在卖场的正中间位置，一款厂家推荐的性价比都很高的冰箱立即吸引了他的眼球。在和导购员沟通交流之后，他又在几个冰箱前观察了产品的介绍，最终选择了厂家推荐的那款性价比比较高的冰箱。

大家在购买过程中或多或少都听商家说过，这商品品质好、性价比高。所以，许多顾客都把性价比看成是选购商品的重要指标。那么，性价比到底是什么东西，它有什么作用？

所谓性价比，全称是性能价格比，是反映物品的可买程度的一种量化的计量方式，也是一个性能与价格之间的比例关系，具体公式：性价比=性能/价格。大家购买产品时，都会选择性价比高的产品购买。性价比值的标准参数为1，得分为1的商品表示其综合性能与市场售价相匹配，简单地说，便是"物有所值"；性价比值越高，表明其性价比越高，反之则亦然；比值大于1的商品表明其在当前市场环境下定价恰当，甚至是超值的。

大家购买产品时，都倾向于性价比高的商品。但是，产品的性价比应该建立在同一的性能基础上，也就是说，如果没有一个相同的性能比较基础，得出的性价比是没有意义的。但是，性价比通常不会在同一性能基础上比较或比较的机会较少。比如说：一个人要购买一台计算机，A型号，性能优越，价格昂贵，B型号性能略差，由于牌子比A型更有名气，却和A型号在同等价位上。那么，A型号就比B型号计算机的性价比高。如果现在有C型号计算机价位比A、B两种都低得多，性能只是略差，那么相对来说，C型号的性价比最高。因为消费者在花同样的价钱的前提下，买C型号的计算机是最划算的，虽然性能上比前两种略差，但是按照便准理论"性能/价格"考究，C型号的计算机的每一块钱所购买的性能要比A、B型号每一块钱所购买的性能多出一些。所以，C型号的计算机的性价比最高。

根据性价比的公式，性价比不是一个固定的数值，只是一个比例关系。一般来说，性价比高：性能相同、价格低，性能高、价格相同；性价比低：性能相同、价格高，性能低、价格相同。但是性价比不是一成不变的。

如果性价比上升的话，也会出现不同的情形。如性能上升、价格下降；

性能上升幅度大、价格上升幅度小；性能下降幅度小、价格下降幅度大；在性价比保持不变的情况下：性能和价格变化幅度一致；而性价比下降的话，同样的，也会由多种因素导致，性能下降、价格上升；性能上升幅度小、价格上升幅度大；性能下降幅度大、价格下降幅度小。

所以，在购买过程中，消费者会购买性价比高的商品。例如，诺基亚和多普达手机计算机，从产品的技术含量来看，后者是功能强大的手机计算机，强于前者，这是作为厂商认为的典型的"好产品"，而消费者怎么看呢？很多消费者，哪怕是商务人士，买手机看重的是品牌，适用性、方便性、可靠性，在他们印象中计算机是经常死机蓝屏的，如果手机也这样，对消费者来说是一个重大损失，购买手机核心功能是收听电话和发短消息，因为可靠性的问题，手机也死机，怕碰拍摔，宁愿购买性能低一些，但安全可靠的产品，诺基亚就是看中这一点，倡导"科技，以人为本"的品牌主张，开发适用可靠、易于操作、不拍摔的手机，获得了很高的市场占有率，而对于多普达来说，似乎到现在还没有看清这一点，还是在它的"功能强大、技术先进"上做文章，这样下去，什么时候才能让智能手机替代一般手机呢？当务之急，应该在产品的稳定性和可靠性上克服困难，并以全新的品牌形象塑造出来，或许是降低消费者购买风险和顾虑的一种策略。

综上所述，性价比应该建立在你对产品性能要求的基础上，也就是说，先满足性能要求，再谈价格是否合适，由于性价比是一个比例关系，它存在其适用范围和特殊性，不能一概而论。

卖季节性强的商品

一个好的项目能帮助中小店铺成功盈利，所以选对一两款好产品对经营者来说至关重要。某商行的杨先生从市场出发，紧紧抓住驱蚊手环、高价热水袋这两款季节性产品，成功地打开了新市场。他销售的产品受到消费者的认可，订单不断，甚至出现生意好得卖断了货，他只能把客户订单往抽屉里塞的情景。

杨先生是某商行的一名经营者，最初是从事遥控器、光盘等商品的批发工作，多以外贸为主。但由于受金融危机的影响，从2008年下半年，店里的订单急剧下滑，甚至出现一两个月没接到订单的情况。即便有客户上门，他们也把利润压得很低。

由于赚不到多少钱，杨先生决定换些新产品试试，找一些比较好卖的、有市场的商品。他通过了解发现，他所在的地区小商品种类达40多万种，但几乎一半以上的产品都有季节性影响，而充满变数的天气往往能给商家们带来意想不到的商机。杨先生毅然决定改卖季节性商品。

由于所在地区夏季气候炎热，蚊虫较多，杨先生准备先从各种驱蚊产品入手。但是，市场上驱蚊产品也很多，驱蚊器、驱蚊水、驱蚊拍等数不胜数，在选择产品的时候，杨先生认为产品在精不在多，只要选对产品，就不怕没有市场。经过耐心寻找，他在网上看到一种状如手镯或手表，使用时只需戴在手上的驱蚊产品，既实用又美观，他认为这个肯定会有好销路。果然，产品刚一推出，一些时尚男女对这些驱蚊手环甚是喜爱，销售量很不错，很多国外的客户也纷纷采购这款产品。

夏季一过，驱蚊手环销售便告一段落，杨先生又转而卖起了可充电的热水袋，市场上销售的热水袋里面都装有液体，他销售的热水袋袋里却并不装液体。一只空热水袋的重量大约为0.13千克，一箱（24袋装）货全部重量大约是5千克，发往江浙沪地区的快递费平均每千克2元，一箱大约10元。而其他装液体热水袋的重量大约为1千克，一箱货的快递成本近50元。不装溶液的热水袋，每发一箱货可为客户省下40元钱。因此不装液体的热水袋便节省了不少包装空间和运输成本。在商行，这种空热水袋早已卖断了货，交货订单也已经排到了第二年。杨先生没想到，自己卖各种应季性小商品后，店里的生意居然好了这么多。

饮料是夏季的宠儿，夏季也是饮料供应日进斗金的黄金时段。在夏季，由于气温的升高，消费者对饮料的需求量很大。所以这种季节性强的产品也销售得特别好。以仙草蜜为例，仙草蜜属于凉茶类，在夏季销售可以达到高峰期。但是为了让季节性产品的营业利润达到最大化，单靠这一种季节性产品肯定是不行的，而且季节性产品不只有一种，每个季节都会有一些"合时宜"的小食品，所以经营者可以搭配其他一些季节性产品销售。如经营凉茶的同时，有的凉茶店也投资起糖炒板栗。同样的，这个项目投资额小，大众消费，季节性强，就可以弥补冬季凉茶难销的不足。经营季节强的产品多采用两季互换经营的方式。比如一些珍珠奶茶店也经营熟食类产品，凉茶也有冷热之分，而一些食品类连锁店，也都兼营饮料产品。

季节性商品一般有服装、水果蔬菜、美容产品、端午中秋过年食品等。由日常生活经验可知，季节性商品的市场价格的变化幅度是相当大的。基本特征是，刚上市或上市不久商品的市场价格最高，此后价格有所下降，销售末尾阶段市场价格大幅度下跌，有些商家宣传是亏本销售。

季节性商品的市场价格的大幅度变化，还因为某些种类商品如高档服装，在销售初期的高昂市场价格，一定程度包含其属于品质优异的新产品因素。其次，季初和季末季节性商品的供求关系也有显著差别。通常季初出现的是供不应求现象，季末则很少有人问津。这些对于季节性商品的市场价格自然也有影响。事实上，在大多数情况下，季初和季末供需关系的显著差异，正是导致这些商品的市场价格起落很大的直接原因。

由于季节性商品的特殊性，产品的供应链一般需要在销售季节开始前，就要把商品生产出来，并转移到供应链的最末端处，以用于季中的销售。而在实际的经营活动中，由于季节性商品的相对性，即销售季节并不是绝对的短，而商品的生产日期也不是绝对的长。所以存在着在销售季节开始后，供应链在观察到实际需要之后再来组织生产的可能性。

根据商品的市场实际需要，有些季节性商品的订购活动可能发生在销售活动开始之后，而不是开始之前，此时提供发生在销售季节开始之前的订购机会可以作为一种优化供应链性能的策略。比如，中秋节期间是月饼的主要销售期，如果供应链以较低的批发价向社会提供提前订购的机会，即消费者先以较低的批发价付款，而在中秋节期间得到所订购的商品，则供应链可以吸引到更多的消费者，并可以提前获知部分需求信息，存在着优化供应链性能的可能。

某市区的一家大型超市是某跨国零售商的其中一家分店。季节性产品在该超市占据了很大的比重。时令性的水果、服装以及日常生活用品等甚至一些易腐商品也都被超市归类于季节性商品，这些商品的库存管理、与供应商间的关系管理等一直是该超市经营者决策的主要内容。以羽绒服、火锅调料、粉丝等商品为例，这些商品主要属于冬季销售商品，该超市一般需要在10月就开始订货，在订货的时候还需要确定下订货的数量、价格以及商品的促销手段等。

由于季节性商品的特性，商品订购过多会导致季末库存积压，订购过少会导致季中缺货对超市的销售收益、声誉等产生影响。因此为了降低季末商品积压所产生的损失，超市在进货的时候需要跟供应商协商如何处理季末多余商品的问题，如哪些商品是可以退货的，以什么样的形式退货等。

季节性很强的产品如果单一经营，肯定会增加风险成本，最好的解决方式是交叉经营，商家可以根据自己的经营设施等来开发和配置不同的产品，并要做好长远规划，形成品牌效应。同时，在选址上也要慎重，人流量、租金等都要统筹考虑，且不要轻易变更地址。只有这样才能稳步度过季节性明显商品的"冬眠期"，把握好经济中的"潮汐"现象。某市部分季节性商品店已摸索到成功经营之道。如一些大闸蟹专卖店成了专做老客户的品牌季节店；一些店逐步将"一季店"做成了"四季店"，使自己更具有市场竞争力。类似的还有一些知名的炒货店，以前除了秋季做一季炒货，其他时间都是暂时歇业。随着资金的日益充足，他们将经营品种不断扩大，自己也从二手卖货发展到自己炒制，利润高了，品牌也响了。

季节性产品一般都会选择在人流量大、消费能力强的区域经营商品。由于受季节的限制，季节性产品要接受消费者的考验。在选择多元化的"战场"中，季节性产品一定要保证产品的品质，提供新鲜的产品给消费者，才能得到消费者的认同，并形成固定的消费群体。选对了产品，而且该产品有巨大的市场需求，这样经销商盈利的可能性才更大。

卖独一无二的商品

郭先生的体育用品店主要经营NIKE和乔丹鞋，由于他卖的鞋大多是别处没有的，是独一无二的。所以每当发布限量版鞋时，就会有很多球鞋迷来排队。他的生意做得也特别红火。

从20世纪80年代末90年代初，郭先生就和运动鞋结缘了。当时有个美国电影《霹雳舞》，电影里跳舞的人穿的鞋很特别，而当时的中国市场几乎没有运动鞋的品牌。郭先生正是那个时代有个性的年轻人的代表，总是追求和别人不一样的东西，于是郭先生开始注意到了运动鞋。

最初郭先生和朋友们利用一些资源，从国外和广州那边淘回一些像NIKE这种牌子的运动鞋在内地卖。这些运动鞋质地和款式比当时国内的回力运动鞋时尚很多，别的地方也买不到，只能在他们的小店买，所以那几年，郭先生的生意也特别好，运动鞋基本都是供不应求。

后来随着国外的一些品牌逐渐进入中国市场，郭先生和NIKE建立了合作关系，正式从官方途径在北京经营起了NIKE鞋。然而20世纪90年代末的金融危机对郭先生的生意打击很大，随着消费的萎缩，郭先生就有一批货物库存积压很严重，结果出现资金周转困难。

郭先生和朋友经过调查发现，当时NIKE这样的品牌的主要市场是中国香港等，在中国香港等地上市的鞋子也比中国内地市场的好看，他和朋友利用各种资源，从中国香港等地淘回了一批中国内地没上市的鞋。就这样，慢慢来买鞋的人发现，在郭先生店里买的NIKE鞋是别处没有的，是独特的。这样一来，生意也就又好起来了。

独一无二不仅仅是指产品，还要做到文化的特色、理念的特色。郭先生经过几年的摸索，逐渐清楚了要做特色这么一个理念。在2004年，郭先生和外甥女受邀参加乔丹的见面会。在见面会上，郭先生展示了自己收藏的所有的NIKE鞋和乔丹鞋。特别是他外甥女，从小就一直穿他经营的NIKE鞋，每一双都保留下来，成了最生动的收藏。那一次乔丹来中国，几乎所有的体育爱好者、篮球爱好者的目光都集中在乔丹的身上，连续近一个月媒体都在不断地报道采访，郭先生和他经营的鞋店自然就不断地出现在媒体上，这样免费的优质广告机会真是千载难逢。

就在那次乔丹见面会之后，郭先生和他经营的鞋店在整个篮球迷以及球鞋粉丝里的知名度迅速提升。大家都知道郭先生是个球鞋收藏者，是个懂鞋的人，是个行家。

郭先生毫不犹豫地抓住了这个机会，把自己的小店精心布置了一番，陈列出了自己的收藏品，把和球星的合影挂在了墙上，还做了自己的网站，写了博客。在网站上有店里的各种最新信息，什么时候发布新品、限量版的鞋，他都会在网站上提前公布，当天会有很多球鞋迷排队，但是为了公平，他都是采取抽签的方式，抽中了才有机会买。

随着社会的进步，人的思想也在逐步解放，观念也在发生变化。人人开始追求属于自己的个性，吃的、喝的、穿的、玩的，总希望与别人不一样。无论是国内，还是国外，独一无二的产品都会吸引消费者的眼光，尤其是对于一些小众市场来说，因此独一无二的商品就成了一大卖点。你喜欢高档礼服，我就喜欢乞丐牛仔；你玩高雅，我就玩颓废。

不同的消费需求对经营者来说都是商机，提供能满足消费者个性需求的产品、标新立异的产品，你就有钱赚。所以，做生意不能中规中矩，进点新奇特别的商品照样能卖得出去，而其利润空间还会很大。独一无二的商品遍布各个商品行业，家居日用品、趣味玩具、生活用品、装饰品、户外用品等等都在制造商无穷尽的创意中诞生，例如，一些限量版游戏模型的仿制品，具有特殊功能的产品，以及一些为客户特别定制的产品等等，都是受到消费者大力欢迎的产品。尤其是对于海外市场来说，重手工的产品其海外市场价格往往很高，所以，经营一些独一无二的商品往往能获得相对较大的价格优势，同时获得的利润也不菲。

独一无二的产品新颖、奇特、不按寻常思维，搞怪、幽默、惊喜……这些新奇特产品解放了人们朝九晚五的烦琐生活，带来了诸多的惊喜，办公桌上、家里、随身的包里，看一眼，缓解了紧张，再看一眼，笑一笑烦恼自然少。

从独一无二产品的出现起，就一直占据着商品市场销售高端，那些经过创意的小商品，加上"独一无二"4个字，曝光率、竞争力大大提升，需求量的与日俱增，新奇特产品的可持续销售带热了商品的畅销，商场、超市以及各个小摊小贩都在卖着新奇特产品，有卖小商品的地方，就有新奇特。

当然，卖商品更是卖文化，做出特色才能立足。每一个大的品牌，之所以能成为享誉全世界的名牌，不光讲究做工、材质、设计，更重要的是有内在的文化。独一无二的产品与其说卖的是产品，不如说经营商卖的是附带内在文化的产品。同样的商品，摆在商场里，就仅仅是一件商品，而摆在一个有陈列技巧、有文化氛围的店里就会有一种特殊的感觉。

个性化订制、独一无二的产品代表了人们生活的一种态度，一份期待，一种意境，独一无二的产品将创意融入生活，越来越多的新产品出现，活跃了商品市场，丰富了人们的生活。

卖特定人群需要的奢侈品

如果你成功了，赚到很多钱，你会开什么车？穿什么西装？戴什么手表？用什么笔？背什么样的包呢？

不少人会回答说："开奔驰、穿Zegna，戴Rolex，用Montblanc写字，背LV的包包。"

经过数十年乃至上百年的精心耕耘，这些品牌已经广为消费者所知晓和认可。对于这些品牌的拥有者来说，奢侈品品牌的符号意义就是：成功和富裕。拥有这些品牌已经具备了明确的意义。这些品牌已成为特定社会阶层的符号象征，它们主导了奢侈品牌的流向。

奢侈品品牌之所以能够享誉全球，在于它们都独具特色。像爵位、姓氏、徽章等曾经是贵族阶层的符号一样，一个品牌一旦抓住"成功和富裕"，就会利用一切方法和手段，建立和保持这一特色并尽可能地发挥到极致，如此坚持下去也就拥有了"自己的"顾客和圈子，从此长盛不衰。LV就紧紧抓住了这一点。

路易·威登（LV）从法国宫廷的御用制箱包的制作者，到工业革命时期被资产阶级新贵们追捧的身份标志，再到现代LV的奢侈帝国的建立，整整经历了150多年的历史。

路易·威登出生于一个法国木匠家庭。1837年，他来到巴黎谋生。凭借其出色的手艺和几年的行李箱作坊学徒生涯，他成功地得到拿破仑三世皇后的信任，并为其做行李箱。在宫廷服务期间，他制作行李箱的技术和品位得到很大提升，为日后高档旅行箱提供了"技术保证"。同时，这段经历也使后来的LV品牌身价倍增。

1854年，路易·威登结束了在皇宫中的工作，在巴黎创建了首间皮具店。这间皮具店主要生产平盖行李箱，并正式创立了LV品牌。凭借之前在宫廷累积的经验和技术以及品位，路易·威登创造了经典的"Trianongrey"帆布行李箱。"Trianongrey"帆布行李箱的面世在巴黎的上层社会立刻引起了很大的轰动，并且很快就成为了巴黎贵族出行的首选行李箱。

LV的出现不仅满足了资产阶级新贵使用宫廷物品的期望，它还为消费者提供了特别服务——订制。订制完全根据消费者的个人需求而设计，并且，每年只有数十件且价格昂贵的订制产品，这些都满足了目标消费者来彰显其新贵族身份的心理需求。

LV几乎每年都涨价，非皮革包也可卖到数万元。其推出的帆布包也有2万元以上的，LV从来不打折，价格也很高。设计创新能力不断涌现，让LV

多年来一直在顶级奢侈品市场上出尽风采，这个混合着古老的沉稳和年轻力量的奢侈品品牌，成功地让LV成为了奢侈品的代名词。但是，价格高并不意味着就是奢侈品。LV成为奢侈品的背后是一个体系的支撑，是由几十年或上百年的文化传承而来。

像LV这类奢侈品牌历来很少在电视媒体上做广告，因为它们的目标消费者不是普通大众，而是针对特定人群的。所有它们的媒介投放都会针对某些特定的群体，比如高端时尚杂志，或者用公关活动来接触他们的消费者。

在我国，奢侈品消费仍然多以产品为主，即消费者追求最新系列或产品。目前我国的奢侈品消费大体有两类人群：一类是富有阶层的消费者，他们喜欢避开人潮，追求个性化服务，经常光顾奢侈品零售店铺，购买最新、最流行的产品，一般不会考虑价格问题，侧重奢侈品消费上的享乐体验。另一类是"透支"奢侈者，多为月薪数千元的白领上班族，其中以外企公司的雇员最为典型，他们会花上一整月工资甚至不惜透支来购买一件奢侈品。

我国市场存在着炫耀性消费的现象，曾有人做过调查称"在今天的中国，只有一小部分雷达表是戴在真正的高收入白领的手腕上，而大多数雷达表则是被出租车司机、农民和成功的年轻创业者拥有""中国人在尚未完全满足基本生活需要（衣食住行）的时候，就存在着炫耀消费的需求"。虽然中国人平均收入不高，但地位消费并不仅仅为富裕阶层所特有。

相比欧美消费者，中国的奢侈品消费者更加关注产品的生产商、品牌和原产国，喜欢购买高公众知名度、有明显可视的品牌logo和从国外原装进口的奢侈品，而很少光顾不熟悉的、在国内不具有知名度的奢侈品。谁是奢侈品的生产商、奢侈品的品牌是什么，对中国消费者来说非常重要。

送礼是中国消费者购买奢侈品的主要用途之一。礼品馈赠消费是中国奢侈品市场上的一个重要细分。某位奢侈品消费者表示，"鉴于严峻的商业环境，维护与业务伙伴的关系尤为重要"。礼品支出不能省。据相关调查数据显示，中国市场50%的奢侈品消费系为送礼。在中国奢侈品被一些人看作是最好的礼物。另外，尽管国内购买呈上升趋势，但境外购买仍是中国奢侈品消费的主流，境外消费随收入增长而增加。另外，在奢侈品购买人群中，除了上述两类奢侈品消费者之外，还存在着一些购买奢侈品却并不"消费"的送礼者，这类人自身虽衣着未必昂贵，但却不惜耗万元购买名牌衣物饰品以作为足够体面的礼物。

让人眼花缭乱的品牌扑面而来，在北京、在上海、在广州，在中国的众多二三线城市，人们奔走相告。在市场预算中，这些为特定人群的奢侈品大大增加了中国的份额，这种增长是爆炸式的。过去那种在欧美国家常见的品牌预购"VIP专场"，就是把目标客户直接邀请到店里优先选购的活动。

特定的人群、性别便有其特定的消费需求。如果你善于动这些差别的脑筋，就能避开热点，从冷点中找到财源。对奢侈品的需要也是开店的一个商机之一，为特定人群开设的奢侈品店，必须有大量的资金运转，而且在陈列环境、店铺氛围等方面都要多下功夫。

第三章

适时适量地进货

买不来利就卖不来利

开店做生意，很大程度上就是在买卖商品中赚取差价的过程。买来的利越多，赚到的利也就越多。对于开店者来说，"如何压缩进货成本获取更大的利润"才是最关键的。如果货源是转了几手的，钱就都被中间商赚去了，因此，要想获得较大的利润就必须从进货价格上来控制。进货的数量、质量、种类，进货资金和流动资金的比例，什么时候补货及如何确定补货的数量，这些都影响着进货的成本。

批发和零售最大的区别是：批发商卖单个商品的利润低，只有通过大量的出货才能赚钱，而零售商卖单个商品的利润高，但出货量要比批发商少。拿服装来举个例：零售兼批发的市场，是允许试穿衣服的；而批发兼零售的地方是不允许试穿衣服的。价格当然是批发兼零售的地方便宜。

在新品的进货方面，当你进货之前需要深入了解客户人群的需求，对自己的选货眼光有绝对的信心，进货过程中给予批发商足够的诚意和信心，用数量来为自己争取拿到好的批发价格。大多经营者会选择每种商品都只进一小部分作为样品，通过样品去渐渐了解消费者的市场需求，不想积压太多的商品。如果发现该商品的需求量很大，再决定去补货，这样做的话相对稳妥，风险要小。但这种方式也有一个缺点，就是当你向批发商提出购买单件产品时，要不就是没有人愿意给你货，即使给你货价格也要比批发价格高出很多。这样一来，你这件商品较高的进货价格加上利润，必然会导致你的价格没有竞争力，很多顾客都会放弃购买，无形中干扰了你对这个产品市场前景的判断。

在货源方面，可以找到货源源头的上家，降低进货采购成本。

进货渠道，是关乎经营者销售利润最关键的一环。据资深卖家传授经验，经销商要想找到合适的货源，首先要密切关注市场变化，充分利用商品打折找到价格低廉的货源。

一般情况下，进货方式有这样几种：一是直接从厂家进货，这种进货方式无须经过其他中间环节，是最经济的办法；其次是从代理商那儿进货，代理商还要分为几个等级，如省、市、县、乡镇代理或一级代理商，二级代理商等等；另外是从当地的批发市场上进货或者同行间互相调剂货源厂家进货，基本上都是出厂价，有时在出厂价上还能有优惠，但从进货的机会很少，因为首先你得有一定的经营能力，进货的数量要大，其次还得有一定的经济实力。

一件同样的衣服，在两个不同的服装批发市场出现，批发价格居然相差一倍。这是为什么呢？现在服装市场串货相互抄版的情况非常普遍，因为生产这件衣服的厂家出货肯定是最便宜的，其他的批发商可能再进货，再批发，甚至可能经过好几次转手批发，价格肯定就会节节上涨。对此，进货的价格决定你的店面是否有竞争力，一次性采购太少，单件成本不可能很低，这是市场法则，只有一次性采购数量大，和建立长期采购合作关系的客户才能有更低的市场采购单价。所以，找到货品出厂上家就至关重要了，尽量减少中间环节，直接降低成本。如果你是卖中低档货品，并没有太强的款式优势时，价格优势就更加重要。

另外，经销商可以确定目标采购市场，逐步建立起长期的合作商家。

想要成为一个成熟的店铺的经营商家，不了解市场信息和商品行情是不行的，也是不会取得良好经济效益的，确定好采购市场后，你应该和该地区的商家保持密切沟通和合作关系，让商家认识你，熟知你的采购需求和采购时间，并且你还要经常性地通过电话、QQ等联系方式和采购地区的商家保持密切的联系，双方的信任和合作是非常重要的。

采取签订长期合作协议来达到降低进货成本。虽说现在是买方市场，诸如顾客永远是对的、顾客就是上帝等，但是对于一个良好的受人欢迎的买家信用也是非常重要的，诚信公平是针对双方的，而不是只要求卖家，我们有些服装店铺的老板错误地理解了顾客就是上帝的理念，常有拖欠商品货款、不配合供货商合理的配合要求等做法，这都是我们建立长期合作的大忌。初入这个行业，一定要珍惜自己在供货商那里的信用，这对你长期经营是有百利而无一害的。如有商品质量问题，一般小问题自己能解决的话尽量先解决，不要一味地找批发商兑换，应从善意的方面去解决问题，而不是一味地抱怨，这都是一个成熟商家必备的专业素质。

此外，还可以在产品包装、运费等方面来降低成本。

产品包装一般是用文件袋、卡纸做的，可以用来装文件的，不过稍微改装一下，也能装一些体积不是很大的物品，这种文件袋是免费的，所以在进货的时候可以有意地多要一些。还有塑料袋，容积比文件袋大一点，是塑料做的，也是免费提供的，可以装一些体积大一点的不怕摔的东西，经销商都可以利用这些免费的东西为我们服务，这样就省去了买箱子的费用。

快递的价格也不是定死的，快递公司给经销商价格表时还有商量的余地，经销商在和快递公司协商时可以尽力压到最低。

同样的商品，同样的零售价格，但有的人赚得眉开眼笑，而有的人却是愁眉苦脸，在同等条件下，商品成本控制，库存结构优化，零售店运转优劣等都直接影响着经销商的利润获取。商品成本大，资金流动慢，利润就薄；商品成本小，资金流动快，利润就多。这是每一位零售客户都应该算出来的"明白账"。

轻松搞定进货渠道

进货渠道，直接关乎着经营者的进货成本，是销售利润尤为关键的一环。经营者之间的竞争，关键也在于货源上的竞争。不管经营什么样的产品，具有货源上的优势才是最核心的竞争力。

一般情况下，可以通过以下几种途径：

1.厂家直接进货

正规的厂家货源充足，信用度高，而且这种进货方式不需要经过其他的中间环节，如果能和厂家长期合作的话，一般都能争取到产品调换。但是通常来讲，厂家的起批量较高，不适合小批发客户。如果你有足够的资金储备，有分销渠道，并且不会有压货的危险，那就可以去找厂家进货。

适合人群：有一定的经济实力，并有自己的其他分销渠道。

2.批发商处进货

批发商一般直接由厂家供货，货源较稳定。但是由于批发商订单较多，服务质量有时候欠佳。而且批发商都有自己固定的老客户，在开始和他们合作的时候，很难和他们谈条件，享受的折扣和优惠也比较少。所以在刚开始合作时经营者一定要把发货时间、调换货品等问题讲清楚。

适合人群：有自己其他分销渠道、销售量较大的人群。

3.批发市场进货

这是最常见的进货渠道，如果你的店铺经营的是服装，那么你可以去周围一些大型的服装批发市场进货，在批发市场进货需要有强大的议价能力，力争将批发价压到最低，同时要与批发商建立良好的合作关系，在调换货等问题上要与批发商说清楚，以免日后产生纠纷。

适合人群：在当地有大市场，自己具备一定谈价能力的经营者。

4.吃进库存或清仓产品

由于商家急于处理，这类商品的价格通常是极低的，如果你有足够的议价能力和经济能力，可以用一个极低的价格吃下，然后转到网上销售，利用地域或时间差获得足够的利润。当然，你在买进商品时，一定要能识别商品质量的伪劣，同时能把握发展趋势并要建立好自己的分销渠道。

适合人群：对这个行业比较了解，有一定资金实力的经营者。

5.购进外贸产品或代工生产的产品

目前许多工厂在外贸订单之外的剩余产品或者为一些知名品牌的贴牌生产之外会有一些剩余产品处理，价格通常十分低廉，一般为市场价格的2~3折，品质做工绝对保证，这是一个不错的进货渠道。

适合人群：经营者要有一定的经济实力，同时还要有一定的货源渠道和对商品的识别能力。

6.寻找特别的进货渠道

如果你在海外有亲戚朋友的话，可以由他们帮忙，买进一些国内市场上看不到的商品或是价格较高的产品，比如你可以找人从日本进一些相机等电子产品，还可以从俄罗斯进一些工艺品。如果你工作、生活在边境，就可以办一张通行证，自己亲自去进货，这样就很有特色或是价格优势。

适合人群：有这样渠道，同时能把握流行趋势的经营者。

当然，不同的进货渠道，所带来的商品成本绝对是不一样的。在进货过程中，商品经过的中间环节越多，成本就越大，利润也就越低。所以说，在进货的渠道上，作为零售客户最好寻找到一种既经济又便利的进货渠道，降低进货成本，保证合理的利润。厂家进货，不仅能拿到出厂价，有时在出厂价上还能享受优惠，进货的成本最低，然而从厂家进货的机会并不多，经营者除了要具备一定的经济能力和经营能力外，对进货数量的要求也很大。另外还要和厂家有良好的合作关系，如果合作的时间长的话，自然享受的优惠就会更多。

适合人群：有这样渠道，同时能把握流行趋势的朋友。

现在的许多商品往往是经由批发商销售的，厂家很少直接销售，批发商的价格虽然不能和厂家相比，但是也是比较优惠的。在从批发商那里进货时，利用好一切能利用的关系，广开门路，尽量把价格压到最低，严格把好进货价格关，哪怕就是一件便宜一分钱，也算是有了成效。

小王是一家啤酒经销商，随着夏天气温的节节攀升，眼看店里的库存就要告罄。于是，他利用互联网，在零售商的QQ群里，利用群友的关系寻找合适价格的货源。正好，群里有一位和他在同一省的啤酒批发商，由于是群里的朋友，在价格上也给了他足够的优惠。所以说，要想保持畅通的进货渠道，降低进货成本，零售客户在平时就要做个有心人，注意积累身边的人脉。同时，最好能和供应商建立长期的合作关系，在这种情况下，供应商也会给予一定的优惠。不能"两天跑三家"，不仅信誉不好，而且供应商也会反感。

拓宽进货渠道，一方面要依靠自己去寻找货源。首先从身边现有资源开始着手，经常去一些批发市场，多询问。另一方面靠朋友，通过朋友介绍、推荐，也可以找到稳定的进货渠道。

在进货时，也要充分利用好进货车辆。车大货少，资源浪费，成本加大，反之亦然。所以说，进货时使用车辆要做到"到什么山唱什么歌"，即货多用大车，货少用小车，把车辆这个资源最大化地利用起来。同时，还要建立一个合理的库存结构，最大限度地把手里的资金利用起来，使手里的现金流动起来，做到降本增效的目的。

对于小本经营的经营者而言，在开店时，一定要把握投入小、起步稳、见效快的原则。进货渠道的拓展需要经营者多用时间、细心留意、多看多听多了解。不管采取哪种渠道寻找货源，低廉的价格、特色的产品、专业的服务是开店成功的关键因素。

按销售火爆程度进货

对于那些在市场上很畅销、销售火爆的商品来讲，进货的时候除了结合商品本身的销售情况外，还要考虑商品流动的时间、消费者的购物心理等。

经销商日常进货和备货中，选新品是个非常重要的组成项目。相对于传统商品而言，刚刚上市的商品往往因为"新意"能够吸引一部分消费者的目光，虽然新产品在销售方面存在一定的风险，但是一旦打开市场，其销售的火爆程度也往往是十分惊人的，也会给店铺带来不少的"回头客"，故而新产品存在着巨大的利润空间。所以，在进货过程中，有不少的经营者会考虑在第一时间内迅速引进。如果不能立刻判断市场行情，进货慢了"半拍"，那么一方面厂家不会给你什么优惠，另一方面由于前期没有做好销售，了解产品的顾客很少，培养顾客群需要一段时间，店铺的利润上肯定会受到影响。

许多经营者在对销售火爆的商品引进的时候，往往因为对市场把握不准，对消费者心理了解不深，甚至自以为是，导致引进出现失利。

对那些销售火爆的新品，在引进货物的时候也有一定的技巧，操作得好，利润可观，但是如果是盲目储备，有可能增加成本，使利润流失。销售火爆的商品在刚开始投放市场时，因为商家需要尽快地回笼前期研发资金、广告投入等等一些费用，所以，商家会故意制作一些紧张气氛，让求购者挤破门槛来销售这类产品，利用消费者的求新心理，商品的价格相对较高。但当市场慢慢接受，生产厂家在研发、广告费用等逐步收回之后，商家就逐渐降低商品的批发价格，以占取更大的市场份额。经营者在进货的时候，如果遇到这种情况，最直接有效的办法，就是和供应商签订协议。通常在销售新品时，只要经营者有足够的市场培育能力，并且提出的要求也合理，供应商也会考虑满足其提出的相应要求。在签订协议的过程中，首先是供应商要保证可以退货，对于那些保质期短或者时令性的商品，在临近保质期或换季时能够保证做到退货处理；其次是进货价格下调时，经营者要及时告知供应商库存情况，供应商来弥补差价，这样可以最大限度地降低进货时市场的一种不确定性，保证以最低的成本赢得最多的利润。最后是价格的稳定，在这个时候，对于新产品来说，要做到少进，勤进，这是基于消费市场的变化。

另外在购买畅销产品时，千万不要因为某种商品非常畅销，每次补货只补好卖的产品，对一些销量差的产品不进行适当的补货，甚至卖空了也不上新产品，这样虽然店铺的营业额可能还是比较高，生意也好，但这样做的结果就是永远不会有老顾客，一旦这些产品的流行趋势过去，生意会一落千丈。销售量大的产品能吸引新客户，及时上新货是留住老客户。

在对销售火爆的产品进货时，理性的、系统的分析判断方式自然要比感性的个人的分析判断方式科学得多，也有用得多。作为商业中间流通体的经销商，大部分都跟随市场的潮流，适时地做出理性的决策，但也有很多经销商过于相信自己的眼光和判断力，认为自己的经历已经能够来洞察市场并准确的预测，结果常常是自己种的苦果自己吞。

小张是一个做冷饮生意的代理商，2009年的夏天，他的一个做冷饮的销售经理推荐他卖某一品牌的冷饮，该品牌在邻省非常畅销，只是还没有进入小张所在的省区。小张尝了一下那种品牌的冷饮，觉得很一般，不管是包装还是味道，都没有什么特别之处。小张就拒绝引进这一品牌的冷饮。那位销售经理于是又找了本市的另外一家冷饮经销商，万万没想到的是，这个产品上市后异常火爆，市区零售冰柜的普及率高达80%以上。小张几乎天天都能接到下面批发商的订货要求，指定要那个品牌的冷饮。小张实在没办法，只有硬着头皮找另外那家冷饮经销商去调货，同行照顾价，每箱加一块钱调给小张，小张生气自己看走了眼，把到手的机会拱手让给别人。后来，小张仔细分析了这个产品之所以这么火爆的原因：冷饮产品大部分的消费者是15岁以下的少年儿童群体，这个年龄层次的消费者更注重冷饮产品上"玩"的功能。而目前在市场上畅销的这种品牌冷饮，恰恰满足了小朋友玩的心理需求。这种品牌的冷饮，小朋友既可以一起分享，还具有一定的娱乐性，和一般的中档冷饮相比，价格也相差不大，对小朋友来说当然很有吸引力了。而小张想当然地认为这个产品的市场前景很小，放在眼前的商机就这样飞了。

除了不能想当然地推测一个商品的畅销程度，在引进目前市场销售火爆的商品时，也要考虑这种产品是否在市场上已经饱和，大多数消费者群体对这种产品是否还有需求，而不是仅仅满足了经营者个人对产品的需求。经营者自己对产品的感觉判断和消费群对产品的多样化需求混为一体的判断方式是存在着一定盲目性和片面性的。

经营者在引进那些市场销售火爆的商品时，也可以通过召集内部员工大会的方式，进行研讨。经营者自己不对产品表态，按照事先设定的不同层面，完全让员工发言，让员工提出意见和疑问，引起内部争论，当然前提最好建立在一定的市场调研基础之上。这样争论的好处就是能把大部分的问题都讨论出来，再分别拿出来逐一分析，在基本有了内部意见之后，再让员工把畅销产品的资料，送到一些有代表性的批发商或是终端客户那里去进行客户评论。当天下班时，大部分员工还可以通过员工的家人来从完全消费者的角度进行评估，最后汇总多方意见，再来权衡评估目前市场上这种畅销产品是否已经饱和。

销售火爆的商品在市场也会经历一个发展期、繁荣期和衰退期。经营者要理性地对市场和消费者心理进行分析，然后结合个人的市场操作经验和阅历，慎重把握对畅销产品的进货量，而不是仅仅凭借自己的想当然。

按季节特点进货

时令商品往往有特定的局限性，在销售旺季，形势一片大好，但过了季节，有的就成了无人问津的销售"累赘"，因此，关注季节变化也就显得尤为重要了。有时，虽然旺季赚了不少，但是为了处理这些库存的过时商品，商家还有可能亏本。所以说，要想降低进货成本，时令商品在进货时须谨慎，做到稳中求进，才能把这个成本控制好，取得成效。对于季节生产、季节销售的日用工业品，可采取"季初多进，季中少进，季末补进"的方针；而那些常年生产、季节销售的日用工业品，可坚持"淡季少进，旺季多进"的原则。

任何一个卖场都会选择时令商品出售。尤其是一些大卖场，其销售的都是一些大众商品，大众商品讲求时令性和季节性。比如，冬天卖场暖手宝的"堆头"前总会聚满了前来选购的人群。夏天，各式各样的凉席、拖鞋也会成为人们的抢手货。东西并不是新东西，而之所以能够吸引消费者的眼球，就是因为这些商品具有强烈的季节特点。因为你的商品是该季节的时令商品，所以你也就拥有了与其他商家不一样的待遇。所以，这时供应商可得千万要抓住时机，根据时令产品的季节特点，适时地选择是否补充货物。

以中秋月饼为例，应该说月饼销售的最佳时间就在中秋前几天，过了八月十五，月饼的销售量基本持下滑状态，而且由于月饼的保质期短，所以在进货时一定要慎重。

刘先生经营着一家百货店铺，恰逢中秋佳节，他在引进月饼时就特别谨慎。在中秋节前几天，他引进了一大部分货物，销售得差不多。当又要买进一部分时，他分析了自己店里的月饼，虽然说月饼的销售价格和往年的差不多，但是销售得并不红火，而且距离中秋节还剩不到两天的时间，月饼卖得再怎么红火，能把家里的库存销售完就不错了。所以当店员看到现在月饼的进价低，建议他再多购进几箱的时候，他很坚定地拒绝了。事后，他给店员解释说，在这个关键点上，商家把价格降了下来，说明在别的地方销售得也不景气，月饼是时令商品，一过中秋，买的人就少了，而且月饼的保质期也短，商家又不退货，这个价格，正说明商家在处理库存。由于刘先生并没有再补货，只是消化前期的库存货源，因此，不仅没有存货，而且还赚了不少。而他附近有的零售商图便宜，没看准市场走向，结果囤积了不少的货源在手里，不仅增加了成本的积压，还面临着亏损的危险。

同样的，对于时令水果也是这样。现在水果生意利润很薄，如果经验不足，进的水果损耗较大，很可能一分钱都赚不到。所以进货时就特别考验进货者的眼光。其实，各种水果当中，苹果、橙子等普通水果的利润较薄，而芒果、葡萄、桃子等时令水果就较有赚头。进货的时候，特别要注意品种搭配，普通的水果大约要进70%，时令水果进30%。

在节日或季节来临的前期，经营者不能临门一脚，要备足货源，否则不仅会影响销售，甚至还会带来断档脱销的危险。当手里有了充实的货源，一方面"手中有粮，心里不慌"，一方面也可以观察市场的销售变化。

在中期销售的时候，就可以利用先期引进的库存商品对其进行销售活动，由于前期的货源充沛，解决了脱销断档的后顾之忧，经营者可以一心一意地抓销售，而且在这个时期，如果再到厂家进货，处于黄金销售时段的进货价格肯定会有所提高，同时雇请车辆的费用也会比平时高了许多，从而加大成本，影响效益。

后期消化库存就是在一阵红火的销售过后，要抓住节日的"尾巴"把库存里的商品完全消化掉。在这个时候，最好不要考虑再次补货的事情了，防止带来销售负担。因为这些时令性、季节性的商品市场一旦降温，销售就会成问题。所以说，抓好进货关，才能有备无患，百战百胜。

服装是对季节变化比较敏感的商品，换季时，服装进货也有一些小窍门：

1.进货要适度地少一些

在销售的淡季，进货不能像旺季那样一个款式进好多件，要适度地少进一些，等卖了再进。另外，配合季节特点进货，比如夏季要少进长、厚款，多进短、薄款。同时，可适当地淘点下一个季节的货品作为储备，因为在这个时候价格会相对便宜些。

2.存货

可进些货以存货，也可抢先进些新货。

3.进部分新款服装试销

换季时一方面要甩货，另一方面进货。先进少量新款式服装进行试销，销路好的话再多进。

4.进点清仓货

换季的时候，有的供应商会清仓，可以适当进些，因为这个时候服装的价格是刚上市的时候的一半左右，还有就是这个时候，下一季的衣服厂里的尾货出来，价格便宜的可以多拿点，因为这个时候还没有假货上来，都是好货。当然要留意不要把去年的陈货拿出来回炉。

5.找些尾货做甩货

换季时候一般都是淡季，所以在进货时新款和尾货都要兼顾，可以去找些尾货做甩货。

许多商品都有一定的季节性，这种季节性也带来了商品销售的一种局限性，所以还必须做好换季商品的清仓工作，尤其是一些副食品，在特定时期有可能是非常紧俏的"香饽饽"，而错过这段时期，就成了无人问津的销售负担，因此，对待季节性很强的商品，还要做好库存的盘点工作，哪些商品应该及早处理，哪些商品是应该退回厂家，要做到心中有数。对于一些周转慢的，销售量又小的商品，要坚决处理掉，不能因为自己的粗心大意而造成额外的损失。

按产品生命周期进货

产品的生命指走入市场之后产品的营销生命，就产品而言，也就是要经历一个开发、引进、成长、成熟、衰退的周期。产品生命周期分为3个阶段，即新产品阶段、成熟产品阶段和标准化产品阶段。

产品开发期，也即从开发产品的设想到产品制造成功的时期。这一时期，产品销售额为零，公司投资不断增加。市场上还没有出现同类产品，市场竞争还不激烈。基于新市场，店铺应尽快使新产品让广大的消费者接受。店铺的营销策略重点是加大广告宣传的投入，让中间商踊跃分销，与经营者一起，因地制宜地制定营销方案，打开销路，快速占领市场，争取最大的效益。

引进期，是商品刚刚投入市场的时期。在这一阶段，由于商品刚上市，消费者对新产品缺乏了解，所以市场的初期需求不大，销售增长十分缓慢，店铺的利润空间狭小。由于引进产品的费用太高，初期通常利润偏低或为负数，但此时没有或只有极少的竞争者。对于刚上市的新产品，要通过试销，打开销路，进货从少到多，而不要一次性大量进货，以免因为看走眼而造成库存积压；对于一些处于成长期的商品，则可以适当多进货；而对于一些处于衰退期的商品，则应慎重进货。

1.成长期

在这一时期，产品经过一段时间已有相当知名度，商品逐渐被消费者关注，销售快速增长，成本下降，利润也显著增加。但由于市场及利润增长较快，市场竞争也开始出现。成长期在商品的生命周期中非常关键，若此时，商品的销售量得到大幅度提升，将为商品进入成熟期打下坚实的基础。

2.成熟期

此时商品被广大消费者接受，并占有一定的市场份额，商品的销售体现出量大且增长稳定的特点。随着产量增大，成本降低，市场成长趋势减缓或饱和，销售增长减缓，利润在达到顶点后逐渐走下坡路。此时市场竞争程度达到白热化。公司为保持产品地位需投入大量的营销费用。在成长期和成熟期，接着已经打开的市场和培养起来的消费群，商家可以大量引进货源，以满足消费者的需求。

3.衰退期

衰退期是商品销售量和利润急剧下降的阶段。这期间产品销售量显著衰退，利润也大幅度滑落，商品将被更新、更好的商品替代，导致商品的销售业绩明显下滑，市场竞争者也越来越少。这个时候，商家可少进货，以清空库存为主。

以图书的生命周期为例，在引入期，书店可以采取高价高促销策略、高价低促销策略、低价高促销策略、低价低促销策略4种策略来大力宣传图书产品，迅速占领市场。成长期是图书生命周期中较为重要的一个阶段，图书逐渐被更多的渠道商和读者所了解，此时，书店应该加大投入力度，拓展发行渠道，在渠道商和读者中开展更有力的宣传。同时，市场上会出现同类产品的竞争者，图书在首版、首印中存在的一些问题将暴露出来。

为了巩固自己的市场地位，书店在这一阶段营销策略的核心是拓宽发行渠道，改进图书质量，改善服务。图书销量通过在成长期的迅速提升，在这一阶段将逐渐走向成熟，图书销售的增长较为平缓，市场呈现出饱和状态，同时，市场上同类型图书数量最多，竞争程度最激烈。书业企业此时应该采取积极的促销策略，维持与老客户的关系，寻找新的客户，提高图书质量、进行市场细分、进行营销组合等最大限度地延长图书成熟期的时间。衰退期是不可避免的，随着图书内容、形式趋于陈旧，产品已逐渐失去竞争优势，书店应在适当的时机停止投资，避免出现图书积压的情况，力求将损失程度减小。当然，在衰退期，退缩防守并非唯一的策略，书店也可以转移产品市场，开拓新的领域，或抓住机会，采取积极的营销策略，使得图书的销售能够出现转机，争取更多的利润，以延长图书的生命周期。

生命周期曲线的特点，在产品开发期间该产品销售额为零，公司投资不断增加；在引进期，销售缓慢，初期通常利润偏低或为负数；在成长期销售快速增长，利润也显著增加；在成熟期利润在达到顶点后逐渐走下坡路；在衰退期间产品销售量显著衰退，利润也大幅度滑落。根据商品生命周期不同阶段呈现的特点，经营者可以制定出不同的采购策略。但是由于商品本身的特点以及受到特殊市场环境的影响，商品的生命周期曲线常以变异的形式出现。常见的变异形式主要有以下几种方式：

名牌商品的生命周期及采购策略。由于非重复性商品具有非重复性消费的特点，随着社会商品占有量的增加，社会对其需求量则相应地减少。然而，非重复性商品一旦进入名牌商品的行列，往往会创造一个名优品牌。生产企业就可以利用其名牌优势，不断进行产品的更新换代，继而创造并产生一系列的名优品牌或商标商品，以保持名优品牌或商标的地位。经销商在经营这类商品时，应当注意商品更新换代的时间，把握最佳进货期。

而重复性消费的名牌商品，当投放到市场后，由于激烈的竞争再加上其名牌优势，其销售将保持长久增长的趋势，经销商在进货的时候要注意积极地组织进货，以免缺货而贻误商机。

对于那些短期畅销的商品来说，在特殊的市场环境条件下，这些商品有时特别畅销，在某一时间内有诱人的销售额和较快的周转速度，但是其畅销态势会保持一个短暂的时期。经销商在经营这类商品时，必须认真研究，了解这些产品的发展趋势和潜在的市场需求量，切不可热衷于一时的销售额而过多地订货。同时，还应当注意这类商品的订货期限，防止由于订货后不能及时到货而错失良机。

还有一些商品由于一些特殊的原因，诸如替代商品的出现，市场环境的重大变化等，在刚进入市场的时候，这些商品会过早的夭折。在这种情况下，经销商应当避免判断上的失误，审慎地进行进货决策。

另外还有一些特殊的产品生命周期，如风格型产品生命周期、时尚型产品生命周期、热潮型产品生命周期、扇贝形产品生命周期，它们的产品生命周期曲线也呈现出不同的形式。

风格是一种人类生活的基本但特点突出的表现方式。风格一旦产生，可能会延续数代，人们将根据对它的兴趣呈现出一种循环再循环的模式，时而流行，时而又可能并不流行。

时尚是指在某一领域里，目前为大家所接受且欢迎的风格。时尚型的产品呈现出这样的生命周期特点，刚上市时很少有人能够接受，但随着时间的推移，接纳的消费者人数会慢慢增长，然后被大众广泛接受，最后再缓慢衰退，消费者将注意力转向另一种更吸引他们的时尚产品。

热潮俗称时髦，是一种来势汹汹并很快吸引大众注意的时尚。热潮型产品因为只是人们一时为了满足好奇心或需求，其吸引的只限于少数标新立异、寻找刺激的人，所以此类产品的生命周期往往快速成长又快速衰退。

不同类的产品呈现出不同的生命周期特点，经销商在进货的时候要结合自己产品的特点，慎重进货。

第四章

定一个消费者心动的价格

顾客最需要的是实惠

"首届全国性大型团购节""本年最低折扣，莫失良机""仅此一次，价格一降到底"……近年来，某市全友绿色家居商场接连打出的降价、促销、团购组合牌，不仅满足了众多消费者对好家具的需求，也让喜爱全友家私的消费者买到质优价廉的绿色家居用品。

市民在购买"大件儿"时，总是要千挑万选，做大量的调查工作。很多消费者都是首先从各个商家拿回来一些宣传单，对各类家居建材产品的标价、质量、用料等进行研究，然后，再通过有经验的朋友推荐，最终再确定要购买的品牌和款式。市民黄先生也不例外。在经过认真权衡之后，当他得知全友绿色家居商场在举行降价活动后，便直奔该商场，将自己心仪已久的全套家具搬回了家。黄先生说："在全友家私，我有信心买到优质的家居用品，而这里进行的降价活动，还能让我用最优惠的价格买到喜欢的家居用品。"

"中国环境标志产品认证""中华绿色产品奖""金牌家私榜"状元、"低碳品牌奖""10年提升行业品牌贡献奖""2009年中国年度标杆企业""10年行业先锋奖"……这一个个奖项，饱含了广大消费者对全友家私的深情与厚爱，是全友家私长期坚持为消费者提供绿色人居及温馨生活的见证，也是全友家私以真正的实惠和优质服务市民的真实写照。

近年来，全友家私秉承'绿色全友，温馨世界'的品牌理念，与消费者共建绿色环保、温馨健康、品位高尚家居生活，其主张和理念已经得到了广大消费者的支持与认同。为了让消费者选购到更多物美价廉的家居用品，全友家私在保证家具品质不变、保证服务态度更优的基础上，采取降价、促销、团购等优惠方式给广大消费者以实惠，确实让消费者买到好家具，同时享受到真正意义上的优惠。

把最大的实惠让给消费者，让顾客得到最实际的好处。只有坚持这样的服务理念才能得到消费者的认可。

2009年夏季，刘先生的便利店购进了一批电风扇、竹凉席、驱蚊灯、花露水等夏季商品。可以说，这些商品在超市、商场比比皆是，但奇怪的是，许多消费者却认准了刘先生的小便利店，每天店内总是顾客不断、络绎不绝。这究竟是什么原因导致的呢？原来，在刘先生的便利店里，商品的价格一般都非常低，每样商品比外面超市和商场的价格整整低了40%，而且刘先生的产品质量和服务都特别好，给了顾客最实际的好处。

刘先生的便利店位于一个家属区附近，这里有两三千口人。但是由于受金融危机影响，有一部分居民失去了工作。为了方便居民生活，刘先生就把商品降价处理，把最大的实惠让给了消费者。刘先生一直秉承着"把最好的商品奉献给消费者"的理念，在他的便利店里，挂着一个"承诺牌"。"本店承诺：所有商品一律购自正规厂家，绝无假冒伪劣商品，请广大消费者放心选购。若顾客发现一件假冒伪劣商品，当场奖励或赔偿10000元。"也正是因为如此，让刘先生赢得了更多消费者的赞誉，获得了众多的商机。

顾客是店铺生存的衣食父母，给顾客以最大的实惠才是店铺的生存之道。做生意要以顾客的眼光为出发点，才能让顾客买到他所需要的商品。经营者应该设法去了解顾客的需要，给顾客以最大的实惠。在经营过程中，以谦虚的态度去倾听顾客的看法，只要持之以恒，生意必定会日益兴隆。

为消费者省钱也才能为公司赚钱。别人的钱花起来总是感觉不怎么心疼，只是因为那是别人的。很多公司的做法也与此类似，因为是顾客掏钱而非自己。但有一家公司却是例外，他们时时刻刻想着给客人省钱。就这样，该公司在世界范围内都赢得了好名声。它就是美国寇克旅游公司。寇克旅游公司是美国人寇克开办的一家旅游业公司。寇克曾说："虽然观光旅行是花钱的玩意儿，但作为一个旅行事业的经营者，一定要把客人的钱包当作自己的钱包，替他们能省一分就省一分。万万不可因为他们不熟悉外地的情形而胡乱开价，抓他们的冤大头。"他所说的这句话，一直被业内奉为金科玉律，他的公司也以此作为宗旨，在开拓各项旅游业务的同时，不断提高服务质量，从而最大限度地满足各层次顾客的需求。

在现实生活中，一部分生产者及销售商往往不能或不愿向顾客提供关于产品的全部真实信息，或弄虚作假，提供一些精心编造的虚假信息来糊弄、坑骗消费者，却把关于本产品的真实信息掩藏起来；或避重就轻，避实就虚，隐瞒产品的重大缺陷，也不讲产品有限的实际功能，却大肆宣扬消费者无法检测、难以验证的"特殊功能"；再不就是概而括之，大而化之，几句话敷衍了事，不痛不痒，无关紧要。

一个真正的经营者，他的经营方针或多或少都有个远大的目标。这一远大的目标，必须建立在以顾客得到实惠的基础上才能得以实现，只有让顾客得到实惠了，店铺的利润也才能得以保障。

独家商品价格可以偏高

独一无二的产品才能卖出独一无二的价格。对于独家的商品，价格可以定得稍高一些。

对于这些独家的商品，在新产品上市初期，可以把商品的价格定得较高，在竞争者对手现售该相似的产品以前，尽快收回投资，使店铺在短期内能获得大量盈利，以后再根据市场形势的变化来调整价格。某市一家店铺进了少量中高档服饰，进价380元一件。该店铺的经营者见这种外套用料、做工都很好，色彩、款式也很新颖，在本地市场上还没有出现过，于是定出1080元一件的高价，居然很快就销完了。

如果你推出的产品很受欢迎，而市场上只你一家，就可卖出较高的价。不过这种形势一般不会持续太久。随着时间的推移，在逐步降低价格使新产品进入弹性大的市场，而且畅销的东西，别人也可群起而仿之，因此，要保持较高售价，就必须不断推出独特的产品。

一般而言，对于全新产品、受专利保护的产品、需求的价格弹性小的产品、竞争对手得不到的商品、流行产品、未来市场形势难以测定的产品等，可以采用撇脂定价策略。这类定价方法，对于经营独家商品的店主是比较适合的。

商品的稀缺性是购买意愿和供应水平之间的关系，也就是需求和供给之间的关系。如果人们不需要以有价值的东西作为代价，就会产生很多欲望，而又不能想要多少就要多少，所以会出现稀缺。比如篮球明星的限量版签名T恤，或者某歌星的限量版专辑，一般都是定价很高。

独一无二的商品才能卖独一无二的价格，也要求产品既优且新。质量优是高价策略的基础，次等产品定价高，则是失败的策略。产品新，消费者不明底细，高价法方能有效。最后，购买者对价格不太敏感。如果你的目标客户对价格很敏感，定价过高会把他们吓跑。

在什么情况下应该定高价，什么情况下应该定低价，其实这取决于店铺的目标客户以及竞争环境。对新产品定价是一个十分重要的问题，对于新产品能否及时打开市场并占领市场和取得满意的效益有很大的关系。

一般来说，如果店铺的目标客户是高收入者，其市场需求并不大，因此采用定高价的策略，以实现高价少销，能够成功。名牌产品通常采用这种定价方式：

例如，一个LV女式手提包定价1.2万元，市场销售仍然很好。其实这种产品属于炫耀性商品，购买它的女士主要不是用于装东西，而是用这种包的品牌来"炫耀"自己的身份。价格低了，与普通手提包一样，无法炫耀身份，高收入者就不会购买了。因此，高定价的产品一个显著的特点是价格缺乏弹性，而且供给是极为有限的。类似的替代品并不多。尤其有些人对这种品牌有一种特殊偏好，喜欢LV这个品牌的人宁肯多花钱也要买这种包，不肯以低价去买其他包，尽管其他包也是名牌。对这些高收入者而言，1.2万元一个包在其总支出中占的比例并不大。所以高收入者对LV的包就极为缺乏弹性。而且这种包做工精细，供给难以增加，不用靠降价吸引更多消费者。这种产品是靠品牌而不是靠低价占领市场。

如果降价反而会由于无法显示身份，甚至会发生需求量减少的情况。缺乏弹性的产品，如果采取降价销售，总收益必然减少，因此维持高价，总收益才能维持可观的水平。因此定高价并不降价就是正确的选择。

其实，不仅名牌，只要是需求缺乏弹性的产品都可以定高价或提价。以麦当劳为例，为什么其他餐饮店都降价时，它提价反而总收益增加呢？这就在于麦当劳这种食物有自己稳定的消费群体。他们对麦当劳有一种强烈的偏好，而对价格又不敏感，这就是说对于麦当劳的消费群体而言，这种食物是缺乏弹性的。而对于那些不爱吃，"饿死不吃麦当劳"的人群而言，因为不喜欢，价格再低也不会去吃。提价并不会减少青少年和儿童对麦当劳的消费，降价也不会吸引其他人吃麦当劳，因此，提价并没有减少消费量，总收益就增加了。

另外，在完全垄断市场和寡头垄断市场也存在着高定价的情况。

完全垄断市场，是一种与完全竞争市场相对立的极端形式的市场类型。行业中只有唯一的一个企业的市场组织，整个市场的物品、劳务或资源都由一个供给者提供，消费者众多，这个市场组织控制了一个产品的全部市场供给。该企业生产和销售的商品没有任何相近的替代品，消费者不可能购买到性能等方面相近的替代品；其他任何企业进入该行业都极为困难或不可能，完全排除了竞争因素。垄断企业可以控制和操纵市场价格，其垄断的原因主要为政府垄断和自然垄断，如铁路运输、天然气、供水、供电、供热等部门。垄断企业虽然掌握了市场价格的垄断权，但需考虑市场的需求，分析边际收益、产品价格与需求价格弹性系数之间的关系，制定科学合理的产品价格。当需求富有弹性时，企业定价水平略低，当需求缺乏弹性时，企业选择高价策略。

寡头垄断市场，是介于垄断竞争与完全垄断之间的一种比较现实的混合市场，是指少数几个企业控制整个市场的生产和销售的市场结构，而且企业之间存在相互依存、相互竞争关系的市场。寡头市场中的价格不完全是由市场的供求关系决定的。寡头市场中，任何厂商在采取行动前，都必须认真研究对手，并考虑到对手可能作出的反应。该市场中具有少数几家企业生产经营，如汽车制造业、电信业，它们中的每一家企业对整个市场的价格和产量都有控制能力，任何一家企业都必须根据市场中其他企业的价格策略来形成自己的决策，但企业在选择定价策略的时候，必须考虑到自己的价格决策对竞争对手的连锁反应，价格战往往会造成两败俱伤的结果，因而寡头决策时，也要考虑边际收益和边际成本的问题。但是，边际收益情况往往难以确定，原因在于企业间存在具有直接针对性的竞争。该类企业的产品价格在经过相互作用达到均衡后，应在一段时间内保持相对稳定，而从产品的性能、质量、宣传、服务等方面展开非价格竞争。

垄断虽不利于市场机制的形成。在定价决策中，考虑不同层次消费者的消费需求及承受能力，垄断企业可选择差别定价策略，针对不同消费群体，不同消费形式及消费量，提供不同的产品服务，并采用不同的价格策略，如天然气、水、电、采暖等产品价格，应区别居民、商用、政府部门等不同消费对象，采用差别价格。

对特别商品进行高价策略能尽快回收投资，还可能获得高利润，但也有不少缺点。它是一种短期谋求最大利润的策略，适合于一些资金比较短缺的中小店铺的应急措施，不利于树立店铺形象，是短期行为。商品定价过高，不利于打开与扩大市场，也容易激起众多的竞争者，如果再降低，又可能影响该产品的市场声誉。在给独特产品定高价时，也要从实际出发，权衡利弊得失后再作决断。

利用数字错价定价

许多人都有这样的体会，当看到某店铺门口贴着"某某商品，原价50元，现价35元"的广告时，都会产生一种购买的冲动。至于商品的原价是不是50元，却很少有人去认真调查。利用数字错价吸引消费者的注意，也往往能够达到良好的促销效果。

另外，如果仔细观察货架上的价格标签，不难发现，商品的价格极少取整，且多以8或9结尾。比如，一瓶海飞丝怡神舒爽去屑洗发水标价19.8元、一袋绿色鲜豆浆标价0.9元、一台HP笔记本计算机标价5999元……不禁令人不解，如果采取像20元、1元、6000元这样的整数价格容易让人记住并便于比较，收银台汇总几件商品价格的时候更加便捷也不用找零。其实这不是商家自找麻烦，而是商家的精明之处。

错觉定价法是利用顾客对商品价格知觉上的误差性，巧妙确定商品价格的一种方法。商品定价必须懂"数字"，不会计算的人不会富。万事都要做到心中有数，才能知道事情的重要程度，才能有效衡量盈亏。

针对消费者的消费心理，很多超市在制定价格时喜欢在价格上留下一个小尾巴，在其所销的商品中，尾数为整数的仅占15%左右，85%左右的商品价格尾数为非整数，而在价格尾数中又以奇数为主。一件商品定价99元，人们会感觉比100元便宜，定价101元人们则会感觉太贵，较之99元价格仿佛又上了一个台阶。利用心理定价策略会给人以店铺价格在整体上都很低的印象，从而达到吸引并留住顾客的目的。

这种把商品零售价格定成带有零头结尾的做法被销售专家们称之为"非整数价格法"。很多实践证明，"非整数价格法"确实能够激发出消费者良好的心理呼应，获得明显的经营效果。比如一件本来值20元的商品，却定价19.8元，可能会激发消费者的购买欲望。有一家日用杂品店进了一批货，以每件10元的价格销售，可购买者并不踊跃。无奈店铺只好决定降价，但考虑到进货成本，只降了2角钱，价格变成9元8角。想不到就是这2角钱之差竟使局面陡变，买者络绎不绝，货物很快销售一空。"非整数价格法"确实能够激发出消费者良好的心理呼应。因为非整数价格虽与整数价格相近，但它给予消费者的心理信息是不一样的。

四舍五入往往被人们作为数字处理的基本原则，已经深入人心，并开始广泛应用，在判断价格时也不例外。14.90元与15.10元感觉一样吗？14.90元让人感觉是15元不到，而15.10元则如同快到16元了。因此，在价格实务中，468元和488元都给人一种快500元的感觉，为了增加更多的利润，你可以选择488元。

另外，数字差价还广泛应用在商品调价时。用红笔把原来的印刷价涂掉，旁边用黄色手写上新的价格，这种方法看起来简单，其实它也是利用顾客心理定价的一种策略。首先，原标价是印刷的数字，往往给人一种权威定价的感觉。而手写的新价，会使顾客感到便宜。其次，黄色给人一种特别廉价的感觉，用黄笔标上新价钱，让顾客看起来很有诱惑力。

西方主流经济学的一个基本假设是，经济活动中的人都是理性人，任何行为都是追求效用最大化。但是现实生活中，消费者并非完全理性，而且很多情况下显得非常不理性，仅仅是价格尾数的微小差别，就能明显影响其购买行为。当人们的行为变得不再理性，这种条件下，将关系到另一门经济学科——行为经济学。据心理学家的研究表明，价格尾数的微小差别，能够明显影响消费者的购买行为。

数字差价应用十分广泛。据国外市场调查发现，在生意兴隆的商场、超市中，商品定价时所用的数字，按其使用的频率排序，先后依次是5、8、0、3、6、9、2、4、7、1。这种现象不是偶然出现的，究其根源是顾客消费心理的作用。在美国，5美元以下的商品，习惯以9为尾数；5美元以上的商品，习惯以95为尾数。日本的家用电器，习惯以50、80、90为尾数。我国许多商品，常以8、88、98、99为尾数。99尾数不仅可满足顾客的求廉心理，而且迎合了消费者追求"天长地久"的传统心理，可增加商品对消费者的吸引力；而88尾数则适应了人们对"财运大发"的企盼，从而引起消费者的共鸣。

"数字定价"利用消费者求廉的心理，制定非整数价格，使用户在心理上有一种便宜的感觉，或者是价格尾数取吉利数，从而激起消费者的购买欲望，促进商品销售。

数字错价为什么会产生如此的特殊效果呢？其原因主要表现在：

（1）便宜。标价99.95元的商品和100.05元的商品，虽然仅差0.1元，但前者给消费者的感觉是还不到"100元"，而后者却使人产生"100多元"的想法，因此前者可以使消费者认为商品价格低、便宜，更令人易于接受。

（2）精确。带有尾数的价格会使消费者认为商家定价是非常认真、精确的，连零头都算得清清楚楚，进而会对商家的产品产生一种信任感。

（3）吉利。由于民族习惯、社会风俗、文化传统和价值观念的影响，某些特殊数字常常会被赋予一些独特的含义，商家在定价时如果能加以巧用，其产品就会因之而得到消费者的偏爱。

在我国目前现有的主要零售业态形式中，都可以看到类似的数字错价心理价格的影子。不仅包括超市的大量日常用品，而且用于百货店铺的服装、家用电器、手机等。如果从价格形式上不加区分地采用技法雷同的数字错价价格，必然混淆各种业态之间的经营定位，模糊业态之间的经营特色，不利于商家发挥先进零售业态的优势，实现企业快速发展的目标。

日常消费品低价策略

家乐福打开中国市场的关键所在是在定价策略上他们灵活采取了不同商品不同定价的方法。来家乐福购物的大都是城市消费者中的中低消费人群。对于这些消费者来说，低价可能是最有效的经营策略。当然，家乐福的低价并非是所有商品。

对于大众日常消费品，诸如米、油、盐、酱、醋等，由于购买率高，消费者对其价格水平记忆深刻，易于比较，十分敏感，并能迅速形成价格便宜的口碑。因此，家乐福对该类商品采用低价策略。另外，为了获取更大的市场占有率，提高知名度，逢年过节大规模的主题促销活动中，家乐福在本来就比较低的价格基础上，厂商双方共同让利，一般各在5％的水平，但是要限定时间。通常用这种做法来刺激消费者购物的兴奋点。

几乎人人都知道"薄利多销"的生意经。低价安全定价法属于薄利多销的定价策略。这种定价方法比较适合快速消费品直接销售，因为它有很大的数量优势。低价可以让他们的产品很容易被消费者接受，从而优先在市场取得领先地位。

对于一个生产企业来说，将产品的价格定得很低，先打开销路，把市场占下来，然后再扩大生产，降低生产成本。对于商家来说，尽可能压低商品的销售价格，虽然单个商品的销售利润比较少，但销售额增大了，总的商业利润会更多。

日常生活的必需品，无可替代的商品是不能定价过高的，否则会激起很多的社会矛盾。如药价、粮食、基本食品、住房等。当然同一商品可能有高低档之分，但生活必需品的定价一定是采取低价定价策略。对于人们的日常生活来说，如果对这些必需品的需求量比较大，定价过高，那么则无法保证其基本生存。所以像粮食、住房、柴米油盐等的价格绝对是不能定价过高的。

近年来，蔬菜的价格上涨让更多年轻的主妇感觉到了压力，面对蔬菜上涨的趋势，她们自嘲变成"菜奴"。网上流传着一份"菜奴省钱攻略"，网友称，当了房奴、车奴，如今在高涨的菜价之下，不少人又增加了一个"菜奴"的光荣称号，不少人开始探讨"菜奴"的省钱之道。

诚然，不论是大蒜还是五谷杂粮的涨价都是有客观原因的。比如，大蒜涨价前曾经经历过价格的暴跌，在零售市场一元钱买一斤大蒜都不新鲜。而价格暴跌之后难免就会影响到种植积极性，再加上"大蒜能防甲流"传言的推波助澜，大蒜价格上升似乎就是可以理解的事情了。

市场上已经形成习惯来定价的方法。市场上有许多商品，销售时间一长，就形成了一种定价的习惯。定价偏高，销量不易打开；定价太低，顾客会对商品的品质产生怀疑，也不利于销售。这种方法对于稳定市场不无好处。有许多日用品，由于顾客时常购买，形成了一种习惯价格，即顾客很容易按此价格购买，其价格大家都知道，这类商品销售应遵守习惯定价，不能将价格轻易变动，否则顾客心里会产生不满，如果原材料涨价，需要提价时，要特别谨慎，可以通过适当地减少分量等方法来解决。

在市场中70%以上的商品都是与人们衣、食、住、行密切相关的日常生活用品，对于这类商品的价格差异，消费者比较敏感，有时他们愿意花近千元购买一套时装，而不愿意购买价格贵0.20元的方便面。这类商品属于店铺形象商品，其定价要有利于塑造店铺专门提供给消费者价格低廉、节省时间、方便购买的形象。其中，对于水果蔬菜、主副食品要按较低的毛利率定价，对一些消费者使用量大、购买频率高的商品，例如生活卫生用品等，要按进价甚至低于进价的价格出售，以吸引周边的居民前来购买。

普通人必须消费的东西，一定是不会价格过高的。将日用品的价格定得低一些，使新产品迅速被消费者所接受和迅速开拓市场，优先在市场上占有领先地位。树立良好的店铺形象实际上是一种间接目的，最终目的还是实现利润最大化的经营目标。

对于消费者使用量大、购买频率高、最受欢迎、省时、便利的商品，实行低价销售，可在市场上拥有绝对竞争优势，并树立价格便宜的良好形象，来吸引消费者前来购买商品，以培养店铺稳定的顾客群，从而实现利润的最大化。

第五章

有效地控制存货

加速商品流通

利润是每个经营者的最终目的。只有商品的快速流通才能让经营者手中的商品变成货币，赢得利润。那么我们就从商品流通的根源入手来寻找加速商品流通的方法。

商品流通的主要原因在于商品的匮乏或者不能满足不同人的需要。但是随着科技的不断进步和社会的快速发展，在当今的社会中，商品的匮乏已经不再是一个严重的问题，那么就是如何满足不同消费者的需求问题，就像铁匠需要喝牛奶，牧羊人需要一把刀子一样。所以若想成为一个成功的经营者，就必须保证自己的商品能够最大限度地满足消费者的需求。而经营者只有让手中的商品快速地销售出去或者找到适销对路的商品，才能在满足消费者需要的基础上获得利润。终端的经营者如何将商品快速地销售出去呢？这里以经营服装为例，进行简单的介绍。

1.对顾客做出正确的判断，即学会识人

当顾客光顾自己的店铺时，应根据顾客的穿着打扮做出基本的判断，即看自己所经营的服装是否适合面前的顾客。如果适合，要根据顾客自身的特点，想想什么款式、什么型号以及什么颜色的衣服适合面前的顾客，以准备推荐，同时，还应准备不同价位的衣服，以便于顾客的选择。如果自己所经营的服装不适合顾客本人，不要对顾客采取冷漠的态度，因为顾客很有可能是给孩子（妻子、丈夫、朋友、父母）购买衣服。

2.使用恰当的语言，推销自己的商品

在对顾客做出基本的判断之后，可以使用询问的方式把自己的主导思想说出来，以获得顾客的回应。例如，当我们判断出自己的服装不适合顾客本人时，可以说："您好，您是打算买衣服送人吗？我们这里产品质量好而且又是品牌，若是送人的话既有面子又大气。"如果想做到恰如其分地推销自己的服装可以遵循以下几点：

（1）连续肯定法。这个方法是在对顾客作出准确的判断之后，自己所提问题或者自己给出的建议与顾客能够产生共鸣，即能够说出顾客心里的想法，这样才能得到顾客赞同的口吻，连续地回答"是"，最后将介绍的衣服买走。

（2）诱发好奇心。当我们观察出消费者对商品存有疑问或好奇，最好使用这种方法。一般情况下，在见面之初最为适合，因为这时消费者本身就存有疑问，若是我们再讲一些能够激发他们好奇的话，就很容易将他们的思想引到你所销售的产品上，增加商品销售的概率。

（3）照话学话法。这一方法主要是用在消费者提出自己的见解之后，对他们的看法给以肯定，然后在他们见解的基础上，再说出自己要说的话，非常自然地使消费者买下商品。

3.确保自己了解商品的特色

当顾客对自己的商品提出质疑时，应有合理的解说。如顾客问道："同样的衣服，在你们这里怎么比旁边的店铺贵呀？"这时你要以不同的情况作出解释，若是旁边的店铺中有同样服装出售。你可以回答说："我们所经营的服装是全国统一定价的，即使是在不同的城市也不可能存在两种价格，如果真如你所说的那样，我可以和你一起到那边去看一下，不一样我们白送你。"同时，在向顾客介绍商品时最好不要离客户太近，且应口齿清晰，在举止上应落落大方。

4.选择合适的手段将自己手中的商品推销出去

一提到推销服装的促销活动，大家很自然地就会想到打折、降价、赠送

等不同的手段。可是伴随着促销活动的频繁上演，消费者对促销活动已不再像以前那样冲动。因此，我们应重新考虑如何促销服装。

（1）我们应认识到，在现在的市场环境里，消费者处于中心的位置。因此，任何经营活动都应该与消费者的需求结合起来，而不是与此相平行。

（2）制订周密的促销计划。首先，应充分地了解市场行情，这主要包括消费者处于何种消费状况，自己所经营的服装能在多大程度上满足消费者的需求，行业的最新动态以及竞争对手的情况。其次，在了解市场的情况下，判断出自身的各种优势，并以此制定出合适的促销目标。最后，为达到上面所制定的促销目的，需要结合消费者的各种消费动态及消费习惯，选择合适的促销方法。

（3）很好地执行和控制促销活动。我们要知道，促销是为了提高销量，加速自己商品的流通，获得利润。在促销活动期间，商家须进行及时的总结，若是促销活动的成本太大，那么促销就失去了原有的意义。

鉴于目前消费品品种的繁多，以及消费者对不同商品有不同的认识和多项的需求。作为经营者应充分了解并掌握消费者的不同消费需求，不断提升自己的经营能力，选择适销对路的商品，并制订周密的销售计划，以加快商品的流通，最终使得自己在竞争日益激烈的今天立于不败之地。

选择高流转性的商品

无论是开一家什么样的店铺，根据消费者的需求来调整自己的经营活动，并不断地利用商品以及服务来满足消费者的需求是每个店铺生存下去的最基本的前提。可是基本的生存不是店铺存在的理由，最重要的还是获得利润。那么这就要求店铺应有发展的空间。其发展空间的大小则取决于它所提供的商品对消费者需求的满意程度。为此最好依据市场发展趋势，对自己的商品进行及时的调整，以适应消费者需求的变动，形成自己鲜明的商品特色。

而高流转性的商品才是店铺生存与发展真正的法宝。俗话所说的"薄利多销"即是最好的证明。另外，我们还可以从家乐福的管理模式上看出高流转性商品的重要性。举例来说，如果一种商品刚刚上市，它将会在30cm的货架上进行出售。同时，家乐福将利用POS机实时收集该种商品的相关信息，如果该商品卖得不好，那么原来提供给它的货架展示将会缩小到20cm。在一定时间内若是该商品的销售数字还是上不去，那么它的陈列空间将会再次缩小10cm。如果在经过一段时间的销售，仍然没有任何起色，那么在考虑实际的销售情况与毛利率之后，该种商品仅占有10cm的货架也将会被其他商品所占据。当然，POS机对这些信息进行汇总和分析，从而使得商品结构得到充分的优化，最大限度地满足消费者的需求，而高流转性商品最好的代表就是畅销商品。

而所谓的畅销商品就是销路好，并被广大的消费者所欢迎。对于商家来说，它所拥有的畅销商品的多寡将直接决定它在市场竞争中的输赢。可是，每种商品在投入市场之后，都会经历投入期、成长期、成熟期、衰退期4个阶段，就是说无论是哪种商品都不可能得到社会永久的承认。所以对商品品种的选择对大多数经营面积有限的商家来说都非常的重要。因此，经营者应该学习并掌握商品的发展规律，从而不断地挖掘和培养自己的高流转性商品。

首先，我们先看一下高流转性的商品应具备哪些必要的因素，一种商品之所以成为高流转性的商品，最主要的原因便是消费者对该商品具有强大的需求。

第一，消费者对这种商品的功能非常满意并具有独特的依赖性，该商品往往不能被同类性质的商品所替代。第二，从商品质量以及价格来讲，在同类商品中该商品在质量上占有绝对的优势。同时，在高质量的前提下，出售时其价格不仅公道，而且还让消费者有物美价廉的感觉，乐于购买此种商品。第三，商品品牌与售后，随着市场技术的不断发展，同类商品之间的差别随之缩小。再加上广告宣传力度的加大，目前，同类商品在市场上出现了不同的品牌，商标的知名度左右着消费者的购买行为，而名牌商标则成为了商品销售中的"领军人物"，优质的售后服务则成为商品销售的延续，免去了消费者的各种后顾之忧。

其次，在具体的操作中，我们怎样判断该种商品是否具有高流转性，最主要的办法是依据以上高流转性商品的基本因素，并对其市场销售潜力进行考察。常见的方法有：第一，打分法。即以数字的高低来判读该商品对消费者的满意程度。主要做法是综合考虑各种因素，并按照不同程度标准将各种因素折合成数字，以便对商品的评估。当然，对于同类商品的某些因素很难用数字来表示，而且同一个因素在不同的商品中，其所占的位置也并非完全相同，所以还应综合考虑商品的属性。日常生活用品如毛巾、肥皂、卫生用品，应注重质量与价格；而服装类在注重质量与价格的同时则更多的是关注品牌与款式；家用电器或其他大件商品在重视质量与价格之外，对于售后服务的要求将会更大一些。第二，历史记录法。这种方法主要是以商品的销售情况来说的。以香港百佳超级市场的采购计划为例，来说明这种方法。具体做法是先对上一年的业绩进行分析，按照顾客购买频率、购买金额、顾客消费心理和要求对商品的出售情况进行汇总，然后再对近几年的营业额增长率做出必要的统计和分析，挑选出最受欢迎的商品，并结合各种现实因素确定下一年的采购计划。第三，竞争店借鉴法。就是以自己的同行为镜子，从而辨别哪种商品为高流转性商品。一般来说，无论是超市、食品连锁店、便民店铺还是其他性质的店铺，其共同点便是把销路最好的商品陈列在最显著的位置，在货比三家之后，就很容易发现哪种商品是最为消费者所接受的。

最后，最基本的也是最容易被忽略的一点是高流转性商品并非一成不变。不仅人们的消费观念在不断地发生变化，消费需求随之改变，同时，因季节的变换或供应商供货因素的变化，作为开店的商家来说。在保证现有高流转商品数量的同时，还应根据销售额目标确定其以后的进货数量。

总之，一个店铺所拥有的高流转性商品种类的多少以及经营的好坏直接影响该店的业绩。因此，我们每一位经营管理者都应该了解市场的需求，及时调整自己的商品结构。

及时去旧换新

无论是经营哪种商品，只要商品卖不出去就是损失。因此，作为商品的经营者在日常的工作中都应时刻留意商品的售卖情况，只要一发现销路不好的情况，提早做好准备，及时去旧换新。这里我们还以花色多、款式变化快、周期短的服装经营为例，说明怎样做到及时去旧换新。

首先，作为经营者，适量的进货是经营服装必须把握的关键一条。要想成功地做到这一点，第一，对当地的市场行情有准确的把握，需要知道最近有哪些新品种出现，该种商品的销售趋势如何，社会存量多少，该商品的购买力状况如何。第二是制订进货计划，并根据销售情况作合理的调整。如作为一个经营者当发现市面上新出现的一种女士连衣裙，款式及做工都非常的好，如果自己没有卖过，在第一次进货时可以尝试着少进几件，根据实际销售的情况，来决定下一次进货的数量。若是第一次进的货在预期内全部卖完，下次可以适当地增加进货数量。第三，在进货时，进每一件服装，都要细致过目。重点是要看面料质量，看花色，看款式，看针工，看价格。只有进货这个源头把握好了，才能为后面的销售环节带来很多的方便。

其次，将产品快速销售出去可以采用以下几种方式：

（1）现金折扣。现今折扣的促销方式是目前营销活动中运用最多的一种手段。尤其是换季时节，为了减少因过季而产生的服装积压，最好展开以"一季一次，特价销售"为主题的打折活动。在此前提之下，若当消费者在购买商品之后，再给予一定的现金折扣，不仅能加强消费者对品牌的亲近感，同时还会带来一定的宣传作用，更有利于商品的出售。

（2）优惠券。这种促销与现金折扣有所不同，现金折扣多是用在消费者购买意愿比较强烈的情况下。而优惠券促销不仅使消费者在购买之后有亲近感，还能吸引更多的原来没有计划购买意愿的消费者寻找到确定活动的终端进行消费。优惠券的派发最好选在消费群集中的地方，如写字楼、大型百货商场门前。虽然优惠券在短期内增加实际的销售数额，但若不考虑优惠券的张数限度以及时间限度，可能会产生负面的效果。

（3）特价包装。很多消费者一听到"特价"就以为是商家在进行打折活动，而这里说的"特价"并非如此，它主要是增强产品价格及形象竞争优势，比单纯的减价还多一种组合销售的形式。例如在情人节或者是针对情人所推出的情侣套装。

（4）利用赠品辅助销售。这种方式是除现金折扣、优惠券之外应用最多的一种销售促销活动方式。可是，现在普通的买即送赠品手段越来越难以引起消费者的关注。这主要是因为经营者往往忽略了一点——赠品也是商品，它同样在起着影响销售和品牌的核心作用。因此，当利用赠品进行促销时，赠品的选择应注意以下几点：首先，赠品的档次不能太低，尤其是在某些特定产品促销期间。有的顾客都是冲着赠品去的，但拿到的是粗制滥造、价格低廉，甚至是一用就坏的东西，其实这样的赠品不但不能提升品牌的形象，反而会失去顾客的信任。其次，赠品的选择要与品牌本身相关联。譬如买西服可以送领带或者皮带，买家居服可选择纸巾绣花包、靠垫等家居用品作为赠品。最后，切忌夸大赠品的价值。有的店铺为了招揽顾客，常常不着边际地夸大赠品的价值，如一条价值三四元的丝巾说成是六七十元。这样的赠品即使是吸引顾客将商品买回去，到家一看也会牢骚满腹，大喊上当，甚至觉得你卖的产品水分太大，不值得信任。

（5）重复光顾奖励，它主要是针对老顾客或者是潜在的购买人群对固定品牌进行消费的一种手段。消费者可以通过购物获贵宾卡，往往是首次一套不享受贵宾卡折扣，当消费者再次进行消费时购物两套以上者即全部享受贵宾卡折扣。另外，可以将所有持有贵宾卡进行消费顾客的资料建档，当有大型活动或新款产品推出时，立即将消息传递给消费者，让持卡者能够在第一时间内享受到贵宾卡所带来的优惠。

（6）附属商品辅助销售，附属商品多属于搭配性商品，顾客有可能指明购买。某市有个服装店老板因商品滞销，于是就花了很多钱搞联合促销活动，但是半个多月过去后成交率非常低。在无奈之下，老板只好调整货源并将店内数量最大的一款产品的价格调到50元，并在橱窗上粘贴一张"全场服装50元起"的海报。但就是这个小小的变化带来了意想不到的效果。很多人冲着50元的服装抢着要买，而又有的人感觉50元的服装不适合自己，顺便将其他款式的服装买走。最后，这家店仅仅用十几天的时间就将店铺的货物销售一空。

当然，在以上的几种活动形式中，商家可以根据实际竞争情况将每种促销活动进行一加一组合或者多组组合。而最重要的一点就是，商家一定要对商品的市场及销售有准确的掌握，只有这样我们才能更好地控制商品，做到及时去旧换新，从而使自己所开的店铺越开越火！

经济化储存商品

当我们了解了高流转性商品的重要性以及怎样及时处理旧货之后，并不能直接地说明我们在经营中就一定都能获得最大的利润。即怎样能利用在适当的时间和地点、方式，按照适当的价格，将商品销售出去，但又不会因为商品短缺影响经营。所以，在经营活动的诸多环节中，还应该重视储存商品的经济化问题。

而在我们想要储存商品之前，应对自己所经营的商品有整体性的了解。当面临热销商品时，销售利益往往成为各终端店铺考虑的第一要素，同时在货越多就越能满足顾客需求想法的促使下，就会造成商品单一，大量积压商品的出现。因此应慎重考虑：商品的销售前景、不同商品之间应该存在着怎样的比例，以及何时储存和储存在哪里等一系列的问题。

首先，必须考虑我们所经营商品的销售前景问题。最好的情况下，就是经营我们曾在前面提到的高流转性的商品。同时，还要结合当时的社会需求以及自己的经济实力、店面的大小，考虑何种质量的商品。在自己的店里还要把商品相应地划出等次，以便吸引不同层次的顾客。曾经有这样的一个例子，经营服装店的王某，由于自己的经验不足，每次进的货卖几天就过季了，总是埋怨做服装生意不仅没挣到什么钱，还给别人做贡献。服装有高档、中档、低档之分，而因季节变化所引起的顾客消费习惯也将发生很大变化，作为终端的店铺而言，最好是根据市场需求的变化来决定销售哪种产品。

其次，要在目标市场、流行趋势、形象、竞争、顾客细分、顾客反应、成本、盈利性等几个因素的综合之下，考虑即将上市的新商品与现有商品的撤换问题。在增加新的商品之前，最好提前预测一下该商品所适合的消费者类型，而不要盲目地增加新商品。在终端的店铺中由于资金和货架，以及店面大小的限制，新增加的商品过多的时候就不得不撤销另一些商品。若是这时，不考虑对新商品作合适的评估，简单地凭直觉撤换现有产品最直接的后果就是产品的大量积压。当必须为新商品提供货架时，可以用削减成本、调整零售价格或者其他促销的方式来处理现有的商品。

最后，如何有效地拥有商品。在考虑到要经营何种商品以及现有商品和即将上市的商品之后，下一步就该考虑储存多少商品了。因此，在存储商品之前一定要考虑以下几个问题：

（1）商品品种的宽度和深度。所谓的商品品种宽度是作为终端店铺的经营者的不同商品大类的数量，即该店中经营多少种商品。而商品品种深度指每种商品的品种是否齐全，以经营的西装来说，型号、颜色是否能够满足不同类型消费者的需求。

（2）存放商品的空间也必须受到重视。由于销售空间是非常有限的，因此在店面里最好的陈列位置应摆放那些能够产生最大客流量和销售额的商品。而在储存货物时，也应该考虑到每种商品所占的空间的大小，现有的空间是否能够存放大量的商品。最好在考虑商品的销售情况下，适量地多存放一些销路好的商品。

（3）合理存放延伸品、互补品和替代品。各种终端销售商经销的商品都存在着需求波动大的问题，在计划存储商品时只有将商品进行合理的综合才能提高整体利润。销售者在经营当中要预计某种商品何日会卖光，事先准备延伸品、互补品或替代品，以避免丧失商机。可见这些商品的合理存放能够将利润空间最大化。但是，如果存放的替代品过多，也会造成负面的影响及使得主要商品销售遭到困难。

（4）何时储存商品。为了达到经济有效地存储商品，我们还需要对进货的时间有慎重的考虑，不要盲目地进货，以免将合理的商品结构打乱。所以，在进货之前，估计一下最佳的库存量是非常必要的。以月库存量计算为例，月最佳库存量=月营业额预算+年营业额预算/商品周转率-年营业额预算/12。在对最佳库存有一定了解之后，再结合高峰季节、折扣和存货处理的效率等要素着手进行进货。对于服装行业来说，在商品销售的高峰季节不仅要进货快，还应适当备有大量存货，相应的到换季的时候应适当地调整进货，尽量减少过季时期的货存量。

商业发展到今天，经商不能仅仅依靠经验，成功的经营者懂得如何进行科学的预测与规划，上面谈到的几点，是各终端店铺在制定决策的过程中必然会面临的问题。但是只要我们能够很好地存储商品，做到在销售旺季不会出现产品脱销，而在销售淡季又不会有很大的库存占有大量的流动资金，那么在同行业的竞争中一定会处于优势地位。

把握好库存容量

对于每个终端店铺的经营者来说，库存容量的把握是经常面临但又很少缺乏规划控制的一个环节，尤其是那些规模小的店铺，大部分是没有库存总账的，因而对库存的多少，是否存在着差错都不很清楚。不能准确地把握库存"经常"带来不必要的麻烦，例如：新进的货物没有原因的就找不到；或者是记忆中本来有很多的货物，可是真的到急用时却没有了。再有一种情况就是，只有商品出现了脱销，才急急忙忙向批发商订货补充物品，其最直接的后果就是生意很难有起色。那么我们怎么做才能有效地把握库存的容量呢？

为了能够找到合适的答案，我们从服装行的终端经营者角度为例来分析一下产生库存的原因：

（1）季节的变化对于服装经营者的影响非常大。而只有准确地把握服装换季的节奏，才能充分地掌控市场，使自己经营的服装在畅销的季节销售出去。对于北方地区的商家来讲，在经营秋季服装时要格外小心。因为北方的秋季与其他季节相比较短，经营者在考虑秋季服装的上货时，最好将上货的日期定在在7月底8月初。如果认为8月底时气温还不是很低，就将自己的进货日期推迟到8月中下旬，而在这时各式各样的秋季服装已基本上市销售。之后，伴随着气温的逐渐降低，为冬季准备的各种服装开始逐渐取代秋季货品，而在这时，无论如何加大力度的折扣促销，都不可能抵挡季节的变化，使得秋季服装成为过季产品而变成库存。

（2）进货是否合适。进货时有没有看走眼非常重要，当面对厂家琳琅满目的商品时，很难决定订购产品的款式以及数量。这时进货人的眼光就非常关键，因为服装业挣钱靠的就是眼光。如果"一走眼"，刚进回来的货很快就会成库存。

（3）把握恰当的销售时机。大部分服装都有自己的销售时间，即可以分为销售高峰期和低潮期。如果对这两个销售时期不能有很好的把握，那么将给商家带来很多的损失，在各种潜在的损失当中，损失最严重的莫过于丧失了其他商品的销售时机。例如在9月，当气温逐渐降低的时候，突然有一股冷空气到来，使得气温突然下降很多。这时急需购买一件秋天穿的长外套，这时如果你所经营的店内依然以夏季服装为主，还没来得及上市新的应季服装，那么当顾客在你所经营的店铺中找不到自己所需要的商品，一定就会转身走到其他提供应季货物的店铺去购买。当你所经营的服装店不能向顾客提供及时应季的衣服时，顾客是不会因为你的服装是个品牌店而等上几天甚至几周时间再回来购买，而此时自己店铺中的服装即将因为过了销售的高峰期而成为库存。

鉴于库存形成的原因，作为终端的服装经营者，慎重地考虑进货是非常必要的。

第一，在订货前，我们需要在月报表、季度报表、半年报表中来总结上一年的销售情况，以这些数据作为今年进货的基准。

第二，以上面的数据为依据并结合店面的面积，对今年进货的数量、款式等做合理的预算。同时，在进货时还应该考虑到销售量和库存量之间的比例关系，其最佳的比率是1：2。以需要新上的T恤衫为例，在预计卖出一件的情况下，同样款式的库存还要有两件。

第三，还要考虑到陪衬货。所谓的陪衬货是指能够给其他款式的服装起到促销作用的服装。虽然这种服装在陈列时很少有人问津，但是如果没有此款衣服的陪衬，那么旁边的款式也就很少能够卖出去。大多数的经营者，若是发现某款的衣服卖不出去就会减少下次的订货，其实这样做将会减少顾客的选择余地，会造成其余款式的衣服销售量的降低。所以，经营者必须了解哪些货品是"陪衬货"，并特意进行补充。最后，当经营者决定下一次的订货时，最好把现有的库存考虑进去。比如，上一年的牛仔裤的库存非常多，而你又不是经营牛仔裤的专卖店，若想把上年的库存全部卖出去就很难。若是我们今年在进货的时候多进一些上衣，通过今年上衣的新货搭配着所剩的裤子一起销售出去。这样不仅减少了这次进货的成本，还很好地将库存变成了流动资本。

当然，作为一个终端的经营者来说，没有库存或者库存很少也并非件好事。库存量过小也就说明你的货不够卖，这样消费者就没有选择的余地。举例来说，当一个消费者看上了某款服装，却因库存过小没有合适的号码，那么消费者就可能到附近的店去买，即使销售技巧再高的营业员也是"巧妇难为无米之炊"，经营者没能最大限度地满足消费者的需求，将会直接影响销售利润和店铺的形象。因此，店铺的存货控制要遵循"一手抓源头，一手抓销售"的原则，在进货之前，对自己所从事的行业、店铺的情况、目前的市场状况有很好的了解。另外，加大产品的销售量，及时分析自己的库存结构，了解库存容量，合理地制订商品计划。我们还必须明白库存是必然存在的，只有合理地把握库存的容量，才能减少流动资金的停滞，有效地满足消费者的需求，获得最大利润，因为合理的库存量不是恶性库存，而是做好终端销售的一个前提。

分门别类地管理商品

货如转轮，只有将货物快速的流转到客户中去，才能更好地体现商品的使用价值，并为商家带来期望的利润。无论哪种终端经营，对货物实施分类管理，不仅能有效地了解商品的经营情况，还会提升店铺的形象。从道理上来说大家都知道，可是从具体的操作中往往又是另一回事了，那么我们就以具体的例子来说明一下对商品进行分门别类管理的好处。

首先，我们从与人们日常生活息息相关的餐饮业来看将商品分门别类进行管理的重要性。

前段时间，在李先生居住的社区中新开了一家餐厅。李先生一看自己生活的小区中又多了一家餐厅，以后用餐就更方便了，于是就想先到这里品尝一下，看看菜品的质量如何。走进餐厅，服务员热情地招呼李先生，当得知就李先生一人就餐时，服务员将李先生带到右手边靠近窗户的一个两人座位上，随后送来了菜单和茶水。李先生看了一下菜单，不仅菜单做得精致，每道菜的价格也非常公道，于是李先生就像平常一样点了一份糖醋里脊，一份地三鲜和一碗米饭。这家餐厅的上菜速度还非常快，没有几分钟，地三鲜和米饭上来了，李先生对这家餐厅上菜的速度十分满意，尝一下地三鲜感觉还不错。没过一会儿，糖醋里脊也送上来了。当夹起里脊放进嘴里时，李先生却皱起了眉头，糖醋里脊怎么会有腥味呢？李先生将服务员叫过来，问道："你们这里做得糖醋里脊怎么有股腥味啊！"餐厅的服务员看看李先生桌上的菜，并没有觉得什么不对，就将餐厅的经理叫来。当餐厅经理品尝一下桌上的糖醋里脊以后，果真如李先生所说，确实有腥味，连忙道歉，并答应给李先生的饭菜打折。虽然李先生并没有说什么，虽然这家餐厅服务质量好，上菜速度快，可是却不能保证每道菜的口味纯正，李先生就再也不想来这家餐厅了。之后，该餐厅的经理对这件事情进行调查，原来，这道菜之所以串味，并不是厨师烹饪过程中的失误，其根源在储存室里。即做糖醋里脊的肉与海鲜类放在一起了。

与上面的那家餐厅相反。附近的另一家餐厅因为向顾客提供的菜品味道纯正而被评为当地最受消费者欢迎的餐厅。这家餐厅之所以这么受当地消费者的认可，用餐厅经理的话来说就是他们拥有一个非常完美的储藏库。之所以称为完美的储藏库，首先从位置上来说，仓库位于验收室和厨房之间，当每种原料经过严格的验收之后，可以直接放入仓库中，当厨房需要某种原料时，又可以立即在仓库中取得，这样方便原材料进出。另外该餐厅根据原料性质的不同，将每类原料分别存放。他们把面积有限的储藏库分为几个小库，第一为干货库房，即使在这个小库房中还把不同的原料分别开来，如把米、面粉，以及盐、糖、花椒等固体调料等放在一起；把食用油、酱油、豆类食品、粉条、果仁等放在一起；又把密封性好、且瓶装的食品放在一起。另外，还在这个干货库房中开辟出一个用于盛放清洁剂、清洁用品和用具以及炊具等的专门区域。第二个是冷藏库，在这里主要存放需要冷藏保鲜的新鲜蔬菜和水果，以及加工后的成品以及半成品等。第三个是冷冻库。这里主要是保存期较长的冻肉、鱼、禽、等食物。而对于需要常温存放的各种软饮料、果汁、啤酒以及其他酒水等则有专门的酒水库。

从上面两个餐厅的经历来看，分门别类地存放原料对于餐饮业来说非常重要。在前面我们也曾提到即便是在超市中也要把容易串味和会引起食物串味食品的区别开来。就是一家规模不大的餐厅也会有几十种菜品，那么自然而然地会将肉类、海鲜类、蛋类、乳制品类、蔬果类以及其他的配料涵盖。在存放肉类时，需要根据用途的不同，可以分别放在冷藏室或者冷冻室中。而海鲜类菜品中，鱼类是最常用原料。在鱼类储藏时应格外小心，因为它的鱼腥味很容易引起其他食物的串味，所以最好是将它在去水后用塑料袋套好，放入冷藏库冻结层内，但冷冻时间不宜过久。如果都像前面的那家餐厅一样，不分原料的属性，只是简单地把需要冷藏的放到一起，那么无论技艺多高超的厨师，也不会把串味的食品做到原来的味道，更不用说是做出美味佳肴了。

因而，对于餐饮业来说，为了能够使得存储的原料发挥其最大的作用，为经营者带来最大的效益，这就需要根据原料的用途、使用要求及加工程序不同，在最佳的保质期内将原材料进行分门别类的储藏。当然，分门别类地存放商品不仅是在餐饮业中具有重要的作用，它同时适用于其他的任何商业。再以服装业为例，不同的服装根据不同的需要可按照制衣原料、用途、衣服的尺码或者是衣服的颜色等进行分类。从顾客的角度来看，很容易依据不同的分类选择自己想要的服饰，而对于终端的经营者来说，在现有存货的基础上，很容易知道哪些是畅销的商品，哪些是滞销商品，哪些商品容易提升店铺的形象。因此，只有把商品管理好，才能有效地对经营商品的市场作出准确的判断，才能在竞争日益激烈的竞争中立于不败之地，并获得最大的利润。